财务管理实务

主　编　赵明霞　杨利勤　黄君麟
副主编　赵　璐　黄佳丽　马　瑾

图书在版编目(CIP)数据

财务管理实务 / 赵明霞, 杨利勤, 黄君麟主编. -- 苏州：苏州大学出版社, 2023.7
"十四五"高职高专财经商贸类专业精品课程规划教材
ISBN 978-7-5672-4464-1

Ⅰ.①财… Ⅱ.①赵… ②杨… ③黄… Ⅲ.①财务管理-高等职业教育-教材 Ⅳ.①F275

中国国家版本馆 CIP 数据核字(2023)第 121198 号

书　　名：	财务管理实务 CAIWU GUANLI SHIWU
主　　编：	赵明霞　杨利勤　黄君麟
责任编辑：	曹晓晴
装帧设计：	刘　俊
出版发行：	苏州大学出版社(Soochow University Press)
社　　址：	苏州市十梓街 1 号　邮编：215006
印　　装：	江苏图美云印刷科技有限公司
网　　址：	http://www.sudapress.com
邮购热线：	0512-67480030
销售热线：	0512-67481020
开　　本：	787 mm×1 092 mm　1/16　印张：15.75　字数：393 千
版　　次：	2023 年 7 月第 1 版
印　　次：	2023 年 7 月第 1 次印刷
书　　号：	ISBN 978-7-5672-4464-1
定　　价：	55.00 元

若发现印装错误，请与本社联系调换。
服务热线：0512-67481020
苏州大学出版社邮箱　sdcbs@suda.edu.cn

前言

财务管理是一门应用性的经济管理学科。本书根据高职教育教学改革的要求，基于工作过程，以培养职业能力为主线，按任务驱动式体例编写。本书从理论、案例、实务三个维度构建体系框架，突出系统性、规范性、实用性和可操作性；共包括十个项目，重点介绍企业财务管理的基本理论、基本方法和实操技能；从学生的角度出发，采用启发式教学模式，加入案例解析、任务工单、职业能力训练、拓展阅读等元素，将相关理论知识点分解到工作任务中，通过"做中学""学中做"，体现"教学做合一"理论，为学生自学和阅读提供了方便，也激发了学生的学习兴趣，强化了学生的技能培养。

本书适用于高职院校财经商贸类专业学生的学习，也可为企业财会人员、管理人员提供实务工作方面的参考。

本书配有案例解析、任务工单等二维码资源，可通过移动终端随扫随学，并配套开发了教学课件、教案等相关教学资源。

本书由赵明霞、杨利勤、黄君麟任主编，赵璐、黄佳丽、马瑾任副主编。具体分工如下：项目一由杨利勤编写，项目二、项目三由赵璐编写，项目四、项目五由黄君麟编写，项目六、项目八由黄佳丽编写，项目七由杨利勤、赵明霞编写，项目九由马瑾编写，项目十由赵明霞编写。杨利勤对全书进行总体设计，赵明霞负责统稿。

本书参考、借鉴了大量本学科相关著作、教材，在此向各位作者表示由衷的感谢。

由于编者水平有限，本书难免存在疏漏和不足，恳请广大读者和各位同人提出宝贵的意见与建议，以便今后不断修订和完善。

目录

项目一　走进财务管理 /001

　　课前自主学习空间　/002
　　　　案例导入：财务部门与会计部门是同一个部门吗？　/002
　　任务一　财务管理的内容　/003
　　任务二　财务管理的环节　/005
　　任务三　财务管理的目标　/007
　　任务四　财务管理的环境　/013
　　课后自主学习空间　/017
　　　　职业能力训练　/017
　　　　课业评价及措施　/019

项目二　财务管理的基本观念 /020

　　课前自主学习空间　/021
　　　　案例导入：让钱动起来　/021
　　任务一　资金时间价值观念　/021
　　任务二　风险价值观念　/034
　　课后自主学习空间　/041
　　　　职业能力训练　/041
　　　　课业评价及措施　/044

项目三　财务数据的收集、整理与分析 /045

　　课前自主学习空间　/046
　　　　案例导入：财务数据背后的"故事"　/046
　　任务一　收集财务数据　/046
　　任务二　整理财务数据　/051
　　任务三　分析财务数据　/062
　　课后自主学习空间　/066
　　　　职业能力训练　/066

　　　　任务工单　/068
　　　　课业评价及措施　/068

项目四　筹资管理　/069

　　课前自主学习空间　/070
　　　　案例导入：中小企业为什么筹资难？　/070
　　任务一　认识企业筹资　/071
　　任务二　权益筹资　/077
　　任务三　债务筹资　/081
　　课后自主学习空间　/092
　　　　职业能力训练　/092
　　　　任务工单　/095
　　　　课业评价及措施　/095

项目五　资金成本与资金结构　/096

　　课前自主学习空间　/097
　　　　案例导入：中小企业融资成本有多高？　/097
　　任务一　认识资金成本　/098
　　任务二　杠杆原理　/104
　　任务三　资金结构　/111
　　课后自主学习空间　/116
　　　　职业能力训练　/116
　　　　任务工单　/119
　　　　课业评价及措施　/119

项目六　营运资金管理　/120

　　课前自主学习空间　/121
　　　　案例导入：某集团的现金管理　/121
　　任务一　认识营运资金　/122
　　任务二　现金管理　/124
　　任务三　应收账款管理　/128
　　任务四　存货管理　/133
　　课后自主学习空间　/138
　　　　职业能力训练　/138
　　　　任务工单　/140
　　　　课业评价及措施　/141

项目七　项目投资管理　/142

　　课前自主学习空间　/143

案例导入：HL公司的项目投资方案 /143

  任务一 认识项目投资决策 /144

  任务二 项目投资决策的依据 /146

  任务三 项目投资决策评价指标及其应用 /150

  课后自主学习空间 /162

    职业能力训练 /162

    任务工单 /167

    课业评价及措施 /167

项目八 金融投资管理 /168

  课前自主学习空间 /169

    案例导入：未来投资机会的选择 /169

  任务一 认识证券投资 /170

  任务二 债券投资决策 /174

  任务三 股票投资决策 /177

  任务四 基金投资决策 /180

  课后自主学习空间 /183

    职业能力训练 /183

    任务工单 /185

    课业评价及措施 /185

项目九 收益分配管理 /186

  课前自主学习空间 /187

    案例导入：旷达科技集团股份有限公司关于2022年度利润分配
      方案的公告 /187

  任务一 认识收益分配管理 /188

  任务二 股票分割与股票回购 /195

  课后自主学习空间 /204

    职业能力训练 /204

    任务工单 /206

    课业评价及措施 /206

项目十 财务分析与评价 /207

  课前自主学习空间 /208

    案例导入：安琪酵母的财务数据和财务指标 /208

  任务一 财务分析的基本方法 /209

  任务二 财务指标分析与评价 /212

  任务三 财务综合分析 /223

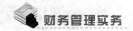

课后自主学习空间 /230
　　职业能力训练 /230
　　课业评价及措施 /233

附录　复利终值和现值表　/234

参考文献　/242

项目一　走进财务管理

学习目标

※ 理解财务管理的含义
※ 熟悉财务活动、财务关系及财务管理的内容
※ 熟悉财务管理的环节
※ 理解关于财务管理目标的不同观点及财务管理同其他学科的关系
※ 熟悉财务管理的环境

技能目标

※ 能用系统的观点看待财务管理的四项财务活动
※ 能协调八大财务关系
※ 培养从兼顾各利益相关者差别利益的角度确立财务管理目标的思维

任务描述

说到财务数据，大家普遍认为它是核心的、机密的数据，是反映企业经济构成和经营状况的数据。财务管理事关经济组织的生存和发展。亲爱的同学们，你想知道财务管理人员在企业中主要做什么吗？你知道财务部门的职责和财务活动有哪些吗？在财务管理过程中追求什么样的目标？很多人认为财务管理就是会计职能的延伸，你也是这样认为的吗？通过本项目的学习，让我们一起走进财务管理吧！

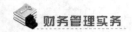

项目导图（图1-1）

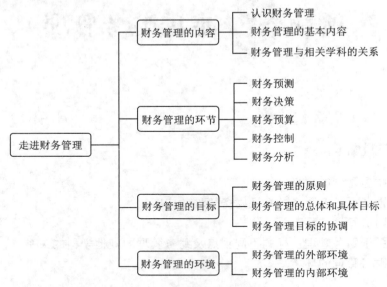

图1-1 走进财务管理思维导图

课前自主学习空间

【案例导入】

财务部门与会计部门是同一个部门吗？

赵丽是东方公司的会计主管，在公司的表现可圈可点。随着公司业务的拓展，她不但要进行会计核算，还要参加公司的经营管理决策，如投资决策、筹资决策等。2023年年初，东方公司总经理提名赵丽为公司财务总监，并要求她将原来的会计部门分为两个部门：财务部门和会计部门。会计部门主要负责处理日常会计业务、进行会计核算等会计和税务方面的事宜；财务部门主要负责公司的资本预算、筹资决策、投资决策、现金管理、信用管理、股利决策、计划控制和分析、处理财务关系等工作。

■ 思考与讨论：

1. 赵丽在东方公司中扮演了什么样的角色？
2. 财务部门与会计部门有什么区别？

案例解析

任务一 财务管理的内容

关键术语

※ 财务（Finance）
※ 财务管理（Financial Management）

一、认识财务管理

Financial Management，中文意思是财政管理、金融管理、财务管理等。Finance，英文原意是提供资金、赊购、筹措资金等。当 Finance 作为一门学科时，它主要包括两大职能：financing，指的是筹措资金、理财，即指对资金来源的管理；investing，指对资金运用的管理，具体来说主要包括资金运用的类型、规模、构成等。

财务就是管理钱财活动的事务，即企业再生产过程中的资金运动及其所体现的财务关系。财务管理是基于企业再生产过程客观存在的财务活动和财务关系而产生的，是企业组织财务活动、处理财务关系的一项综合性的经济管理工作。财务管理属于企业管理的核心部分，是有关资金的获得和有效使用的管理工作，是管理学的一个分支。财务管理是在一定的整体目标下，企业组织财务活动、处理财务关系的一种经济管理行为。

（一）企业财务活动

在企业的生产经营过程中，实物商品或服务在不断地变化，它们的价值形态也在不断地变化，从而形成了资金运动。企业财务活动主要包括筹资、投资、资金营运、利润分配等行为。

筹资活动是资金运动的前提，投资活动和资金营运活动是资金运动的关键，利润分配活动是基于投资成果进行的，体现了投资与筹资的目标要求。正是上述互相联系又有一定区别的四个方面，构成了完整的企业财务活动，这四个方面也就是财务管理的基本内容：企业筹资管理、企业投资管理、营运资金管理、利润分配管理。

（二）企业财务关系

企业的资金运动和财务活动离不开人与人之间的经济关系。这种企业在组织财务活动过程中与有关各方面发生的经济关系就是企业财务关系。企业财务关系可以概括为以下几个方面：

（1）企业与投资者之间的财务关系，是指企业的投资者向企业投入资金，企业向其投资者支付投资报酬所形成的经济关系。

（2）企业与债权人之间的财务关系，是指企业向债权人借入资金，并按合同的规定支付利息和归还本金所形成的经济关系。

（3）企业与受资者之间的财务关系，是指企业以购买股票或直接投资的形式向其他企业投资所形成的经济关系。

（4）企业与债务人之间的财务关系，是指企业将其资金以购买债券、提供借款或商业信用等形式借给其他企业所形成的经济关系。

（5）企业与政府之间的财务关系，是指政府作为社会管理者，通过收缴各种税款的方式与企业形成的经济关系。

（6）企业内部各单位之间的财务关系，是指企业内部各单位之间在生产经营各环节中互相提供产品或劳务所形成的经济关系。

（7）企业与职工之间的财务关系，是指企业向职工支付劳动报酬过程中所形成的经济关系。

（8）企业与供应商、客户之间的财务关系，是指由购销活动形成的经济关系。

▶ 小讨论 受新冠病毒感染疫情的影响，润华公司业绩下滑明显。润华公司希望全体员工与公司共渡难关，于是董事会提出2022年全员减薪20%。请你对此提案做出评价。

二、财务管理的基本内容

财务管理是企业在一定的整体目标下，对资产购置（投资）、资金融通（筹资）、经营中的现金流量（营运资金）及利润分配进行管理。因此，企业财务管理就是组织财务活动，处理财务关系。企业筹资管理、企业投资管理、营运资金管理和利润分配管理构成了企业财务管理的基本内容。

（一）企业筹资管理

筹资是指企业为了满足投资和资金营运的需要，筹集所需资金的过程。筹资管理是企业财务管理的首要环节，是企业投资活动的基础。在筹资过程中，企业要根据发展战略及投资计划来确定筹资的总体规模，以保证投资所需资金；同时，要通过筹资渠道、筹资方式或工具的选择，合理确定筹资结构，以降低筹资成本和风险，提高企业价值。

（二）企业投资管理

投资是指企业根据项目资金需要投出资金的行为。投资管理是企业财务管理的重要环节。投资管理是一项针对证券及其他资产的金融服务，从投资者的利益出发并达到投资目标。企业筹集资金的目的是把资金用于经营活动以谋求最大的盈利。企业在投资过程中，必须考虑投资规模；同时，还必须通过投资方向和投资方式的选择，确定合理的投资结构，以提高投资效益，降低投资风险。

（三）营运资金管理

营运资金是指企业生产经营活动中占用在流动资产上的资金。营运资金有广义和狭义之分，广义的营运资金是指一个企业流动资产的总额；狭义的营运资金是指一个企业流动资产减去流动负债后的余额。营运资金的来源具有多样性，营运资金的数量具有波动性，营运资金的周转具有短期性，营运资金的实物形态具有变动性和易变现性。营运资金管理的目标是对企业的营运资金进行控制与决策。营运资金管理的主要内容是确定流动资产的投资规模、流动资产的合理融资等。

（四）利润分配管理

企业通过资金营运和投资活动会取得相应的收入，并实现资金增值。企业要在补偿成本、缴纳税金后，依据有关法律对剩余收益进行分配。广义的分配是指对企业各种收入的分割和分派，而狭义的分配仅指对企业净利润的分配。企业实现的净利润可以作为投资者的收益分配给投资者，也可以作为投资者的追加投资留存在企业。企业要依据有关法律合理确定分配规模和分配方式，以确保企业获得最大的长期收益。

三、财务管理与相关学科的关系

（一）财务管理与会计

财务管理与会计都是对资金（资本）进行管理。两者具有相互依存的关系，即财务管理离不开由会计提供的财务信息，而会计则要密切跟踪财务活动，捕捉有关资金运动的信息，反过来为财务管理服务。会计与财务管理既有联系又有区别。会计侧重于信息的生成与列报，财务管理则侧重于运用信息对资金及其运作过程进行规划和控制；会计体现的是一种规范，财务管理则更能体现资金运作者的思想和理念；会计注重数据管理，财务管理则注重各方利益的协调。

（二）财务管理与管理会计

财务管理与管理会计的研究对象虽然都是资金，却是资金运动的不同方面。财务管理区别于管理会计的显著特征在于其主要是一种实体管理。

（三）财务管理与企业管理

财务管理属于企业管理的一部分，是有关资金的获得和有效使用的管理工作，是管理学的一个分支，具有管理学的属性。财务管理是研究社会再生产中各企业和其他单位资金运动的规律性及其应用方式的科学。财务管理主要运用价值形式对企业资金活动实施管理，并通过价值纽带协调企业各项管理工作，以保证企业管理目标的实现。

任务二　财务管理的环节

关键术语

※ 财务预测（Financial Forecast）
※ 财务决策（Financial Decision）
※ 财务预算（Financial Budget）

财务管理的环节是指财务管理的工作步骤，包括财务预测、财务决策、财务预算、财务控制和财务分析五个基本环节。

一、财务预测

财务预测是指根据财务活动的历史资料，考虑现实的要求和条件，对企业未来的财务活动做出科学的预计和测算。财务预测的主要任务包括：依据企业整体战略目标和规划，测算各项经营方案的经济效益，为决策提供可靠的依据；预计财务收支的发展变化，以确定经营目标，为编制财务预算提供服务。其工作环节主要包括：明确预测目标；收集和分析与财务预测相关的资料，并加以整理；选择合适的预测方法，建立预测模型，进行有效的预测；确定财务预测结果。

二、财务决策

财务决策是指财务人员按照财务战略目标的总体要求,利用专门的方法对各种备选方案进行比较和分析,并从中选出最佳方案的过程。财务决策的内容通常包括筹资决策、投资决策、股利决策和其他决策。筹资决策主要解决如何以最低的资金成本取得企业所需资金并保持合理的资金结构问题,包括确定筹资渠道和方式、筹资数量与时间、筹资结构比例关系等。投资决策主要解决投资对象、投资数量、投资时间、投资方式和投资结构的选择与优化问题。股利决策主要解决股利的合理分配问题,包括确定股利支付比率、支付时间、支付数额等。其他决策包括企业兼并与收购决策、企业破产与重组决策等。其工作环节主要包括:确定决策目标,提出备选方案,分析、评价、对比各种备选方案及选择最优方案。

三、财务预算

财务预算是指企业根据各种预测信息和各项财务决策确立的预算指标与编制的财务计划。财务预算是财务预测和财务决策的具体化,是财务控制的依据。企业全面预算体系包括专门支出预算、业务预算和财务预算三大类。专门支出预算是针对企业某项投资或某类大额支出做出的专门安排,如资本性支出预算、税金支出预算等。业务预算是与企业日常经营业务直接相关的预算,如销售预算、生产预算、直接材料预算、直接人工预算、制造费用预算、产品生产成本预算、销售及管理费用预算等。财务预算以价值形式综合反映企业专门支出预算和业务预算的结果,包括现金预算、预计资产负债表、预计利润表、预计现金流量表。财务预算的编制步骤包括:分析财务环境,确定预算指标;协调财务能力,组织综合平衡;选择预算方法,编制财务预算。

四、财务控制

财务控制就是对财务预算和财务计划的执行进行追踪监督,对执行过程中出现的偏差进行调整和修正,以保证财务预算的实现。在企业经济控制系统中,财务控制是一种连续性、系统性和综合性最强的控制,也是财务管理人员经常进行的工作。财务控制的步骤包括:制定控制标准,分解落实责任;实施追踪控制,及时纠正偏差;分析执行情况,搞好考核和奖惩。

五、财务分析

财务分析是根据核算资料,运用特定方法,对企业财务活动过程及其结果进行分析和做出评价。财务分析既是对已完成的财务活动的总结,也是财务预测的前提。财务分析的步骤包括:占有资料,掌握信息;对比指标,揭露矛盾;分析原因,明确责任;提出措施,改进工作。

> **小讨论** 财务管理五大环节之间的关系。

任务三 财务管理的目标

关键术语

※ 利润最大化（Profit Maximization）
※ 企业价值最大化（Enterprise Value Maximization）

财务管理的目标又称理财目标，是指企业进行财务活动所要达到的根本目的，它是评价各项财务决策是否正确有效的标准，决定着企业财务管理的基本方向。企业财务管理的目标是根据企业总体目标的要求制定的。财务管理的原则是企业组织财务活动、处理财务关系所应遵循的指导性的理念或准则。为确保实现财务管理的目标，在实际工作中应贯彻下列原则。

一、财务管理的原则

（一）资金合理配置原则

资金合理配置是指企业在筹集和使用资金的过程中，应当使各种资金保持合理的结构比例关系，保证企业生产经营活动的正常进行，使资金得到充分有效的运用，并在整体上取得最大的经济效益。在企业的财务管理活动中，资金的配置从筹资的角度看表现为资金结构，具体表现为负债资金和所有者权益资金的构成比例、长期负债和流动负债的构成比例及内部各具体项目的构成比例。企业不仅要筹集足够数量的资金以保证其正常的生产经营活动，而且必须使这些资金保持合理的结构比例关系。从投资或资金使用的角度看，企业的资金表现为各种形态的资产，各种形态的资产之间应当保持合理的结构比例关系，包括对内投资和对外投资的构成比例，具体表现为对内投资中流动资产和固定资产的构成比例、有形资产和无形资产的构成比例、货币资产和非货币资产的构成比例等，对外投资中债权投资和股权投资的构成比例、长期投资和短期投资的构成比例等，以及各种资产内部的构成比例。上述这些资金构成比例的确定，都应遵循资金合理配置原则。

（二）财务收支积极平衡原则

财务管理实际上是对企业资金的管理，量入为出、收支平衡是对企业财务管理的基本要求。资金不足会影响企业的正常生产经营，严重时甚至会影响企业的生存；资金过剩会造成闲置和浪费，给企业带来不必要的损失。财务收支积极平衡原则要求企业一方面要积极组织收入，确保满足生产经营和对内、对外投资对资金的正常合理需要；另一方面要保持一定时期资金总供给与总需求的动态平衡和每一时点资金供需的静态平衡。

（三）成本、收益、风险权衡原则

在财务管理中，要获取收益，总得付出成本，同时还会面临风险，因此成本、收益、风险之间总是相互联系、相互制约的。财务管理人员必须牢固树立成本、收益、风险三位一体的观念，以指导各项具体财务管理活动，具体要求如下。

1. 成本、收益权衡

在财务管理中,时时刻刻都需要进行成本与收益的权衡。在筹资管理中,要进行筹资成本与筹资收益的权衡;在投资管理中,要进行投资成本与投资收益的权衡;在营运资金管理中,收益难以量化,但应追求成本最小化;在分配管理中,应在追求分配管理成本最小化的前提下,妥善处理各种财务关系。

2. 收益、风险权衡

收益与风险之间是一种对等的关系,高收益、高风险,低收益、低风险。但应注意的是,高风险并不必然带来高收益,有时甚至是高损失。在筹资管理中,要权衡财务杠杆收益与财务风险;在投资管理中,要比较投资收益与投资风险;在分配管理中,要考虑再投资收益与再投资风险。在整个财务管理中,收益与风险权衡的问题无处不在。

3. 成本、收益、风险三者综合权衡

在财务管理中,不能割裂成本、收益权衡与收益、风险权衡,而应将成本、收益、风险三者综合起来加以权衡,用以指导各项财务决策与计划。权衡即优化,决策过程即优化过程。财务管理中对各种方案的优选、整体(总量)优化、结构优化等都体现了对成本、收益、风险三者的综合权衡。

(四)利益关系协调原则

企业是由各种利益集团组成的经济联合体,这些利益集团主要包括企业的所有者、经营者、债权人、债务人、国家税务机关、消费者、企业内部各部门和职工等。利益关系协调原则要求企业协调、处理好与各种利益集团的关系,切实维护各方的合法权益,将按劳分配、按资分配、按知识和技能分配、按绩分配等多种分配要素有机结合起来。只有这样,企业才能营造一个内外和谐、协调的发展环境,充分调动各有关利益集团的积极性,最终实现企业价值最大化的财务管理目标。

二、财务管理的总体和具体目标

(一)财务管理的总体目标

财务管理的目标与企业目标是分不开的。不同企业的财务管理目标有着不同的要求,但其基本要求是一致的,即生存、发展、获利。企业要实现其基本目标,就必须搞好财务管理,处理好资金与经营、资金与财务利害关系人之间的关系。同时,财务管理的目标要根据实现企业目标的不同阶段而相应变化,也就是财务管理的目标具有阶段性、层次性、多元性和可操作性的特征。

关于财务管理的目标,在理论上有许多争论,或者说有各种观点。根据现代企业财务管理理论和实践,最具代表性的关于财务管理目标的观点主要有以下几种。

1. 利润最大化目标

利润代表企业新创造的财富,利润越多,则企业财富增加越多,越接近企业的终极目标。利润最大化目标是把追求利润最大化作为财务管理的目标。但是,把利润最大化作为财务管理的目标在实践中还存在以下难以解决的问题:

(1)没有考虑利润取得的时间,没有考虑资金的时间价值。例如,今年获利100万元和明年获利100万元对企业的影响是不同的,更不同于后年获利100万元对企业的影响。

（2）利润最大化中的利润额是一个绝对数，没有考虑所获利润和投入资金的匹配关系。例如，同样获利100万元，一个企业投入资金500万元，另一个企业投入资金800万元。显然，若不将利润与投入资金联系起来，就不能合理地说明企业经济效益的高低，不便于在不同时期、不同企业之间进行比较。

（3）没有考虑获取利润所承担风险的大小。例如，同样投入资金500万元，本年获利100万元的两个企业，一个的获利已全部转化为现金，不存在发生坏账的风险；另一个的获利则全部是账龄2年以上的应收账款。显然，若不考虑风险，则难以做出正确判断。

（4）往往会使企业财务决策带有短期行为的倾向，即片面追求企业当前利润的最大化，忽视企业的长远发展。例如，忽视产品及人才开发、生产安全、设备更新等事关企业长远发展的项目，这种急功近利的做法只能使企业在市场竞争中处于劣势。

2. 企业价值最大化目标

企业价值最大化目标认为，投资者建立企业的重要目的在于创造尽可能多的财富，这种财富首先表现为企业的价值。企业价值是指企业全部资产的市场价值，即企业资产未来预期现金流量的现值，它反映了企业潜在的或预期的获利能力和成长能力。

企业价值是一个前瞻性质的概念，它反映的不是企业现有资产的历史价值或账面价值，不是企业现有的财务结构，而是企业未来获取现金流量的能力及其风险的大小。

把企业价值最大化作为财务管理的目标具有以下优点：

（1）考虑了货币的时间价值和投资的风险价值，有利于统筹安排长短期规划、合理选择投资方案、有效筹措资金、合理制定股利政策等。

（2）反映了对企业资产保值或增值的要求，从某种意义上说，股东财富越多，企业市场价值就越大，追求股东财富最大化的结果可促使企业资产保值或增值。

（3）有利于克服企业管理上的片面性和短期行为。

（4）有利于社会资源的合理配置。因为社会资金通常流向企业价值最大化或股东财富最大化的企业或行业，这有利于实现社会效益最大化。

当然，把企业价值最大化作为财务管理的目标也存在以下缺点：

（1）上市公司虽可通过股价的变动揭示企业价值，但股价是受多种因素影响的，特别是即期市场上的股价不能直接揭示企业的获利能力，只有长期趋势才能做到这一点。

（2）为了控股或稳定购销关系，不少现代企业采用环形持股的方式，即相互持股。法人股东对股价的敏感程度远不及个人股东，对股价最大化目标没有足够兴趣。

（3）对于非上市公司而言，只有对企业进行专门评估，才能真正确定其价值。而当评估企业的资产时，由于受评估标准和评估方式的影响，这种估价不易做到客观和准确，这也会导致企业价值难以确定。

与利润最大化、资本利润率最大化目标相比，企业价值最大化目标扩大了考虑问题的范围，注重了企业发展中各方利益关系的协调，更符合我国社会主义初级阶段的国情，因此，企业价值最大化目标应成为我国现阶段财务管理的最终目标。

3. 股东财富最大化目标

股东财富最大化目标是指企业财务管理以实现股东财富最大化为目标。对于上市公司而言，股东财富是由股东所拥有的股票数量和股票市场价格两方面决定的。在股票数量一定时，股票市场价格达到最高，股东财富也就达到最大。

把股东财富最大化作为财务管理的目标具有以下优点：

（1）考虑了风险因素，因为通常股价会对风险做出较敏感的反应。

（2）在一定程度上能避免企业的短期行为，因为不仅当前的利润会影响股价，预期未来的利润同样会对股价产生重要影响。

（3）对于上市公司而言，股东财富最大化目标比较容易量化，便于考核和奖惩。

把股东财富最大化作为财务管理的目标存在以下缺点：

（1）通常只适用于上市公司，非上市公司难以应用，因为非上市公司无法像上市公司一样随时准确获得公司股价。

（2）股价受众多因素影响，特别是企业外部的因素，有些还可能是非正常因素。股价不能完全准确反映企业财务管理状况，如有的上市公司处于破产的边缘，但由于可能存在某些机会，其股价可能还在走高。

（3）它强调得更多的是股东利益，而对其他利益相关者的利益重视不够。

▶小讨论 股东财富最大化目标与企业价值最大化目标的异同。

4. 相关者利益最大化目标

在现代企业是多边契约关系的总和的前提下，要确立科学的财务管理目标，就要考虑哪些利益关系会对企业的发展产生影响。在市场经济中，企业财务管理的主体更加细化和多元化。股东作为企业的所有者，在企业中拥有最高的权力，并承担着最大的义务和风险，但是债权人、经营者、客户、供应商、员工、政府等也为企业承担着风险。因此，企业的利益相关者不仅包括股东，还包括债权人、经营者、客户、供应商、员工、政府等。在确定企业财务管理的目标时，不能忽视这些利益相关者的利益。

相关者利益最大化目标的具体内容包括以下几个方面：

（1）强调风险与报酬的均衡，将风险限制在企业可以承受的范围内。

（2）强调股东的首要地位，同时强调企业与股东之间的协调关系。

（3）强调对代理人即经营者的监督和控制，建立有效的激励机制，以便企业战略目标的顺利实施。

（4）关心本企业普通员工的利益，创造优美和谐的工作环境和提供合理恰当的福利待遇，培养员工长期努力为企业工作。

（5）不断加强与债权人的关系，培养可靠的资金供应者。

（6）关心客户的长期利益，以便保持销售收入的长期稳定增长。

（7）加强与供应商的协作，共同面对市场竞争，并注重企业形象的宣传，遵守承诺，讲究信誉。

（8）保持与政府部门的良好关系。

把相关者利益最大化作为财务管理的目标具有以下优点：

(1) 有利于企业长期稳定发展。这一目标注重企业在发展过程中考虑各利益相关者的利益。在追求长期稳定发展的过程中，站在企业的角度进行投资研究，避免只站在股东的角度进行投资可能导致的一系列问题。

(2) 体现了合作共赢的价值理念，有利于实现企业经济效益和社会效益的统一。由于兼顾了企业、股东、客户、政府等的利益，企业就不仅仅是一个单纯的营利组织，还承担了一定的社会责任。企业在寻求自身发展和利益最大化的过程中，由于需要维护客户及其他利益相关者的利益，就会依法经营、依法管理，正确处理各种财务关系，自觉维护和切实保障国家、集体和社会公众的合法权益。

(3) 这一目标本身是一个多元化、多层次的目标体系，较好地兼顾了各利益相关者的利益。这一目标可使企业各利益相关者相互作用、相互协调，在使股东利益达到最大化的同时，也使其他利益相关者的利益达到最大化。也就是在将企业财富这块"蛋糕"做到最大的同时，保证每个利益相关者所得的"蛋糕"更多。

(4) 体现了前瞻性和现实性的统一。比如，企业作为利益相关者之一，有一套评价指标，如未来企业报酬贴现值；股东可以使用股票市价这一评价指标；债权人可以寻求风险最小、利息最大；员工可以确保工资福利；政府可以考虑社会效益；等等。不同的利益相关者有各自的指标，只要合理合法、互利互惠、相互协调，就可以实现所有相关者利益最大化。

(二) 财务管理的具体目标

财务管理的总体目标给出了财务管理活动的指导思想，是一切财务管理活动的导向。要实现财务管理的总体目标，就要在实际的财务管理活动的各个环节确立具体目标。财务管理的具体目标是指为实现财务管理的总体目标而确立的企业各项具体财务管理活动所要达到的目标。

(1) 企业筹资管理目标：在满足生产经营需要的情况下，以较低的筹资成本和较小的筹资风险，获取同样多或较多的资金。

(2) 企业投资管理目标：以较小的投资额和较低的风险，获取较多的投资收益。

(3) 营运资金管理目标：合理使用资金，加速资金周转，提高营运资金利用率。

(4) 利润分配管理目标：合理确定利润留成比例和分配形式，提高企业潜在的收益能力，从而提高企业总价值。

三、财务管理目标的协调

企业财务活动涉及不同的利益主体，其中所有者、经营者和债权人这三者构成了企业最重要的财务关系。企业是所有者的企业，也是经营者、债权人等利益相关者的企业。财务管理的目标是所有者的目标，也应当兼顾经营者和债权人的目标，但经营者、债权人与所有者的目标并不完全一致，企业只有处理好这三个方面的矛盾，才能实现企业价值最大化目标。

(一) 所有者与经营者的矛盾及其协调

在现代企业中，经营权与所有权完全分离，经营者一般不拥有占支配地位的股权。经营者希望在提高企业价值或增加股东财富的同时，提高自己的报酬、荣誉和社会地位。经营者有可能为了自己的目标而背离所有者的目标，如借口工作需要装修豪华的办公室、买高档汽车、增加享受成本等。为了协调经营者与所有者的主要矛盾，所有者一般采取以下办法。

1. 解聘

这是一种通过所有者约束经营者的办法。所有者监督经营者，如果经营者未能使企业价值达到最大，就解聘经营者。

2. 接收

这是一种通过市场约束经营者的办法。如果经营者经营不力导致公司股价下降到一定水平，该公司就可能被其他公司强行接收或兼并，经营者也将面临被解雇或降职的风险。

3. 激励

激励即将经营者的报酬与其绩效挂钩，以使经营者自觉采取能实现企业价值最大化的措施。通常采用"股票期权"和"绩效股"两种基本方式。

（1）股票期权。它是指给予经营者以固定价格购买一定数量的公司股票的权利。股票的市场价格高于固定价格越多，经营者获得的报酬就越多，经营者为了获取更多的股票涨价收益，就必须主动采取能够提高股价的行动，从而增加所有者的权益。

（2）绩效股。它是指公司运用每股利润（每股收益）、资产报酬率等指标来评价经营者的业绩，视经营者的业绩大小给予其数量不等的股票作为报酬。如果公司的经营业绩未能达到规定目标，经营者也将丧失部分原先持有的绩效股。

（二）所有者与债权人的矛盾及其协调

债权人投资企业的目的是到期收回本金和获得约定的利息，债权人的投资回报是固定的。企业借款的目的是扩大经营规模，获得更多的收益，而企业的收益是随企业经营效益而变化的。比如，所有者可能要求经营者改变举债资金的原定用途，将其用于风险更高的项目，若高风险的项目成功，超额利润会被所有者独吞；若失败，债权人却要和所有者共同承担由此造成的损失。再如，所有者可能未征得现有债权人同意，而要求经营者发行新债券或举借新债，致使旧债券的价值降低，使旧债权人蒙受损失。为了协调所有者与债权人的上述矛盾，通常可以采用以下方式：

（1）限制性借款，即在借款合同中加入某些限制性条款，如规定借款的用途、借款的担保条款、借款的信用条件等。

（2）收回借款或不再借款，即当债权人发现公司有侵蚀其债权价值的意图时，收回债权和不给予公司增加放款，从而保护自身的权益。

（三）企业与社会的利益冲突及其协调

企业目标与社会目标在许多方面是一致的，企业在追求自己的目标时，必然会为社会提供服务。但企业目标与社会目标也有不一致的地方，如企业在追求资本收益最大化的过程中，很可能忽视社会利益。解决这一冲突的途径，一是靠法律约束，二是靠道德约束。法律约束是指由政府和有关部门制定相应的法律法规，强制企业维护社会利益，履行社会责任。

任务四 财务管理的环境

关键术语

※ 经济环境（Economic Environment）
※ 法律环境（Legal Environment）

财务管理的环境又称理财环境，是指对企业财务活动和财务管理产生影响的企业内外部各种条件的统称。财务管理的环境涉及的范围很广，有内部财务环境和外部财务环境、宏观财务环境和微观财务环境、相对稳定的财务环境和显著变动的财务环境等。这里主要介绍对财务管理影响比较大的经济环境、法律环境、金融环境等。

一、财务管理的外部环境

（一）经济环境

影响财务管理的经济环境因素主要有经济周期、经济发展水平、经济政策、通货膨胀、市场竞争等。

1. 经济周期

在社会经济发展过程中，无论人们采取什么样的调控手段，都无法避免经济出现或强或弱的波动，但经济通常不会出现较长时间的持续增长或较长时间的持续衰退，而是交替出现复苏、繁荣、衰退、萧条等发展阶段，形成经济周期。经济的周期性波动对企业财务活动有极大影响，在不同的发展时期，企业的生产规模、销售能力、获利能力及由此产生的资金需求会存在重大差异。总之，面对经济的周期性波动，财务管理人员必须预测经济变化情况，适当调整财务政策。经济周期中不同阶段的财务管理战略如表1-1所示。

表1-1 经济周期中不同阶段的财务管理战略

复苏	繁荣	衰退	萧条
增加厂房设备	扩充厂房设备	停止扩张	建立投资标准
实行长期租赁	继续建立存货储备	出售多余设备	保持市场份额
建立存货储备	提高产品价格	停止生产不利产品	压缩管理费用
开发新产品	开展营销规划	停止长期采购	放弃次要利益
增加劳动力	增加劳动力	削减存货	削减存货
		停止扩招雇员	裁减雇员

2. 经济发展水平

近年来，我国的国民经济保持持续高速增长，各项建设方兴未艾。这给我国企业扩大规模、调整方向、打开市场及拓宽财务活动的领域带来了机遇，但经济高速发展中资金短缺问题长期存在，这又给我国企业的财务管理带来了严峻的挑战。因此，企业财务管理人员必须积极探索与经济发展水平相适应的财务管理模式。财务管理应当以宏观经济发展目标为导向，从业务工作角度保证企业经营目标和经营战略的实现。

3. 经济政策

国家具有调控宏观经济的职能。经济政策就是国家进行宏观经济调控的重要手段。国家的产业政策、金融政策、财税政策对企业的筹资活动、投资活动和分配活动都会产生重要影响。国家的各项经济政策都是用以促进国民经济发展的，但对于不同地区和不同行业存在着一定的差异，这就要求企业在进行财务决策时要认真研究国家的经济政策，努力预见其变化趋势，在国家经济政策的调控和指导下，从事生产经营活动和财务管理活动。

4. 通货膨胀

一般认为，通货膨胀是指在信用货币制度下，流通中的货币量超过经济实际需要的货币量而引起的货币贬值和物价全面、持续的上涨。通货膨胀不仅对消费者不利，对企业财务活动的影响更为严重。大规模的通货膨胀会导致资金占用迅速增加、利率上升，从而增加企业的筹资成本；会导致有价证券的价格不断下降，从而给企业的筹资带来较大的困难；会导致企业利润的虚增，从而造成企业的资本流失；等等。

5. 市场竞争

市场环境通常分为完全垄断市场、完全竞争市场、不完全竞争市场和寡头垄断市场四种。不同的市场环境对企业财务管理有不同的影响。处于完全垄断市场的企业，产品价格波动不大，利润稳中有升，经营风险较小，可利用较多的债务资金。处于完全竞争市场的企业，产品价格完全由市场决定，利润随产品价格的波动而波动，不宜过多地采用负债方式去筹集资金。处于不完全竞争市场和寡头垄断市场的企业，关键是要使产品具有优势、特色，形成品牌效应，这就要求企业在研究与开发产品上投入大量资金，开发出新的优质产品，并搞好售后服务，给予优惠的信用条件。

（二）法律环境

在市场经济条件下，企业总是在一定的法律前提下从事各项财务活动的。一方面，法律提出了企业从事各项财务活动必须遵守的规范或前提条件，从而对企业的行为进行约束；另一方面，法律也为企业依法从事各项财务活动提供了保护。财务管理的法律环境是指企业在与外部发生经济关系时所应遵守的各种法律、法规和规章制度。国家管理经济活动和调整经济关系的手段包括行政手段、经济手段和法律手段三种。财务管理的法律环境主要包括企业组织法规、税收法规和财务法规。

1. 企业组织法规

企业是经济的主体，必须依法成立，才能合法经营，获得良好的法律环境。通常，企业可划分为独资企业、合伙企业和公司制企业三种基本类型。不同组织形式的企业所适用的法律是不同的。如《中华人民共和国公司法》对公司的设立条件及程序、组织机构、组织变更和终止的条件及程序都做了明确的规定，包括股东人数、法定资本最低限额、资本筹集方式等。

2. 税收法规

税收是国家为了实现其职能，按照法律预先规定的标准，凭借其政治权力，强制、无偿地征收货币或实物的一种经济活动。税收是国家参与经济活动，实行宏观调控的重要手段，具有强制性、无偿性和固定性三个显著特征。税法是税收法律制度的总称，是调节税收征纳关系的法律规范。与企业相关的税种主要包括：① 所得税类，如企业所得税、个人所得税；② 流转税类，如增值税、消费税；③ 资源税类，如资源税、城镇土地使用税；④ 财产税类，如财产税；⑤ 行为税类，如印花税、车船税。

3. 财务法规

财务法规是规范企业财务活动、协调企业财务关系的行为准则。企业财务法规制度对企业财务管理的规范化和科学化有着重要的作用。目前，我国企业财务法规制度有会计法、企业会计制度、企业会计准则、企业内部财务制度等。

> **小讨论** 法律环境对财务管理的促进和制约作用。

（三）金融环境

企业总是需要资金从事投资和生产经营活动，而除了自有资金外，企业的资金主要就是从金融机构和金融市场取得。金融政策的变化必然影响企业的筹资、投资和资金营运活动。所以，金融环境是影响财务管理最主要的环境之一。影响财务管理的主要金融环境因素有金融机构、金融市场、利率等。

1. 金融机构

我国的金融机构主要包括银行和非银行金融机构。银行的主要职能是充当信用中介、企业之间的支付中介，提供信用工具、投资手段和国民经济的宏观调控手段。非银行金融机构主要包括金融资产管理公司、信托投资公司、金融租赁公司、保险公司、证券机构等。

2. 金融市场

金融市场是资金融通的场所，即资金供给者和资金需求者通过某种形式融通资金的场所。金融市场是实现货币借贷和资金融通、进行各种票据和有价证券交易活动的市场。金融市场主要分为以下类型：

（1）金融市场可按证券交易方式和次数分为一级市场和二级市场。一级市场又称初级市场、发行市场，是指发行新证券的市场；二级市场又称次级市场、流通市场，是指现有金融资产的交易市场。

（2）金融市场可按期限分为短期金融市场和长期金融市场。短期金融市场又称货币市场，是进行短期资金融通的场所，一般以1年内到期的金融工具为媒介；长期金融市场又称资本市场，是进行长期资金融通的场所，一般以1年以上到期的金融工具为媒介。

（3）金融市场可按交割时间分为现货市场和期货市场。现货市场是指买卖双方达成交易后，当场或几天之内一方付款、另一方交付证券的市场；期货市场是指买卖双方达成交易后，在双方约定的未来某一特定的时日才交割的市场。

金融市场是商品经济发展和信用形式多样化的必然产物，它在财务管理中具有重要的作用：其一，为企业筹资和投资提供场所；其二，促进企业各种资金相互转化，提高资金利用效率；其三，为企业财务管理提供有用的信息。

3. 利率

利率又称利息率，是利息占本金的百分比，是衡量资金增值程度的量化指标。从资金的借贷关系看，利率是一定时期运用资金资源的交易价格。因此，利率在资金分配及企业财务决策中起着重要作用。

（1）利率的类型。

① 按利率之间的变动关系，可将利率分为基准利率和套算利率。基准利率又称基本利率，是指在多种利率并存的条件下起决定性作用的利率。基准利率在西方通常是中央银行的再贴现率，在我国是中国人民银行对商业银行贷款的利率。套算利率是指在基准利率确定后，各金融机构根据基准利率和借贷款项的特点而换算出的利率。

② 按利率与市场资金供求情况的关系，可将利率分为固定利率和浮动利率。固定利率是指在借贷期内固定不变的利率。受通货膨胀的影响，实行固定利率会使债权人利益受到损害。浮动利率是指在借贷期内可以调整的利率。在通货膨胀条件下采用浮动利率，可使债权人减少损失。

③ 按利率变动与市场的关系，可将利率分为市场利率和法定利率。市场利率是指根据资金市场上的供求关系，随市场自由变动的利率。法定利率是指由政府金融管理部门或中央银行确定的利率。

（2）利率的一般计算公式。

资金的利率通常由三部分组成：① 纯利率；② 通货膨胀补偿率（也称通货膨胀附加率）；③ 风险收益率。

利率的一般计算公式为：利率=纯利率+通货膨胀补偿率+风险收益率。

纯利率是指没有风险和通货膨胀情况下的社会平均资金利润率。通货膨胀补偿率是指由于持续的通货膨胀会不断降低货币的实际购买力，债权人为了补偿其购买力损失而要求提高的利率。风险收益率又分为违约风险收益率、流动性风险收益率和期限风险收益率三种。其中，违约风险收益率是指债务人无法按时支付利息或偿还本金会给债权人带来风险，债权人因承担这种风险而要求提高的利率；流动性风险收益率是指债务人资产的流动性不好会给债权人带来风险，债权人因承担这种风险而要求提高的利率；期限风险收益率是指一项负债到期日越远，债权人面临的不确定因素就越多，承担的风险也就越大，债权人因承担这种风险而要求提高的利率。

▶ 小讨论　假设小希在某家银行存了 5 万元定期，期限为 2 年，到期后获得的总利息为 3 350 元，那么，这家银行给小希的定期存款利率为 3.35%。假设这两年的通货膨胀率是 4.05%，你怎么看小希的存款？

二、财务管理的内部环境

（一）企业管理体制和经营方式

企业管理体制由企业所有制性质和国家宏观经济管理体制决定。不同的管理体制、不同的经营方式决定了不同的财务管理方法，企业必须根据自己的性质，研究所处的经营环境，发挥自己的优势，使自己不断发展壮大。

（二）企业资本实力

企业资本实力是指企业所拥有的资本总量和相应的资产总量。企业资本实力的大小在一定程度上反映了企业的规模大小、生产经营的模式和财务管理的难易程度。

（三）企业生产技术条件

企业不同的生产技术条件要求其有不同的财务行为与之相适应。比如，对于劳动密集型企业，流动资产占总资产的比重较大，企业则偏重现金、应收账款、存货等流动资产管理，企业筹集的资金大多属于短期资金，财务管理的难点在于保持良好的资金流动性；而对于技术密集型企业，无形资产、固定资产占总资产的比重较大，企业筹集的资金大多属于长期资金。因此，企业的财务管理应服从和服务于其所处的生产技术环境。

（四）企业经营管理水平和各级领导的素质

一方面，如果企业的管理基础较差，各职能部门之间不能很好地沟通和理解，再好的财务决策也难以顺利实施，财务管理工作也不可能做得太好。因此，企业在进行财务决策时，必须准确估计自身的经营管理水平，做好各职能部门之间的协调与沟通工作，以实现企业的财务目标。另一方面，企业的各级领导特别是高层领导往往是重大财务问题的最终决策者，其素质的高低直接影响决策的正确性。从一定意义上说，没有成功的企业领导就没有成功的企业。因此，正确地制定财务管理策略及实施财务管理方案，离不开高素质的企业领导。

【项目小结】

本项目主要介绍了财务管理的内容、财务管理的环节、财务管理的目标、财务管理的环境等知识。财务管理的内容为组织四大财务活动和处理八大财务关系。明确财务管理的目标是财务管理的第一步。要实现财务管理的目标，就必须对企业各层级的责、权、利进行合理配置，并且使企业的财务活动和财务环境保持高度统一。要正确认识财务管理的工作环节包括财务预测、财务决策、财务预算、财务控制和财务分析。

 课后自主学习空间

【职业能力训练】

一、单选题

1. 现代企业财务管理的最优目标是（　　）。
   A. 利润最大化　　　　　　　　　　　B. 股东财富最大化
   C. 企业价值最大化　　　　　　　　　D. 现金流量最大化
2. 财务管理内容的层次性决定了财务管理的目标由（　　）两个层次构成。
   A. 利润最大化目标和企业价值最大化目标　　B. 总体目标和具体目标
   C. 大目标和小目标　　　　　　　　　D. 筹资目标和投资目标
3. 相对于每股利润最大化目标而言，企业价值最大化目标的不足之处是（　　）。
   A. 没有考虑资金的时间价值　　　　　B. 没有考虑投资的风险价值
   C. 不能反映企业潜在的获利能力　　　D. 不能直接反映企业当前的获利能力

4. 把每股利润最大化作为财务管理的目标，其优点是（　　）。
A. 考虑了资金的时间价值
B. 考虑了投资的风险价值
C. 有利于企业提高投资效率，降低投资风险
D. 反映了投入资金与收益的对比关系

5. 在没有通货膨胀时，（　　）的利率可以视为纯利率。
A. 短期借款　　　　　　　　　　　B. 金融债券
C. 国库券　　　　　　　　　　　　D. 商业汇票贴现

二、判断题

1. 风险相同时，提高投资报酬率能够增加股东财富。（　　）
2. 在风险相同、投资额相同的情况下，利润的多少就决定了方案对企业价值贡献的大小。（　　）
3. 企业在追求自己的目标时，会使社会受益，因此企业目标与社会目标是一致的。（　　）
4. 任何要迅速扩大经营规模的企业，都会遇到相当严重的现金短缺情况。（　　）
5. 从长期看，亏损企业的现金流转是不可能维持的。从短期看，对于亏损额小于折旧额的企业，不从外部筹资将很快破产。（　　）
6. 在金融市场上，利率是一定时期购买资金这一特殊商品的价格。（　　）
7. 在金融市场上，利率的最高限度不能超过平均利润率，否则企业将无利可图。（　　）
8. 由于未来金融市场的利率难以准确预测，因此财务管理人员不得不合理搭配长短期资金来源，以使企业适应任何利率环境。（　　）
9. 企业应当根据有关法律法规的要求和自身的经营特点设计企业内部财务制度。（　　）
10. 利润最大化目标是现代企业财务管理的最优目标。（　　）

三、名词解释

1. 财务活动　　　　2. 财务关系　　　　3. 财务管理
4. 股东财富最大化　　　　5. 企业价值最大化

四、简答题

1. 什么是财务活动？简述财务活动的内容。
2. 什么是财务关系？简述财务关系的内容。
3. 什么是财务管理？简述财务管理的内容和特点。
4. 利润最大化目标的主要缺点是什么？
5. 如何理解金融市场与企业财务管理的关系？

五、实践训练园地

请走进学校附近一家公司，采访其经营团队，认识财务总监的职责。

【课业评价及措施】

评价项目（共100分）	评价分值	整改措施
课业完成情况（40分）		
课业完成质量（60分）		
自评成绩		

项目二 财务管理的基本观念

学习目标

※ 理解资金时间价值的概念
※ 理解风险与报酬的概念
※ 掌握资金时间价值的计算方法
※ 掌握风险衡量的方法

技能目标

※ 能进行资金时间价值的计算
※ 能进行利率与利息的计算
※ 能进行实际投资风险报酬的测算

任务描述

如果你计划三年后购买属于自己的商品房,从现在起每月必须往银行存入一笔资金,以便支付商品房的首付,你知道你每月应存入多少金额吗?三年后购买商品房时,你面临买房和投资商铺两项选择,你能计算出这两种投资方案的收益和风险,并做出最有利的选择吗?

项目导图(图2-1)

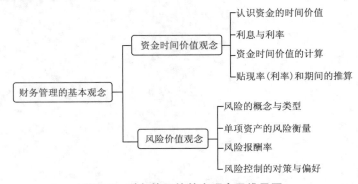

图 2-1　财务管理的基本观念思维导图

课前自主学习空间

【案例导入】

让钱动起来

有一个小镇,每个人都债台高筑,靠信用度日。

这时,从外地来了一位有钱的旅客,他走进了一家旅馆,拿出一张1 000元的钞票放在柜台上,说想先看看房间,挑一间合适的,就在此人上楼的时候,店主拿起这张1 000元的钞票,跑到隔壁屠户那里支付了他欠的肉钱。屠夫有了1 000元,穿过马路付清了他欠猪农的猪本钱。猪农拿着1 000元,去付了他欠的饲料款。那个卖饲料的老板拿到1 000元,赶忙去付清了他订餐的饭钱。饭馆老板拿到了钱,冲到旅馆付了她接待朋友所欠的房钱1 000元。旅馆店主赶忙把这1 000元放在柜台上,以免旅客下楼时起疑。此时那人正好下楼,声称没一间满意的,他把1 000元钞票收进口袋,走了……

这一天,没有人生产什么东西,也没有人得到什么东西,可全镇的债务都清了,大家很开心。

■ 思考与讨论:

1. 原本小镇居民债台高筑,他们是怎样还清债务的?
2. 每个人只不过拿着1 000元钞票跑了一圈,没有产生任何实质的物质财富,怎么就赚了钱?
3. 让钱动起来案例给你什么启示?

案例解析

任务一 资金时间价值观念

关键术语

※ 单利(Simple Interest)
※ 复利(Compound Interest)
※ 现值(Present Value)
※ 终值(Future Value)
※ 年金(Annuity)

一、认识资金的时间价值

时间不能停止,也不能倒流,因此时间是最宝贵的也是最有限的资源之一。资金的投入和收益之间有一个时间上的延续过程,构成一个时间上有先后的现金流量序列,在资本市场利率大于零的情况下,不同时间付出或得到同样数额的资金在数值上是相等的,但在价值上是不相等的。也就是说,资金的价值会随时间发生变化。

(一) 资金时间价值的概念

在社会生产和扩大再生产及其循环周转过程中,资金随着时间变化,其价值会增加,这一现象叫作资金增值。资金增值的数额大小,即不同时间发生的等额资金在价值上的差别,称为资金时间价值。资金时间价值可以从以下两个方面来理解。

(1) 从投资者的角度看,资金的增值特征使资金具有时间价值。在市场经济条件下,资金在社会生产过程中始终处于循环周转的运动中。资金的运动伴随着生产与交换的进行,生产与交换活动会给投资者带来利润。资金增值的实质是劳动者在生产过程中创造了剩余价值。

(2) 从消费者的角度看,资金的时间价值体现为对放弃现期消费的损失所做的必要补偿。资金一旦用来投资,(如消费者用自己的收入去购买各种有价证券,或将收入存入银行,从消费者的角度讲,是一种投资行为),就不能用于现期消费。牺牲当前消费的目的是在将来的消费中得到比现期消费更大的效用,个人储蓄及投资的动机和国家积累的目的都是如此。

(二) 资金时间价值的核心

(1) 资金时间价值的真正来源是劳动者创造的剩余价值。

(2) 资金时间价值是在生产经营中产生的。资金如果既不存入银行,也不参加生产流通过程而"闲散""呆滞"是不能增值的。换句话说,资金呆滞就会造成一定的经济损失,这是一种不容忽视的机会损失。因此,树立资金时间价值观念,加强对资金利用的动态分析是非常重要的。其重要意义不仅在于缩减一切不必要的开支,节约使用资金,更重要的是要求最大限度地、合理地、充分有效地利用资金,以取得更好的经济效益。

(3) 通常情况下,资金时间价值相当于没有风险和没有通货膨胀条件下的社会平均资金利润率,这是利润平均化规律作用的结果。

(三) 衡量资金时间价值的尺度

影响资金时间价值的因素从投资的角度看主要有投资利润率、通货膨胀率、风险补偿率。资金时间价值的表示形式有两种:一种是绝对数形式,即资金时间价值额,如利息、纯收益(盈利或利润),对于投资者来说,利息和纯收益都属于收入,因而是衡量资金时间价值的绝对尺度;另一种是相对数形式,即资金时间价值率,如利率、收益率(盈利率或利润率),它们反映了资金随时间增值的快慢,因而是衡量资金时间价值的相对尺度。

小讨论 某企业面临一项目投资的决策。目前有甲、乙、丙三个方案可供选择,具体数据如表 2-1 所示。如果其他条件都相同,该企业应选择哪个方案?

表 2-1　三个方案的投资和收益数据表　　　　　单位:万元

年次		0	1	2	3	4
甲方案	投资总额	1 000				
	年收益			500	700	800

续表

年次		0	1	2	3	4
乙方案	投资总额	1 000				
	年收益			800	700	500
丙方案	投资总额	600	400			
	年收益			800	700	500

二、利息与利率

(一) 利息与利率的概念

利息是占用资金所付的代价或放弃使用资金所得的补偿。将一笔资金存入银行，这笔资金就称为本金。经过一段时间后，储户可在本金之外获得一笔资金，这笔在本金之外获得的资金就是利息。

利率也叫利息率，是指在一个计息周期内所得的利息额（I）与借贷资金（本金 P）之比，一般用百分数表示。用 i 表示利率，其计算公式为

$$i = I/P \times 100\%$$

资金利息的多少取决于利率的高低和资金占用时间的长短。在同等利率的情况下，占用时间越长，利息就越多。计算利息的方法有单利和复利两种。

(二) 单利与复利

1. 单利

单利计息是只对本金计算利息，利息不再生息，即通常所说的"利不生利"的计息方法。

假设 P 为本金，n 为计息期数，i 为每一计息期的利率，F 为期末本利和，I 为所付或所得的利息总额。单利法的计算公式为

$$F = P(1+ni)$$
$$I = F - P = Pni$$

单利法期末本利和推导过程如表 2-2 所示。

表 2-2　单利法期末本利和推导过程表

计息期次	期初本金	当期利息	期末本利和
1	P	Pi	$P + Pi = P(1+i)$
2	P	Pi	$P(1+i) + Pi = P(1+2i)$
3	P	Pi	$P(1+2i) + Pi = P(1+3i)$
……	……	……	……
n	P	Pi	$F = P[1+(n-1)i] + Pi = P(1+ni)$

【例 2-1】　某人有现金 1 000 元，存 3 年定期，年利率为 3.5%，试计算 3 年后该人可获得的利息总额及本利和。

【解析】　$I = Pni = 1\,000 \times 3 \times 3.5\% = 105$（元）

$F = P(1+ni) = 1\,000 \times (1+3 \times 3.5\%) = 1\,105$（元）

单利计息虽然考虑了资金的时间价值，但是每期所付或所得的利息不再计算利息，不考虑利息再投入生产流通领域参加资金周转，这是不符合资金实际运动规律的，因此用单利法计算资金时间价值是不完善的。

2. 复利

复利计息是不仅对本金计算利息，而且对每期的利息也计算利息的方法。也就是，把前期所得的本利和作为本金，全部投入生产流通过程，使其继续增值。复利俗称"利滚利"，它克服了单利法的缺点，反映了资金运动的客观规律，完全体现了资金时间价值。复利法的计算公式为

$$F = P(1+i)^n$$
$$I = F - P = P(1+i)^n - P$$

复利法期末本利和推导过程如表2-3所示。

表 2-3　复利法期末本利和推导过程表

计息期次	期初本金	当期利息	期末本利和
1	P	Pi	$P+Pi=P(1+i)$
2	$P(1+i)$	$P(1+i)i$	$P(1+i)+P(1+i)i=P(1+i)^2$
3	$P(1+i)^2$	$P(1+i)^2 i$	$P(1+i)^2+P(1+i)^2 i=P(1+i)^3$
……	……	……	……
n	$P(1+i)^{n-1}$	$P(1+i)^{n-1}i$	$F=P(1+i)^{n-1}+P(1+i)^{n-1}i=P(1+i)^n$

【例 2-2】　某企业以5%的年利率向银行贷款1 000万元，贷款期为5年，按复利计息，5年后该企业应支付多少本利和？如果按单利计息呢？

【解析】　复利计算：$F=P(1+i)^n=1\,000\times(1+5\%)^5\approx1\,276.28$（万元）

单利计算：$F=P(1+ni)=1\,000\times(1+5\times5\%)=1\,250$（万元）

从上例可以看出，当利率相等时，资金的复利利息大于单利利息，且时间越长，差别越大。由于利息是资金时间价值的体现，而时间是连续不断的，所以利息也是在不断生成的。从这个意义上说，复利法比单利法更能反映资金的时间价值。

（三）**名义利率与实际利率**

1. 利率周期与计息周期

我们知道，利率是指在一定时期内利息额与本金的比率。因此，这个"一定时期"就是利率周期，如年利率所对应的利率周期是年，月利率所对应的利率周期是月，等等。计息周期是指计算复利的期限，一个计息周期就是计算一次复利的期限。

按照国际惯例，如果没有特别说明，利率应指年利率，因此利率周期就是年。但是，计息周期不一定是年，有时会小于一年，如半年计息一次、一季计息一次、一月计息一次。这样，当利率周期与计息周期不一致时，就会产生名义利率和实际利率的问题。

2. 名义利率与实际利率的计算

实际利率（i）是指以计息周期利率为基数，在利率周期内的复利有效利率。例如，

银行存款的年利率为2.6%，利率周期为年，最小计息周期为1年，此时2.6%就是银行存款的年实际利率。

名义利率（r）是指计息周期利率乘以一个利率周期内的计息次数所得的利率。名义利率都是以年为单位的。例如，按月计算利息，月利率1%，通常称为"年利率12%，每月计息一次"，这里年利率12%称为名义利率。

假设在一个利率周期（1年）内的计息次数为m，则名义利率和实际利率之间有如下关系：

$$i=(1+i')^m-1=\left(1+\frac{r}{m}\right)^m-1$$

其中，i'是指资金在计息周期内所发生的实际利率（$r=i'm$）。

实际利率的推导过程如下：

P表示年初本金，其他符号含义不变，年末的本利和为

$$F=P(1+i')^m=P\left(1+\frac{r}{m}\right)^m$$

而利息额为本利和与本金的差额，即

$$I=F-P=P(1+i')^m-P=P\left(1+\frac{r}{m}\right)^m-P$$

根据定义，利率是利息额与年初本金之比，所以年实际利率为

$$i=\frac{I}{P}=(1+i')^m-1=\left(1+\frac{r}{m}\right)^m-1$$

【例2-3】 每半年计息一次，计息周期利率为3%，按复利计息，那么年实际利率是多少？年名义利率是多少？

【解析】 年终的终值$(F)=P(1+3\%)^2=1.0609P$

所获利息额$(I)=1.0609P-P=0.0609P$

年实际利率$(i)=I/P\times100\%=0.0609P/P\times100\%=6.09\%$

年名义利率$(r)=i'm=3\%\times2=6\%$

可见，按复利计息时，实际利率会大于名义利率。

三、资金时间价值的计算

（一）资金时间价值的几个基本概念

资金时间价值涉及以下几个基本概念。

1. 终值

终值又称将来值，是指现在一定量现金在未来某一时点上的价值，俗称"本利和"，以符号F表示。

2. 现值

现值又称本金，是指未来某一时点上的一定量现金折合为现在的价值，以符号P表示。

3. 年金

年金是指在一定时期内每隔相同的时间发生的相同数额的系列收付款项，通常用符

号 A 表示。

年金在生活中普遍存在，如保险费、租金、等额的分期付款、等额的回收投资、零存整取储蓄存款等都属于年金。年金按其付款（收款）的情况不同，一般分为四种：凡付出（收入）在每期期末的年金称为普通年金或后付年金；凡付出（收入）在每期期初的年金称为即付年金或预付年金；凡付出（收入）在第一期期末以后的年金称为递延年金或延期年金；凡无限期付出（收入）的年金称为永续年金、永久年金或终身年金。无论哪种年金，都是建立在按复利计息的基础之上的。

4. 现金流量图

现金流量图是一种反映经济系统资金运动状态的图式，即把经济系统的现金流量绘入一时间坐标图中，表示出各现金流入、流出与相应时间的对应关系。运用现金流量图可以全面、形象、直观地表现现金流量的三要素：大小（资金数额）、方向（资金流入或流出）和作用（资金的发生时点）。

绘图的规则为：① 以横轴为时间坐标，将它等分成若干间隔，每一间隔代表一个计息周期，即时间单位，它可以是年、月、日等。0 代表方案使用年限的开始，即表示第 0 年年末和第 1 年年初，1 代表第 1 年年末和第 2 年年初，其他依此类推。② 以纵向的箭头线表示现金的流入和流出情况。③ 箭头向上表示现金流入（收入），箭头向下表示现金流出（支出），一般要求箭头线的长短与现金流量绝对值的大小成比例。④ 借方和贷方的现金流量图正好相反。

（二）一次支付终值与现值

1. 一次支付终值公式

一次支付终值公式也称一次支付复利公式或一次偿付复利公式。已知：期初一次投入资金的现值为 P，利率为 i，求第 n 期期末的本利和 F。

其计算就是上面复利法的计算，所以计算公式为

$$F = P(1+i)^n$$

其中，$(1+i)^n$ 称为一次支付终值系数或一次支付复利系数，记为 $(F/P,i,n)$。其数值可以通过查复利终值系数表得到。这样一次支付终值的计算公式又可以表示为

$$F = P(F/P,i,n)$$

【例 2-4】 某企业向银行贷款 10 万元进行技术改造，年利率为 8%，按复利计息。3 年后一次还清，届时该企业应偿还本利和多少万元？

【解析】 $F = 10(F/P, 8\%, 3) = 10 \times 1.2597 = 12.597$（万元）

2. 一次支付现值公式

它是一次支付终值公式的逆运算。已知：第 n 期期末的现金流量为 F，利率为 i，求 F 的现值 P。

$$P = \frac{F}{(1+i)^n} = F(1+i)^{-n}$$

其中，$(1+i)^{-n}$ 称为一次支付现值系数，记为 $(P/F,i,n)$。其数值可以通过查复利现值系数表得到。这样一次支付现值的计算公式又可以表示为

$$P = F(P/F,i,n)$$

【例2-5】 某人为了在第4年年末得到资金10万元,那么他现在应该在银行存入多少万元?假设年利率为6%,按复利计息。

【解析】 $P=10(P/F,6\%,4)=10\times0.792\ 1=7.921$(万元)

(三) 普通年金终值与现值

1. 普通年金终值公式

已知:从第1期期末至第n期期末,每期将等额资金A存入银行,利率为i,求第n期期末的本利和F。其现金流量如图2-2(a)所示。

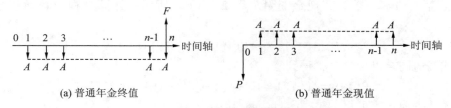

(a) 普通年金终值　　　　　　　　(b) 普通年金现值

图2-2　普通年金现金流量图

$$F=A(1+i)^{n-1}+A(1+i)^{n-2}+\cdots+A(1+i)+A$$

上式两边同乘以$(1+i)$,得到

$$F(1+i)=A(1+i)^n+A(1+i)^{n-1}+\cdots+A(1+i)^2+A(1+i)$$

此式减去前式,可得

$$F=A\left[\frac{(1+i)^n-1}{i}\right]$$

其中,$\frac{(1+i)^n-1}{i}$称为普通年金终值系数,记为$(F/A,i,n)$。其数值可以通过查年金终值系数表得到。这样普通年金终值的计算公式又可以表示为

$$F=A(F/A,i,n)$$

【例2-6】 某企业从税后利润中每年提取10万元储备基金存入银行,假设年利率为8%,按复利计息,那么在第6年年末该企业共有多少储备基金可供使用?

【解析】 $F=10(F/A,8\%,6)=10\times7.335\ 9=73.359$(万元)

2. 普通年金偿债基金公式

它是普通年金终值公式的逆运算,也称资金储存公式。已知:为了在第n期期末得到一笔资金F,利率为i,每期期末等额存储的资金A应为多少?

由普通年金终值公式变换可得

$$A=F\left[\frac{i}{(1+i)^n-1}\right]$$

其中,$\frac{i}{(1+i)^n-1}$称为普通年金偿债基金系数或资金储存系数,记为$(A/F,i,n)$。其数值是普通年金终值系数的倒数,可以通过查年金终值系数表并做倒数运算得到。这样普通年金偿债基金的计算公式又可以表示为

$$A=F(A/F,i,n)$$

【例2-7】 某企业计划在第3年年末将150万元的资金用于技术改造,假定年利率为10%,按复利计息,那么该企业从现在开始应每年从税后利润中提取多少万元资金存入银行?

【解析】 $A = 150(A/F, 10\%, 3) = 150 \times 0.302\,1 = 45.315$(万元)

3. 普通年金现值公式

普通年金现值是指为了在将来若干期内的每期支取相同的金额,按复利计算,现在所需要的本金数。假如把普通年金看成每期期末等额的取款额,普通年金现值就相当于现在需要存入的本金数。其现金流量如图2-2(b)所示,计算过程与普通年金终值相反。

$$P = A(1+i)^{-1} + A(1+i)^{-2} + \cdots + A(1+i)^{-n}$$

上式两边同乘以 $(1+i)$,得到

$$P(1+i) = A + A(1+i)^{-1} + A(1+i)^{-2} + \cdots + A(1+i)^{-n+1}$$

此式减去前式,可得

$$P = A\left[\frac{1-(1+i)^{-n}}{i}\right]$$

其中,$\frac{1-(1+i)^{-n}}{i}$ 称为普通年金现值系数,记为 $(P/A, i, n)$。其数值可以通过查年金现值系数表得到。这样普通年金现值的计算公式又可以表示为

$$P = A(P/A, i, n)$$

【例2-8】 某企业投资一项目,能够当年投资当年见效。预计每年净收益为2万元,按10%的折现率计算,运行到第10年年末项目结束,问该项目期初的投资总额是多少?

【解析】 $P = 2(P/A, 10\%, 10) = 2 \times 6.144\,6 = 12.289\,2$(万元)

4. 普通年金资金回收公式

它是普通年金现值公式的逆运算。已知:以利率 i 在银行存入一笔资金 P,拟在未来 n 期内每期期末等额提取资金 A,不留余额,求 A 应为多少?

$$A = P\left[\frac{i}{1-(1+i)^{-n}}\right]$$

其中,$\frac{i}{1-(1+i)^{-n}}$ 称为普通年金资金回收系数,记为 $(A/P, i, n)$。其数值是普通年金现值系数的倒数,可以通过查年金现值系数表并做倒数运算得到。这样普通年金资金回收的计算公式又可以表示为

$$A = P(A/P, i, n)$$

【例2-9】 某企业期初为建设投资向银行借款1 000万元,银行要求10年内每年等额偿还全部本利和,若年利率为8%,按复利计息,那么该企业每年应偿还多少万元?

【解析】 $A = 1\,000(A/P, 8\%, 10) = 1\,000 \times 0.149\,0 = 149$(万元)

(四)预付年金终值与现值

1. 预付年金终值公式

预付年金与普通年金的区别在于支付期提前了一期,预付年金在生活中也很常见,

如租户每月月初支付租金、学生每学期开学支付学费等。其现金流量如图 2-3 所示。

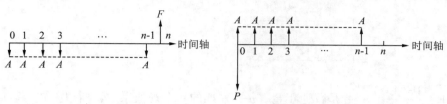

(a) 预付年金终值　　　　　　　　(b) 预付年金现值

图 2-3　预付年金现金流量图

$$F = A(1+i) + A(1+i)^2 + A(1+i)^3 + \cdots + A(1+i)^{n-1} + A(1+i)^n$$
$$= [A + A(1+i) + A(1+i)^2 + A(1+i)^3 + \cdots + A(1+i)^{n-1} + A(1+i)^n] - A$$
$$= A\frac{(1+i)^{n+1} - 1}{i} - A$$
$$= A\left[\frac{(1+i)^{n+1} - 1}{i} - 1\right]$$

式中，$\dfrac{(1+i)^{n+1} - 1}{i}$ 是普通年金 ($n+1$) 期的年金终值系数，所以上式可以简化为

$$F = A[(F/A, i, n+1) - 1]$$

其中，$\left[\dfrac{(1+i)^{n+1} - 1}{i} - 1\right]$ 称为预付年金终值系数，与普通年金终值系数相比，期数加 1，系数值减 1，通过查年金终值系数表得到 ($n+1$) 期的数值，然后再减 1，就可得到预付年金终值系数。

另外一种推导方法如下：

$$F = A(1+i) + A(1+i)^2 + A(1+i)^3 + \cdots + A(1+i)^{n-1} + A(1+i)^n$$
$$= (1+i)[A + A(1+i) + A(1+i)^2 + A(1+i)^3 + \cdots + A(1+i)^{n-1}]$$
$$= (1+i)A\frac{(1+i)^n - 1}{i}$$

因此，得到预付年金终值的第二个计算公式：

$$F = A(F/A, i, n)(1+i)$$

即预付年金终值等于普通年金终值乘以 ($1+i$)。

【例 2-10】　某公司决定连续 6 年每年年初存入 50 万元作为住房基金，银行存款利率为 8%，则该公司在第 6 年年末能一次取出的本利和为多少万元？

【解析】　$F = A[(F/A, i, n+1) - 1] = 50[(F/A, 8\%, 7) - 1]$
　　　　　　　　$= 50 \times (8.9228 - 1) = 396.14$（万元）

或　　　　　$F = A(F/A, i, n)(1+i) = 50(F/A, 8\%, 6) \times (1 + 8\%)$
　　　　　　　　$= 50 \times 7.3359 \times 1.08 = 396.1386$（万元）

2. 预付年金现值公式

根据定义，n 期预付年金现值公式推导如下：

$$P = A + A(1+i)^{-1} + A(1+i)^{-2} + A(1+i)^{-3} + \cdots + A(1+i)^{-n+1}$$

$$= [A(1+i)^{-1}+A(1+i)^{-2}+A(1+i)^{-3}+\cdots+A(1+i)^{-n+1}]+A$$

$$= A\frac{1-(1+i)^{-(n-1)}}{i}+A$$

$$= A\left[\frac{1-(1+i)^{-(n-1)}}{i}+1\right]$$

式中,$\frac{1-(1+i)^{-(n-1)}}{i}$ 是普通年金（$n-1$）期的年金现值系数,所以上式可以简化为

$$P=A[(P/A,i,n-1)+1]$$

其中,$\left[\frac{1-(1+i)^{-(n-1)}}{i}+1\right]$ 称为预付年金现值系数,与普通年金现值系数相比,期数减1,系数值加1,通过查年金现值系数表得到（$n-1$）期的数值,然后再加1,就可得到预付年金现值系数。

另外一种推导方法如下:

$$P = A+A(1+i)^{-1}+A(1+i)^{-2}+A(1+i)^{-3}+\cdots+A(1+i)^{-n+1}$$

$$= (1+i)[A(1+i)^{-1}+A(1+i)^{-2}+A(1+i)^{-3}+A(1+i)^{-4}+\cdots+A(1+i)^{-n}]$$

$$= (1+i)A\frac{1-(1+i)^{-n}}{i}$$

因此,得到预付年金现值的第二个计算公式:

$$P=A(P/A,i,n)(1+i)$$

即预付年金现值等于普通年金现值乘以（$1+i$）。

【例2-11】 某企业准备租用一台设备,双方约定租期3年,每年年初支付一年的租金3 000元,年利率为6%,问3年租金的现值一共为多少元？

【解析】 $P = A[(P/A,i,n-1)+1] = 3\,000[(P/A,6\%,2)+1]$
          $= 3\,000\times(1.833\,4+1) = 8\,500.2$（元）

或 $P = A(P/A,i,n)(1+i) = 3\,000(P/A,6\%,3)\times(1+6\%)$
       $= 3\,000\times2.673\,0\times1.06 = 8\,500.14$（元）

（五）递延年金和永续年金

1. 递延年金终值与现值

递延年金是普通年金的特殊形式,与普通年金相比,递延年金前面 m 期未发生过收付,称为递延期。

递延年金现金流量如图2-4所示。图中 m 表示递延期,n 表示系列等额收付（A）的次数。

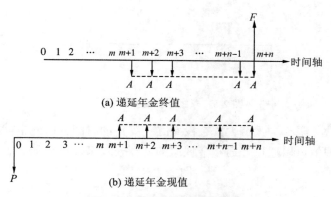

(a) 递延年金终值

(b) 递延年金现值

图 2-4　递延年金现金流量图

递延年金终值的大小与递延期无关，所以其计算方法和普通年金终值相同，只要按其实际支付期计算即可。

$$F=A(F/A,i,n)$$

递延年金现值的计算方法有两种。第一种方法是把递延年金视为 n 期普通年金，先计算出递延年金在递延期（m）期末的现值，然后再把它折现到第 1 期期初。此种方法下递延年金现值的计算公式为

$$P=A(P/A,i,n)(P/F,i,m)$$

第二种方法是假设在递延期中也有等额系列收付款项，先计算出（$m+n$）期的普通年金现值，然后减去实际没有收付的递延期（m）的普通年金现值。此种方法下递延年金现值的计算公式为

$$P=A[(P/A,i,m+n)-(P/A,i,m)]$$

【例 2-12】　某公司年初存入一笔福利资金，存满 3 年后，每年年末取出 10 万元发放年终奖励，至第 10 年年末取完，银行存款年利率为 12%，该公司在年初一次存入银行的资金为多少？

【解析】　　$P = A[(P/A,i,m+n)-(P/A,i,m)]$
　　　　　　　　$= 10[(P/A,12\%,10)-(P/A,12\%,3)]$
　　　　　　　　$= 10 \times (5.650\ 2 - 2.401\ 8)$
　　　　　　　　$= 32.484$（万元）

或　　　　　$P = A(P/A,i,n)(P/F,i,m)$
　　　　　　　　$= 10 \times (P/A,12\%,7) \times (P/F,12\%,3)$
　　　　　　　　$= 10 \times 4.563\ 8 \times 0.711\ 8$
　　　　　　　　≈ 32.485（万元）

2. 永续年金终值与现值

永续年金是一种特殊的年金，是普通年金的特殊形式，即期限趋于无穷大的普通年金。存本取息就是典型的永续年金。图 2-5 为永续年金的现金流量图。

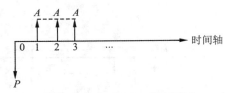

图 2-5 永续年金现金流量图

永续年金期数无限，为无穷大，它没有终止支付的时间，因此也就没有终值。

永续年金的现值可以通过普通年金现值的计算公式来计算，即

$$P=A\left[\frac{1-(1+i)^{-n}}{i}\right]$$

当 $n\to\infty$ 时，$(1+i)^{-n}\to 0$，因此永续年金现值的计算公式为

$$P=\frac{A}{i}$$

【例 2-13】 某人持有某企业优先股，每年每股股利为 3 元，若此人想长期持有，在利率为 10% 的情况下，请对该股票每股进行估值。

【解析】 $P=\dfrac{A}{i}=\dfrac{3}{10\%}=30$（元）

每股股利的现值之和为该股票的估值。

【例 2-14】 某公司董事会决定从今年起建立一项永久的奖励基金，每年年末颁发 60 万元专门奖给有突出贡献的员工。假如目前银行存款利率为 12%，则该公司现在应存入银行多少款项，才能使这项基金正常运转？

【解析】 $P=\dfrac{A}{i}=\dfrac{60}{12\%}=500$（万元）

其实，该公司每年用来奖励有突出贡献的员工的钱（60 万元）都是其本金 500 万元产生的利息，只要利率不变，每年都可以有足够的钱来颁发奖金。如果利率保持上涨趋势，奖金还可以逐年提高。

> 小讨论 著名的诺贝尔奖是什么类型的年金？

四、贴现率（利率）和期间的推算

（一）贴现率（利率）的推算

对于一次性支付，根据其终值的计算公式 $F=P(1+i)^n$，可得贴现率（利率）i 的计算公式为

$$i=\left(\frac{F}{P}\right)^{\frac{1}{n}}-1$$

因此，若已知 F、P、n，不用查表便可直接计算出一次性支付的贴现率（利率）i。

永续年金贴现率（利率）i 的计算也很方便。若已知 P、A，则根据其现值的计算公式 $P=\dfrac{A}{i}$，可得贴现率（利率）i 的计算公式为

$$i = \frac{A}{P}$$

普通年金贴现率（利率）i 的推算比较复杂，无法直接套用公式，而必须利用有关的系数表，有时还会牵涉到内插法的运用。下面以普通年金现值为例，详细介绍计算普通年金贴现率（利率）i 的步骤。

（1）将普通年金现值公式 $P = A(P/A, i, n)$ 变形，得到普通年金现值系数的数值。

$$(P/A, i, n) = \frac{P}{A}$$

查年金现值系数表，在已知期数 n 下，如果能找到相等的系数值，对应的利率即为所求的 i。

（2）如果没有相等的系数值，就在表中已知期数 n 下，找到与该系数值最接近的左右两个临界数值 b_1、b_2 $\left(b_1 < \frac{P}{A} < b_2 \text{ 或 } b_1 > \frac{P}{A} > b_2\right)$，以及它们分别对应的利率 i_1、i_2。

（3）在内插法下，可利用下面的计算公式求出 $\frac{P}{A}$ 对应的利率 i。

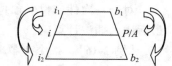

$$\frac{i_1 - i}{i_1 - i_2} = \frac{b_1 - \frac{P}{A}}{b_1 - b_2}$$

根据上式，贴现率（利率）i 解出来是介于 i_1、i_2 之间的。

利用年金终值系数表推算普通年金贴现率（利率）i，也是按此方法进行。

【例 2-15】 某人于第 1 年年初向银行贷款 75 万元买房，每年年末还本付息额均为 5 万元，连续 20 年还清。贷款利率为多少？

【解析】 由 $75 = 5(P/A, i, 20)$ 得

$$(P/A, i, 20) = 15$$

查年金现值系数表，发现期数 $n = 20$ 下系数值为 15 不存在，因此使用内插法推算，查出 15 的相邻两个临界值分别是 16.351 4 和 14.877 5，以及对应的利率分别是 2% 和 3%，则

$$\frac{2\% - i}{2\% - 3\%} = \frac{16.351\,4 - 15}{16.351\,4 - 14.877\,5}$$

$$i = 2\% - \frac{16.351\,4 - 15}{16.351\,4 - 14.877\,5} \times (2\% - 3\%) \approx 2.9\%$$

对于一次性支付、预付年金推算贴现率（利率）i，也都可以使用查表法，按上面步骤类推，最后用内插法计算。

（二）期间的推算

期间 n 的推算，其原理和步骤与贴现率（利率）i 的推算类似。下面以普通年金现值为例，详细介绍计算期间 n 的步骤。

（1）将普通年金现值公式 $P = A(P/A, i, n)$ 变形，得到普通年金现值系数的数值。

$$(P/A, i, n) = \frac{P}{A}$$

查年金现值系数表，在已知利率 i 下，如果能找到相等的系数值，对应的期数即为所求的 n。

（2）如果没有相等的系数值，就在表中已知利率 i 下，找到与该系数值最接近的左右两个临界数值 b_1、b_2 $\left(b_1 < \frac{P}{A} < b_2 \text{ 或 } b_1 > \frac{P}{A} > b_2\right)$，以及它们分别对应的期数 n_1、n_2。

（3）在内插法下，可利用下面的计算公式求出 $\frac{P}{A}$ 对应的期数 n。

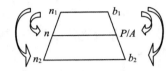

$$\frac{n_1 - n}{n_1 - n_2} = \frac{b_1 - \frac{P}{A}}{b_1 - b_2}$$

对于一次性支付、预付年金推算期数 n，也都可以使用查表法，按上面步骤类推，最后用内插法计算。

【例 2-16】 某企业拟购买一台新设备更换目前的旧设备。新设备价格较旧设备高出 3 000 元，但每年可节约成本 500 元。若利率为 8%，新设备至少应使用多少年对于该企业而言才是有利的？

【解析】 由 $3\,000 = 500(P/A, 8\%, n)$ 得
$$(P/A, 8\%, n) = 6$$

查年金现值系数表，发现利率 $i = 8\%$ 下系数值为 6 不存在，因此使用内插法推算，查出 6 的相邻两个临界值分别是 5.746 6 和 6.246 9，以及对应的期数分别是 8 和 9，则

$$\frac{8 - n}{8 - 9} = \frac{5.746\,6 - 6}{5.746\,6 - 6.246\,9}$$

$$n = 8 - \frac{5.746\,6 - 6}{5.746\,6 - 6.246\,9} \times (8 - 9) \approx 8.5 \text{（年）}$$

任务二 风险价值观念

关键术语

※ 风险（Risk）
※ 经营风险（Operating Risk）
※ 财务风险（Financial Risk）
※ 风险报酬（Return of Risk）

风险广泛影响着企业的财务活动和经营活动，是现代企业财务管理环境的一个重要特征，财务管理的每个环节都不可避免地要面对风险。如果企业的一项行动有多种可能的结果，其将来的财务后果是不确定的，就存在风险；如果这项行动只有一种结果，就不存在风险。因此，正视风险，将风险程度予以量化，并进行准确的衡量，是企业财务管理的重要工作。

一、风险的概念与类型

（一）风险的概念

"风险"一词在日常生活中经常被谈论，但对于这一基本概念，在经济学家、统计学家、决策理论家和保险学者中尚无一个适用于各个领域的、公认的定义。对于风险含义的理解，从不同的角度可以做出不同的陈述和定义，以下是几种有代表性的观点：

（1）美国著名的风险问题研究专家艾伦·H. 威雷特（Allan H. Willett）认为，风险是不愿发生的事件发生的不确定性的客观体现。

（2）美国经济学家弗兰克·H. 奈特（Frank H. Knight）认为，风险是可测定的不确定性。

（3）美国学者韦氏（Webster）认为，风险是遭受损失的一种可能性。

（4）日本学者武井勋认为，风险是在特定环境中和特定期间内自然存在的导致经济损失的变化。

由此可见，从财务管理的角度看，风险就是在企业各项财务活动中，由于各种难以预料或无法控制的因素作用，企业的实际收益与预计收益发生背离，从而蒙受经济损失的可能性。这种损失有时表现为实际值的绝对减少，有时表现为相对值的减少，有时表现为机会的损失，或者兼而有之。另外，这种损失的出现与否是随机的，对其不能做出确定性的判断，但是可以用概率来表示出现的可能性。

假设用 C 表示出现的结果（损失），用 P 表示结果出现的概率，用 R 表示风险的大小，则可以用下列函数式表示它们之间的关系。

$$R=f(C,P)$$

（二）风险的类型

风险可以按不同的标准划分为不同的类型。

1. 按风险形成原因分为经营风险和财务风险

经营风险是指生产经营方面的原因给企业的利润带来的不确定性。生产经营过程受很多因素的影响，这些因素直接影响企业的经营成果，它们来源于企业外部条件的变动和企业内部的原因两个方面。来源于外部的经营风险主要包括：经济形势和经营环境的变化、市场供求和价格的变化、税收调整等；来源于内部的经营风险主要包括：技术装备、产品结构和设备利用率的变化，工人生产率和原材料使用情况的变化，企业的应变能力，等等。

财务风险是指企业筹措资金方面的原因给企业财务成果带来的不确定性，它来源于企业资金利润率与借入资金利息率差额的不确定性和借入资金对自有资金比例的大小。企业适度举债经营，只要借入资金利息率低于企业资金利润率，就会提高自有资金盈利能力，可以给企业带来财务杠杆利益；但若企业经营不善，财务状况恶化，出现无法还本付息的情况，就会面临风险。这种风险的大小受借入资金对自有资金比例的影响，借入资金对自有资金的比例越大，风险越大；借入资金对自有资金的比例越小，风险越小。财务风险与债务有关，一个没有举债的企业不可能面临财务风险。

2. 按风险能否分散分为可分散风险和不可分散风险

可分散风险又称企业特有风险或非系统风险，是指发生于个别企业的特有事件给企业带来的风险，如开发新产品失败、诉讼失败、失去销售市场等。对于特定企业而言，可分散风险可按形成原因进一步分为经营风险和财务风险。

可分散风险是可以通过资产组合来分散的。例如，投资股票时，分散购买几种不同的股票风险比只购买一种股票小。但是，不应过分夸大资产多样性的作用，可分散风险是不能通过资产组合来消除的。在资产组合中，当资产数目较少时，增加资产的个数，分散风险的效应会比较明显，但当资产数目增加到一定程度时，分散风险的效应就会逐渐减弱。经验数据表明，资产组合中不同行业的资产个数达到 20 个时，绝大多数可分散风险均已被消除。此时，如果继续增加资产的个数，对分散风险已经没有多大的实际意义，只能增加管理成本。

不可分散风险又称市场风险或系统风险，是影响所有企业的、不能通过多样化投资来消除的风险。这部分风险是由那些影响整个市场的风险因素引起的，如宏观经济形势的变动、国家经济政策的变化、税制改革、企业会计准则改革、世界能源状况、政治因素等。值得注意的是，尽管绝大多数企业和资产都不可避免地受到不可分散风险的影响，但这并不意味着不可分散风险对所有企业或所有资产有相同的影响，有些企业或资产受的影响大一些，而有些企业或资产受的影响则较小。

二、单项资产的风险衡量

单项资产的风险衡量可从两个角度进行分析。其一，从风险与报酬的基本关系的角度来分析；其二，从单项资产所受的不可分散风险的角度来分析。

（一）单项资产风险衡量的指标

由于风险本身不易计量，要计算在一定风险条件下的投资收益，通常要用到概率论的方法，与概率分布、期望值等相联系，衡量风险的指标主要有报酬率的方差、标准差、标准离差率等。

1. 概率分布

在现实生活中，某一事件在完全相同的条件下可能发生也可能不发生，既可能出现这种结果又可能出现那种结果，我们称这类事件为随机事件。概率就是用百分数或小数来表示随机事件发生可能性及出现某种结果可能性大小的数值。

用 x_i 表示随机事件的第 i 种结果，P_i 表示出现该种结果的相应概率。若 x_i 肯定出现，则 $P_i=1$；若 x_i 肯定不出现，则 $P_i=0$。因此，概率必须符合以下两个要求：

（1）所有的概率都必须在 0 和 1 之间，即 $0 \leqslant P_i \leqslant 1$。

（2）所有可能结果的概率之和等于 1，即 $\sum_{i=1}^{n} P_i = 1$。n 表示可能结果的个数。

如果把所有可能的结果都列示出来，且每一结果都给予一种概率，把它们列示在一起，便构成了概率的分布。

【例 2-17】 某企业欲投资 40 万元开发新产品，有 A、B 两个可供选择的投资方案。根据市场预测，投资后该企业可能出现四种经营状况，其对应的年收益如表 2-4 所示。

表 2-4 A、B 两个方案年收益分析表

经营状况	概率	A 方案年收益/万元	B 方案年收益/万元
经营很好	20%	70	60
经营良好	40%	50	50
经营一般	30%	40	40
经营较差	10%	-10	10

由表 2-4 可画出 A、B 两个方案年收益的概率分布图，如图 2-6 和图 2-7 所示。

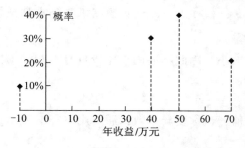

图 2-6 A 方案年收益概率分布图　　　图 2-7 B 方案年收益概率分布图

2. 期望值

期望值又称预期收益，是指某个投资方案未来收益的各种可能结果，以各自相应的概率为权数计算的加权平均值，通常用符号 $\overline{E}$ 表示，其计算公式为

$$\overline{E} = \sum_{i=1}^{n} x_i P_i$$

【例 2-18】 根据表 2-4 的有关数据，计算新产品投产后 A、B 两个方案年收益的期望值。

【解析】 A 方案年收益的期望值 $(\overline{E}_A)$ = 70×20%+50×40%+40×30%-10×10% = 45（万元）

B 方案年收益的期望值 $(\overline{E}_B)$ = 60×20%+50×40%+40×30%+10×10% = 45（万元）

结合【例 2-17】和【例 2-18】的结果可以看出，该企业两个投资方案年收益的期望值一样，但在概率分布上有着明显的差异。A 方案概率分布较分散，说明 A 方案承担的风险大；B 方案概率分布较集中，说明 B 方案承担的风险小。因此，在衡量风险时，也可用概率分布的分散与集中程度来判断投资方案的风险程度。

3. 报酬率的标准差

报酬率的标准差是反映某资产报酬率的各种可能结果对其期望值的偏离程度的一个指标，用来反映离散程度，通常用符号 σ 表示，其计算公式为

$$\sigma = \sqrt{\sum_{i=1}^{n}(x_i - \overline{E})^2 \times P_i}$$

标准差是以绝对数来衡量某资产的全部风险，在预期报酬率（报酬率的期望值）相同的情况下，标准差越大，风险就越大；相反，在预期报酬率相同的情况下，标准差

越小，风险也越小。

【例2-19】 根据表2-4的有关数据，计算新产品投产后A、B两个方案年收益的标准差。

【解析】 A方案年收益的标准差：

$$\sigma_A = \sqrt{(70-45)^2 \times 20\% + (50-45)^2 \times 40\% + (40-45)^2 \times 30\% + (-10-45)^2 \times 10\%} \approx 21.1(万元)$$

B方案年收益的标准差：

$$\sigma_B = \sqrt{(60-45)^2 \times 20\% + (50-45)^2 \times 40\% + (40-45)^2 \times 30\% + (10-45)^2 \times 10\%} \approx 13.6(万元)$$

从计算结果可以看出，A方案的标准差较大，说明预期报酬偏离期望报酬的可能性较大，风险也就较大；相反，B方案的标准差相对较小，说明预期报酬偏离期望报酬的可能性较小，风险也就较小。

由于标准差指标衡量的是风险的绝对大小，因此不适用于比较具有不同的预期报酬率的资产的风险。

4. 报酬率的标准离差率

标准离差率就是标准差与期望值的比值，也称变异系数，通常用符号 V 表示。其计算公式为

$$V = \frac{\sigma}{\overline{E}}$$

标准离差率是以相对数来衡量投资风险程度的又一个重要指标，它避免了随机事件的条件价值绝对值大小对标准差的影响，同时也避免了投资项目使用金额单位不同不便于比较的缺点。标准离差率越大，风险就越大；反之，风险就越小。

【例2-20】 某公司有A、B、C三个投资项目可供选择，预测未来可能的报酬率情况如表2-5所示，试比较三个项目风险的大小。

表2-5　A、B、C三个项目未来可能的报酬率情况表

经济形势	概率	A项目报酬率	B项目报酬率	C项目报酬率
很不好	30%	−22%	−10%	−100%
正常	40%	20%	7%	10%
很好	30%	80%	70%	150%

【解析】 第一步，计算各项目报酬率的期望值。

$$\overline{E}_A = (-22\%) \times 30\% + 20\% \times 40\% + 80\% \times 30\% = 25.4\%$$

$$\overline{E}_B = (-10\%) \times 30\% + 7\% \times 40\% + 70\% \times 30\% = 20.8\%$$

$$\overline{E}_C = (-100\%) \times 30\% + 10\% \times 40\% + 150\% \times 30\% = 19\%$$

由于各项目报酬率的期望值不同，只能用标准离差率来比较它们的风险大小。第二步，计算各项目报酬率的标准差。

$$\sigma_A = \sqrt{(-22\%-25.4\%)^2 \times 30\% + (20\%-25.4\%)^2 \times 40\% + (80\%-25.4\%)^2 \times 30\%} \approx 39.7\%$$

$$\sigma_B = \sqrt{(-10\%-20.8\%)^2 \times 30\% + (7\%-20.8\%)^2 \times 40\% + (70\%-20.8\%)^2 \times 30\%} \approx 33.0\%$$

$$\sigma_C = \sqrt{(-100\%-19\%)^2 \times 30\% + (10\%-19\%)^2 \times 40\% + (150\%-19\%)^2 \times 30\%} \approx 97.1\%$$

第三步，计算各项目报酬率的标准离差率。

$$V_A = \frac{\sigma_A}{E_A} = \frac{39.7\%}{25.4\%} \approx 1.56$$

$$V_B = \frac{\sigma_B}{E_B} = \frac{33.0\%}{20.8\%} \approx 1.59$$

$$V_C = \frac{\sigma_C}{E_C} = \frac{97.1\%}{19\%} \approx 5.11$$

通过计算可以看出，A 项目的相对风险最小。

（二）单项资产不可分散风险的衡量

单项资产受不可分散风险影响的程度，可以通过系统风险系数（β 系数）来衡量。单项资产的 β 系数是指可以反映单项资产报酬率与市场平均报酬率之间变动关系的一个量化指标，它表示单项资产报酬率的变动受市场平均报酬率变动的影响程度。换句话说，就是相对于市场组合的平均风险而言，单项资产所含的系统风险的大小。

当某资产的 β 系数等于 1 时，说明该资产的报酬率与市场平均报酬率呈同方向、同比例的变动，即如果市场平均报酬率增加（减少）1%，则该资产的报酬率也相应地增加（减少）1%；当某资产的 β 系数小于 1 时，说明该资产的报酬率的变动幅度小于市场平均报酬率的变动幅度；当某资产的 β 系数大于 1 时，说明该资产的报酬率的变动幅度大于市场平均报酬率的变动幅度。绝大多数资产的 β 系数是大于零的（大多数介于 0.5 和 2 之间），也就是说，它们的报酬率的变动方向与市场平均报酬率的变动方向是一致的，只是变动幅度不同而导致 β 系数的不同。

在财务管理实务中，并不需要企业财务人员或投资者自己去计算证券的 β 系数，一些证券咨询机构会定期公布大量交易过的证券的 β 系数。我国也有一些证券咨询机构定期计算和编制各上市公司的 β 系数。

三、风险报酬率

（一）风险报酬

资金时间价值是在没有风险和没有通货膨胀条件下的社会平均资金利润率。在多数情况下，人们的投资都是有风险的。但是，几乎没有人因为存在风险而不去投资，有风险就意味着投资可能成功，也可能失败。人们就会期望获得比没有风险的投资更高的回报。如果能得到高回报，人们就会冒风险去投资。诱导投资者进行风险投资的，是超过资金时间价值的那部分额外报酬，即风险报酬。

风险报酬是指投资者因冒风险进行投资而要求的超过资金时间价值的那部分额外报酬。风险报酬的表现形式有风险报酬额和风险报酬率两种，我们常用相对数——风险报酬率来表示风险报酬。

一般来讲，投资者进行一项投资所获得的报酬由三部分组成：资金时间价值、通货膨胀率、风险报酬率，即

$$投资利润率 = 资金时间价值 + 通货膨胀率 + 风险报酬率$$

其中，资金时间价值和通货膨胀率合起来称为无风险报酬率。上式也可写为
$$投资利润率=无风险报酬率+风险报酬率$$
假设资金时间价值为10%，某项投资期望报酬率为15%，在不考虑通货膨胀的情况下，该项投资的风险报酬率便是5%。

（二）风险与报酬的一般关系

从理论上讲，风险报酬率可以表述为风险价值系数 b 与标准离差率 V 的乘积。
$$风险报酬率=bV$$
标准离差率 V 反映了资产全部风险的大小，而风险价值系数 b 则取决于投资者对风险的偏好。投资者对风险的容忍程度越低，要求的风险补偿就越高，要求的风险报酬率也就越高，所以风险价值系数 b 的值也就越大；反之，投资者对风险的容忍程度越高，说明其风险承受能力越强，要求的风险补偿就越低，所以风险价值系数 b 的值也就越小。

风险价值系数 b 可采用统计回归方法对历史数据进行分析得出，也可结合管理人员的经验分析判断得出。但是，由于 b 受风险偏好的影响，而风险偏好又受风险种类、风险大小及心理因素的影响，因此对于 b 的准确估计就变得相当困难，估计出的 b 值也不够可靠，上述公式的理论价值远远大于其实用价值。

四、风险控制的对策与偏好

（一）风险控制的对策

1. 规避风险

当资产风险所造成的损失不能由该资产可能获得的收益予以抵销时，应当放弃该资产，以规避风险。例如，放弃很可能导致亏损的投资项目，拒绝与不守信用的客户进行业务往来，等等。

2. 减少风险

减少风险主要有两个途径：一是控制风险因素，减少风险的发生；二是控制风险发生的频率和降低风险损害程度。减少风险的常用方法有进行准确的预测、进行最优决策、及时捕捉市场信息、进行市场调研、采用资产组合投资等。

3. 转移风险

对某些可能给企业带来巨大损失的资产，企业应以一定的代价，采用恰当的方式转移风险。例如，向保险公司投保，业务外包，等等。

4. 接受风险

接受风险包括风险自担和风险自保两种。风险自担是指风险损失发生时，直接将损失摊入成本或费用，或者冲减利润；风险自保是指企业预留一笔风险金或随着生产经营的进行有计划地为资产减值做准备。

（二）风险控制的偏好

根据人们对风险控制决策的偏好，可将投资者分为风险回避者、风险追求者和风险中立者。

1. 风险回避者

当预期报酬率相同时，风险回避者会偏好具有较低风险的资产；而对于同样风险的

资产,他们则会钟情于具有较高预期报酬率的资产。但当面临以下两种资产时,他们的选择就要取决于他们对待风险的不同态度:一项资产具有较高的预期报酬率,但也具有较高的风险;而另一项资产虽然预期报酬率较低,但风险也较低。

风险回避者会因承担风险而要求额外报酬,要求额外报酬的多少不但与所承担风险的大小有关(风险越大,要求的风险报酬就越高),还取决于他们的风险偏好。对风险回避的愿望越强烈,要求的风险报酬就越高。

一般的投资者和企业管理者都是风险回避者,因此财务管理的理论框架和实务方法都是针对风险回避者的,并不涉及风险追求者和风险中立者的行为。

2. 风险追求者

与风险回避者恰恰相反,风险追求者主动追求风险。他们选择资产的原则是当预期报酬率相同时,选择风险大的资产,因为这会给他们带来更大的效用。

3. 风险中立者

风险中立者既不回避风险,也不主动追求风险。他们选择资产的唯一标准是预期报酬率的大小,而不管风险状况如何,这是因为所有预期报酬率相同的资产将给他们带来同样的效用。

【项目小结】

本项目主要介绍了财务管理的基本观念,包括资金时间价值观念和风险价值观念等知识。资金时间价值是在没有风险和没有通货膨胀条件下的社会平均资金利润率;它是资金参与社会生产和扩大再生产过程中发生的增值。资金时间价值有单利和复利两种计算方法,其中年金的特点、种类、计算公式及其应用是重点内容。而风险是指某一行动的结果具有多样性,风险报酬是指投资者因冒风险进行投资而要求的超过资金时间价值的那部分额外报酬,其中风险的类型、风险控制的对策、风险衡量的指标及其应用是重点内容。

课后自主学习空间

【职业能力训练】

一、单选题

1. 不影响递延年金终值计算的因素是( )。
   A. 利率　　　　　　B. 期限　　　　　　C. 递延期　　　　　　D. 年金
2. 在普通年金现值系数的基础上,期数减1、系数值加1的计算结果,应当等于( )。
   A. 预付年金现值系数　　　　　　B. 后付年金现值系数
   C. 递延年金现值系数　　　　　　D. 永续年金现值系数
3. 与普通年金资金回收系数互为倒数关系的是( )。
   A. $(P/F,i,n)$　　B. $(P/A,i,n)$　　C. $(F/P,i,n)$　　D. $(F/A,i,n)$
4. 已知$(F/A,10\%,9)=13.579$,$(F/A,10\%,11)=18.531$。则10年、10%的预付

年金终值系数为（　　）。

　　A. 17.571　　　　　B. 15.937　　　　　C. 14.579　　　　　D. 12.579

5. 在一定时期内，每期期初等额收付的系列款项称为（　　）。

　　A. 永续年金　　　　B. 递延年金　　　　C. 普通年金　　　　D. 预付年金

6. 投资者因冒风险进行投资而要求的超过资金时间价值的那部分额外报酬称为（　　）。

　　A. 平均报酬　　　　B. 投资报酬　　　　C. 风险报酬　　　　D. 无风险报酬

7. 已知甲方案投资报酬率的期望值为15%，乙方案投资报酬率的期望值为12%，两个方案都有投资风险，比较甲、乙两个方案的风险时应采用的指标是（　　）。

　　A. 方差　　　　　　B. 概率　　　　　　C. 标准差　　　　　D. 标准离差率

8. 下列各项风险，不能通过投资组合分散的是（　　）。

　　A. 可分散风险　　　B. 非系统风险　　　C. 企业特有风险　　D. 市场风险

9. 当利率在年内复利多次时，实际利率（　　）名义利率。

　　A. 大于　　　　　　B. 小于　　　　　　C. 等于　　　　　　D. 不确定

10. 分期付款购物，每年年初付款500元，一共付5年，如果年利率为10%，相当于现在一次性付款（　　）。

　　A. 1 895.5元　　　　B. 2 085元　　　　C. 1 677.5元　　　　D. 1 565元

二、多选题

1. 下列各项，属于普通年金形式的有（　　）。

　　A. 零存整取储蓄存款的整取额　　　　B. 年资本回收额
　　C. 定期定额支付的养老金　　　　　　D. 偿债基金

2. 影响资金时间价值的因素有（　　）。

　　A. 资金额　　　　　B. 计息方式　　　　C. 利率和期限　　　D. 风险

3. 考虑风险因素后，影响投资利润率的因素有（　　）。

　　A. 通货膨胀率　　　B. 资金时间价值　　C. 投资年限　　　　D. 风险报酬率

4. 风险按形成原因可分为（　　）。

　　A. 市场风险　　　　B. 财务风险　　　　C. 经营风险　　　　D. 企业特有风险

5. 可以用来衡量风险大小的指标有（　　）。

　　A. 无风险报酬率　　B. 期望值　　　　　C. 标准差　　　　　D. 标准离差率

6. 下列各项，属于财务管理风险对策的有（　　）。

　　A. 规避风险　　　　B. 减少风险　　　　C. 转移风险　　　　D. 接受风险

三、判断题

1. 在利率和计息期数相同的条件下，复利现值系数与复利终值系数互为倒数。
（　　）

2. 在本金和利率相同的情况下，若只有一个计息期，单利终值与复利终值是相同的。（　　）

3. 所有企业都存在经营风险，而只有借入资金的企业才有财务风险。（　　）

4. 在名义利率相同的情况下，1年内复利计息次数越多，实际利率越低。（　　）

5. 资金时间价值是由时间创造的，因此所有的资金都有时间价值。　　　　（　　）
6. 在通常情况下，资金时间价值是在既没有风险也没有通货膨胀条件下的社会平均资金利润率。　　　　　　　　　　　　　　　　　　　　　　　　　（　　）
7. 在对比两个方案时，标准差越小，说明风险越小。　　　　　　　　（　　）
8. 风险意识较强、经营较稳健的决策者往往把风险报酬率定得低些，以便回避风险。
　　　　　　　　　　　　　　　　　　　　　　　　　　　　　　　（　　）
9. 若A投资方案的标准离差率为5.67%，B投资方案的标准离差率为3.46%，则可以判断B投资方案的风险一定比A投资方案小。　　　　　　　　　　　（　　）
10. 财务管理研究资本风险价值的意义在于进行经营决策时树立风险价值观念，认真权衡风险与收益的关系，选择有可能规避风险、分散风险并获得较多收益的方案。
　　　　　　　　　　　　　　　　　　　　　　　　　　　　　　　（　　）

四、名词解释

1. 复利现值　　　2. 年金　　　3. 预付年金　　　4. 递延年金

五、简答题

1. 什么是资金时间价值？
2. 资金时间价值的计算方法有哪几种？
3. 如何进行单项资产的风险衡量？

六、实践训练园地

1. 若将1 000元存入银行，银行存款的年利率为12%，在1年复利1次或3个月复利1次的情况下，10年的复利终值各是多少？
2. 10年后的1 000元，若银行存款的年利率为12%，在1年复利1次或半年复利1次的情况下，其现值各是多少？
3. 有一项每年年初支付1 000元的租金项目，共付5年。若年利率为8%，其所支付租金的现值和终值各是多少？
4. 某投资项目需要投入资金100 000元，从第7年开始有收益，每年20 000元，共8年。若公司要求的最低报酬率为10%，该项目是否可行？
5. 某企业要设置一项奖励基金，年利率为8%，1年复利1次，把利息作为奖金，若每年或每4年发一次奖金，每次发4万元，现在各需存入多少钱设立基金？
6. 某公司在第1年和第2年年初对某生产线的投资均为60 000元，该生产线于第2年年末完工投产。第3年、第4年、第5年年末预期收益均为50 000元，银行借款的年利率为8%。

要求：
（1）计算该生产线投资额的终值。
（2）计算各年预期收益的现值。
（3）该项目是否值得投资？
7. 某家长准备为孩子在银行存一笔款项，以便以后10年每年年底得到20 000元学杂费。假设银行存款的年利率为10%，该家长目前应存入银行多少钱？
8. 某公司拟购置一处房产，房主提出两种付款方案：

(1) 从现在起,每年年初支付 200 000 元,连续支付 10 次,共 2 000 000 元。
(2) 从第 5 年开始,每年年初支付 250 000 元,连续支付 10 次,共 2 500 000 元。
假设该公司的资金成本率(最低报酬率)为 10%,你认为该公司应选择哪个方案?

9. 某成功人士准备回母校设立一项奖学金,每年年初投入 100 000 元,假设银行存款的年利率为 10%。

要求:
(1) 计算 5 年后该基金的本利和。
(2) 5 年后该基金每年可发放多少奖学金?

10. 利用复利公式和复利系数表确定下列系数值:
(1) $(F/A, 11.5\%, 10)$。
(2) $(A/P, 10\%, 8.6)$。

11. 某企业贷款 200 万元建一工程,第 2 年年底建成投产,投产后每年收益为 40 万元,生产期现金流量采用年末习惯法。若年利率为 10%,在投产后多少年能归还 200 万元的本息?

12. 华新股份有限公司根据市场调研结果拟开发养生纯净水和消渴花啤酒两种新产品,其各项有关市场预测数据如表 2-6 所示。

表 2-6 两种新产品市场预测数据表

市场销路	养生纯净水(测量风险系数为 0.5)		消渴花啤酒(测量风险系数为 0.6)	
	概率/%	预计年纯收益/万元	概率/%	预计年纯收益/万元
好	60	150	50	180
一般	20	60	20	85
差	20	-10	30	-25

要求:
(1) 计算两种新产品开发方案的收益与风险。
(2) 对两种新产品开发方案进行评价。

【课业评价及措施】

评价项目(共 100 分)	评价分值	整改措施
课业完成情况(40 分)		
课业完成质量(60 分)		
自评成绩		

项目三　财务数据的收集、整理与分析

学习目标

※ 理解财务数据的含义
※ 熟悉财务数据收集、整理的内容
※ 熟悉财务数据分析的步骤及模型

技能目标

※ 能运用财务数据的收集方法收集财务数据
※ 能运用整理财务数据的方法
※ 能正确地进行财务数据分析

任务描述

财务数据是对企业经营状况做出判断和决策的重要数据，关系着企业的生存与发展。那么，企业的财务数据应该运用什么方法进行收集？收集的原始财务数据应该怎么进行科学的整理，才能满足财务数据分析的要求？你知道为什么要进行财务数据分析吗？有效的财务数据分析对财务数据有什么要求？通过本项目的学习，让我们一起走进财务数据吧！

项目导图（图3-1）

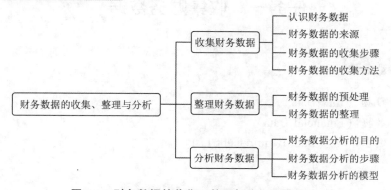

图3-1　财务数据的收集、整理与分析思维导图

课前自主学习空间

【案例导入】

财务数据背后的"故事"

2021年3月25日晚,基石药业公布其2020年公司财报数据。基石药业董事长兼首席执行官江宁军博士的致辞中是满满的成就感。"实现重大业务进展""超额完成所有业务领域的发展目标""进一步加强了的财务优势""创造了后期产品管线的价值和长期潜力"……业绩电话会议后,国际投行摩根大通发布报告,给予基石药业"增持"评级。3月29日,受益于利好信息,基石药业盘中一度上涨5.34%,报10.26港元/股,录得3连阳,其间累计涨幅达到14%,总市值达到121亿港元。2020年之于基石药业来说可谓不平凡的一年。一家企业如何走到今天?我们一起来关注一下其数据背后的"故事"。

1. 自研产品受青睐,授权营收超10亿元。2020年,成立仅仅5年的基石药业,就通过自研产品的授权,获得了高达10.388亿元的营收。年内亏损大幅减少47.11%至12.210亿元。同时,现金储备宽裕,定期存款和现金及现金等价物为33.834亿元。

2. 基石药业在2021年3月末相继迎来了2款商业化产品的上市。对于任何一家创新药企来说,首款产品上市都是命运的一大节点。

3. 2020年,基石药业研发投入持续增加至14.047亿元,研发投入金额在中国创新药企中屈指可数。

4. "双十"定律(一款创新药的成功研发需要耗费10亿美元,花费10年时间),基石药业已跨过最艰难阶段。

■ 思考与讨论:

1. 看了上述对基石药业情况的介绍,你是否注意到了企业财报数据的重要性?
2. 如果要投资作为创新药企的基石药业,你认为应该看什么?
3. "双十"定律给你什么启示?

案例解析

任务一 收集财务数据

关键术语

※ 原始数据(Raw Data)
※ 财务数据(Financial Data)
※ 数据需求清单(Data Requirement List)

一、认识财务数据

财务数据就是以一线业务部门基础数据为基础,通过财务方法加工和整理得到的数据,它是对反映企业财务活动实况特征、发展趋势与变化规律的各种消息、资料的统称。

财务数据反映了企业财务状况与经营成果的内容,主要包括以下几类。

(一)会计账簿数据及财务报表数据

会计账簿数据是根据真实的企业经营财务信息统计核算,然后进行登记的数据。财务报表数据主要包括资产负债表数据、利润表数据、现金流量表数据等,属于企业的基础财务数据。

(二)企业的各项指标及分析数据

企业的各项指标是企业总结和评价财务状况与经营成果的相对指标,包括偿债能力指标、营运能力指标、盈利能力指标等。分析数据是通过数学模型或对应的公式计算得出的数据,如用于企业各部门的责任考核数据、用于分析企业各项指标的财务管理数据、用于投资决策的决策分析数据等。

二、财务数据的来源

财务数据的来源分为原始数据来源(直接来源)和二手数据来源(间接来源)。当财务数据收集者就是财务数据使用者时,来源是原始的、直接的。当财务数据使用者不是财务数据收集者时,来源是二手的、间接的。

在处理实际问题时,人们需要收集数据,对于大多数人来说,可以通过报刊、图书、网络等渠道获取已有的数据,即二手数据。而当二手数据不能满足需要时,就应该亲自去调查,以获得原始数据。

(一)财务数据的间接来源

二手数据也叫现成数据,是为了其他目的而被别人通过调查或实验的方式收集的数据。而这些数据与使用者的研究内容相关且准确,使用者只是对这些数据进行重新加工整理,使之成为研究可用的数据。

从收集的范围看,这些数据可以取自系统外部,也可以取自系统内部。取自系统外部的主要渠道包括:统计部门和政府其他部门公布的有关资料,如定期发布的财务报表;各类经济信息中心、信息咨询机构、专业调查机构及各行业协会和联合会提供的市场信息与行业发展信息;各类专业期刊、报纸、书籍提供的文献资料;各种会展,如博览会、展销会、交易会及专业性、学术性研讨会上交流的有关资料;等等。取自系统内部的资料,如果就经济活动而言,则主要包括经济业务资料,如与经营活动有关的各种单据和记录、经营活动过程中的各种统计报表、各种财务会计核算和分析资料等。

对于使用者来说,二手数据具有采集方便、速度快、成本低等优点。

(二)财务数据的直接来源

对于一个特定的研究问题而言,如果二手数据不能提供足够的信息,那么就需要收集原始数据。财务数据的直接来源主要是调查,调查是取得社会经济数据的重要手段。其中,有统计部门进行的统计调查,也有其他部门或机构为特定目的而进行的调查,如市场调查、企业财务调查等。

三、财务数据的收集步骤

(一) 整理和沟通数据需求清单

数据需求清单就是提前准备的需要收集的财务数据的汇总单。数据需求清单可以提高财务数据收集工作的效率,是非常有效且必不可少的工具。由于财务数据分析需要根据公司的业务和财务情况收集大量的财务数据,因此在初期需要发送给公司数据需求清单,以便其根据清单要求,让对应的业务部门或相关的财务人员进行数据的收集和整理。

数据需求清单主要包含一般财务数据分析过程中需要收集的重要资料及信息,还可根据公司的业务和财务情况进行细化与调整,同时应根据各个项目的特殊信息需求进行修改。表3-1是针对一般生产制造企业的数据需求清单,对于其他行业的数据需求清单,需要根据不同行业的业务情况对相关资料及信息需求进行修改。

表3-1 数据需求清单示例

分类	详细描述	收集情况
基础情况		
历史沿革	历史期间重大事项(如股权转让、融资、重大收购、资产购置、重大投资、资产交易等)	已提供:××× 尚未提供:×××
营业执照	所有实体营业执照及重要工商注册文件	已提供:××× 尚未提供:×××
组织架构	集团组织架构图、职能部门情况、各部门人员情况	已提供:××× 尚未提供:×××
人员成本	按部门、按职级薪酬水平,包括工资、社保公积金基数、社保公积金缴纳比例	已提供:××× 尚未提供:×××
股权激励	员工持股方案、员工持股计划执行及行权情况、员工持股计划相关成本费用计提情况	已提供:××× 尚未提供:×××
管理人员及核心成员	管理人员及核心成员相关经验背景、教育水平、薪酬水平、留任及激励方案	已提供:××× 尚未提供:×××
会计系统及内控	集团及子公司的会计系统介绍,以及会计系统在涵盖期间内是否有变化,内控管理制度	已提供:××× 尚未提供:×××
财务数据	集团及子公司涵盖期间审计报告、末级科目余额表及序时账	已提供:××× 尚未提供:×××
财务数据	集团及子公司包含合并抵销分录的合并财务报表的工作底稿,以及会计调整分录	已提供:××× 尚未提供:×××
资产情况	集团目前的厂房、生产线情况,生产线达产率等运行状况,集团目前的仓库分布情况	已提供:××× 尚未提供:×××
重要合同资料	集团所有重要合同资料,包括购销合同、租赁合同、抵押担保合同、借款合同等	已提供:××× 尚未提供:×××
重要会计记录及决策	集团董事会、股东会等相关权力机构针对重大事项的决议及会议记录(如股权转让、融资、重大收购、资产购置、重大投资、资产交易等)	已提供:××× 尚未提供:×××
利润表		
主营业务收入	按产品/业务类型、按销售区域、按销售渠道分类的营业收入明细(根据集团实际经营情况确定分类方法)	已提供:××× 尚未提供:×××
主营业务收入	前十大客户的销售额、类型、名称及具有代表性的销售合同(根据实际情况适当修改客户范围)	已提供:××× 尚未提供:×××
主营业务收入	销售订单管理台账、销售收入量价分析	已提供:××× 尚未提供:×××

续表

分类	详细描述	收集情况
主营业务成本	按产品/业务类型、按销售区域、按销售渠道分类的营业收入所对应的主要业务成本及毛利情况，存货结转方法（先进先出法、后进先出法、加权平均法等）	已提供：××× 尚未提供：×××
主营业务成本	前十大供应商的采购额、类型、名称及具有代表性的采购合同（根据实际情况适当修改供应商范围）	已提供：××× 尚未提供：×××
主营业务成本	存货、在产品成本结转及分摊计算过程与计算方法，存货、在产品成本中直接人工、直接材料、间接费用的构成，间接费用在存货、在产品之间分摊的方法	已提供：××× 尚未提供：×××
期间费用	期间费用按性质分类的明细，相关费用在销售费用、管理费用及研发费用之间分摊的方法	已提供：××× 尚未提供：×××
研发费用	研发费用按性质分类的明细，研发费用按项目分类的明细，各项目的未来应用领域，历史研发项目的相关成果，在研项目的实施进度、预计完成时间，研发费用资本化的会计政策，资本化的研发费用和费用化的研发费用金额，研发费用资本化的相关依据	已提供：××× 尚未提供：×××
研发人员	研发人员学历构成、稳定性及核心研发人员简历	已提供：××× 尚未提供：×××
专利情况	已授权和在申请的专利情况、专利有效期	已提供：××× 尚未提供：×××
营业外收支	营业外收支按性质分类的明细	已提供：××× 尚未提供：×××
外汇管理及汇兑损益	外汇管理制度，外币应收、应付账款明细，以及实际外币收支按业务情况分类金额	已提供：××× 尚未提供：×××
税费	企业纳税申报表，按照涉及的税费分类的税费金额明细	已提供：××× 尚未提供：×××
资产负债表		
现金及银行存款	近期银行对账单及银行存款余额调节表，如账上现金较多，对现金进行监盘	已提供：××× 尚未提供：×××
应收账款及其他应收款	应收账款及其他应收款按客商分类的明细，账龄分析，坏账准备计提相关会计政策及计算，账龄长的款项解释业务性质、原因，以及说明可收回性	已提供：××× 尚未提供：×××
预付账款	预付账款按供应商分类的明细，账龄分析，账龄长的款项解释业务性质、原因，以及说明后续相关处理	已提供：××× 尚未提供：×××
应付账款及其他应付款	应付账款及其他应付款按供应商分类的明细，账龄分析，账龄长的款项解释业务性质、原因，以及预计支付的时间	已提供：××× 尚未提供：×××
预收账款	预收账款按客商分类的明细，账龄分析，账龄长的款项解释业务性质、原因，以及预计结转收入的时间	已提供：××× 尚未提供：×××
存货	存货按性质分类的明细，库龄分析，存货成本中包含的直接材料、直接人工及间接费用分类金额，存货跌价准备计提政策及计算过程，残冷背次存货明细	已提供：××× 尚未提供：×××
固定资产	固定资产按性质分类的明细，折旧计算表及折旧政策，固定资产金额变动表，购置和处置固定资产明细，处置固定资产收益/亏损分析，固定资产减值准备计提政策及计算过程	已提供：××× 尚未提供：×××
无形资产	无形资产按性质分类的明细，摊销计算表及摊销政策，无形资产金额变动表，无形资产转让收益分析，无形资产减值准备计提政策及计算过程	已提供：××× 尚未提供：×××

续表

分类	详细描述	收集情况
在建工程	在建工程按性质分类的明细，在建工程项目分类明细，各建设项目可研报告、总投资金额、建设进度、预计未来资本支出计划	已提供：××× 尚未提供：×××
长期待摊费用等其他资产	长期待摊费用按性质分类的明细，摊销期限等，其他资产按性质分类的明细	已提供：××× 尚未提供：×××
长短期借款	长短期借款按借款项目分类的明细，本金金额，利率水平，已偿还金额，还本付息相关合同约定，未来还款计划，授信情况，授信区间等信息，抵押担保情况	已提供：××× 尚未提供：×××
资本金及资本公积	历次融资股东实际出资明细，资本公积计提明细，股东权益变动表	已提供：××× 尚未提供：×××
其他		
关联方及关联交易	关联方和关联方交易清单，包括关联方名称、与公司的关联关系、关联交易的性质及金额、账上往来款情况	已提供：××× 尚未提供：×××
租赁情况	租赁的资产清单、租赁方、租金、租期、租赁费支付等相关约定	已提供：××× 尚未提供：×××
资本性承诺及或有负债	其他资本性支出承诺，涉及的重大诉讼及预计的或有负债情况	已提供：××× 尚未提供：×××
抵押担保	抵押担保的资产清单，抵押担保金额、期限等相关约定	已提供：××× 尚未提供：×××
其他重要事项	其他以上未提及的重要事项及相关合同等资料	已提供：××× 尚未提供：×××

数据需求清单要在能够满足财务数据分析要求的前提下尽量精简，那些确定后续能够当面获得的信息可以不放在数据需求清单里。数据需求清单可根据实际情况进行灵活修改，清单的详略程度也可根据目标公司的配合度进行适当调整。

（二）收集财务数据

数据需求清单的使用贯穿整个财务数据收集过程。随着资料的逐步收集，调查人员可在数据需求清单后面单独的一栏中描写收集进度及收集情况，标注已收集的资料及尚缺少还需继续收集的资料。

数据需求清单使调查人员和公司的注意力集中在尚未收集到的资料上，同时使双方了解和跟踪资料的收集情况，实现信息对称，避免对不必要的资料进行重复收集，从而有效地提高双方工作效率。

财务数据收集的过程也就是利用数据需求清单与公司不断对接沟通的过程。待数据需求清单上所有资料的收集状态均为已收集时，财务数据的收集工作圆满结束。在后续财务数据分析过程中，如需要零星收集一些与特殊业务相关的资料，可再单独与公司沟通，进行零星收集。

四、财务数据的收集方法

财务数据散布在财务系统的内外各处，而且往往在不同的时间出现，表现形式也是千姿百态，因此要将有关的财务数据收集起来。收集财务数据的常用方法有以下几种。

（一）点滴储存法

基层获得的财务数据，比较分散、单一，需要区别不同情况分类储存。储存的过程是一个量变的过程，它要求财务数据收集者细心观察，做到"三勤"，即勤动嘴、勤动手、勤动脑，储存方法主要有以下几种。

1. 原件分类储存

信息资料比较丰富，数据较多，又难以摘录的，可以分类储存。

2. 摘录整理储存

对于一些比较重要但近期使用不到的典型材料，要重点摘抄，进行加工，以备使用。

3. 观察记忆储存

财务数据收集者要观察敏锐，注意平时的积累和总结。

（二）原始记录法

原始记录法是对财务活动过程和结果用数字、文字及其他形式记录下来，包括会计、统计等方面的记载和上级有关指示等。

（三）制度收集法

制度收集法是根据财务工作的需要，随时采取通知、指令、计划等行政手段，要求所属单位或有关部门人员按时按期提供有关财务数据。这种方法常用于收集时限性强且具有全面性、系统性的财务数据。

（四）筛选整理法

在占有丰富的原始数据后，要进行去粗取精的筛选整理工作，抓住导向性、典型性的事件，解剖财务热点问题。可以分层次、分部门、分性质整理得到所需的财务数据。

（五）预测收集法

根据财务活动情况，采取数学模型和电子计算机相结合的预测手段，预测今后的发展趋势，以便正确地进行财务决策。

任务二　整理财务数据

关键术语

※ 数据审核（Data Auditing）
※ 数据整理（Data Wrangling）
※ 财务报表摘要（Abstract of Financial Statements）

通过各种渠道将财务数据收集起来后，接下来的任务就是对这些数据进行加工整理，使之符合财务数据分析的要求。

一、财务数据的预处理

财务数据的预处理是财务数据整理的先前步骤，它是在对财务数据进行分类或分组之前所做的必要处理，包括数据的审核、筛选、排序等。

对于通过调查取得的直接财务数据，主要从完整性和准确性两个方面去审核。完整性审核主要是检查应调查的单位或个体是否有遗漏、所有的调查项目是否填写齐全等。准确性审核主要是检查数据是否有错误、是否存在异常值等。对异常值要进行仔细鉴别：如果异常值属于记录错误，在分析之前应予以纠正；如果异常值是一个正确的值，则应予以保留。

对于通过其他渠道取得的二手财务数据，应着重审核数据的适用性和时效性。二手财务数据可以来自多种渠道，有些财务数据可能是为特定目的通过专门调查而取得的，或是已经按特定目的的需要进行了加工整理。对于使用者来说，首先应弄清楚数据的来源、数据的口径及有关的背景材料，以便确定这些数据是否符合分析的要求，不能盲目生搬硬套。此外，还要对数据的时效性进行审核，对于一些时效性较强的问题，如果得到的数据过于滞后，就可能失去分析的意义。

二、财务数据的整理

财务数据预处理结束后，就要对财务报表、科目余额表、序时账、合并工作底稿等财务资料中的数据进行初步的整理。财务数据整理的目的是让财务数据能够以更直观的形式呈现，另外，在财务数据整理过程中，也要核对数据的准确性。财务数据整理一般按图 3-2 所列的步骤进行。

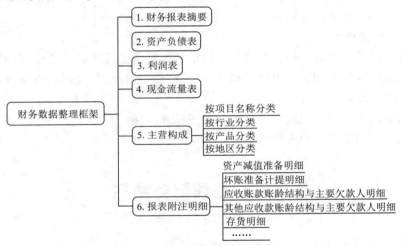

图 3-2　财务数据整理步骤图

（一）财务报表摘要的整理

财务报表摘要包括资产负债表摘要、利润表摘要和现金流量表摘要。表 3-2 给出了财务报表摘要的示例。

表 3-2　财务报表摘要示例

指标分类	2022 年	2021 年	2020 年
资产负债表摘要			
① 流动资产			
② 固定资产			
③ 长期股权投资			
④ 资产总计			
⑤ 流动负债			
⑥ 非流动负债			

续表

指标分类	2022 年	2021 年	2020 年
⑦ 负债合计			
⑧ 股东权益			
⑨ 归属母公司股东的权益			
⑩ 资本公积			
⑪ 盈余公积			
⑫ 未分配利润			
利润表摘要			
① 营业收入			
② 营业成本			
③ 营业利润			
④ 利润总额			
⑤ 净利润			
⑥ 归属母公司股东的净利润			
⑦ 非经常性损益			
⑧ 归属母公司股东的净利润（扣除非经常性损益）			
现金流量表摘要			
① 销售商品、提供劳务收到的现金			
② 经营活动产生的现金流量净额			
③ 购建固定资产、无形资产和其他长期资产支付的现金			
④ 投资支付的现金			
⑤ 投资活动产生的现金流量净额			
⑥ 吸收投资收到的现金			
⑦ 取得借款收到的现金			
⑧ 筹资活动产生的现金流量净额			
⑨ 现金及现金等价物净增加额			
⑩ 期末现金及现金等价物余额			
公告日期			

（二）资产负债表、利润表和现金流量表的整理

下面按单体财务报表数据整理、合并财务报表数据整理、各财务报表科目数据整理的顺序进行介绍。

1. 单体财务报表数据整理

按照公司会计实体，将每一年度的财务报表整合到同一张表上，即在同一张表上可以看到财务报表上的每一个科目各年度的数值。可以先将所有年度的财务报表上的科目整合到一起，然后再将各个年度的各科目金额依次填入表中。具体格式如表 3-3 所示（简化格式仅供参考）。

表 3-3 资产负债表整合示例

项目	2020 年 12 月 31 日	2021 年 12 月 31 日	2022 年 12 月 31 日	2023 年 6 月 30 日
货币资金	待填写	待填写	待填写	待填写
应收账款	待填写	待填写	待填写	待填写
预付款项	待填写	待填写	待填写	待填写

续表

项目	2020年12月31日	2021年12月31日	2022年12月31日	2023年6月30日
其他应收款	待填写	待填写	待填写	待填写
存货	待填写	待填写	待填写	待填写
流动资产合计	待填写	待填写	待填写	待填写
固定资产	待填写	待填写	待填写	待填写
无形资产	待填写	待填写	待填写	待填写
在建工程	待填写	待填写	待填写	待填写
长期应收款	待填写	待填写	待填写	待填写
非流动资产合计	待填写	待填写	待填写	待填写
资产总计	待填写	待填写	待填写	待填写
短期借款	待填写	待填写	待填写	待填写
应付账款	待填写	待填写	待填写	待填写
预收款项	待填写	待填写	待填写	待填写
其他应付款	待填写	待填写	待填写	待填写
流动负债合计	待填写	待填写	待填写	待填写
长期借款	待填写	待填写	待填写	待填写
长期应付款	待填写	待填写	待填写	待填写
非流动负债合计	待填写	待填写	待填写	待填写
负债合计	待填写	待填写	待填写	待填写
实收资本	待填写	待填写	待填写	待填写
资本公积	待填写	待填写	待填写	待填写
未分配利润	待填写	待填写	待填写	待填写
所有者权益合计	待填写	待填写	待填写	待填写
负债和所有者权益总计	待填写	待填写	待填写	待填写
核对：资产＝负债＋所有者权益	待填写	待填写	待填写	待填写

对资产负债表进行整合时应注意核对资产负债表是否符合会计恒等式，也就是完成资产负债表整合后，要核对一下"资产＝负债＋所有者权益"这个等式是否成立。若不成立，说明数据录入过程中出现了错误，要及时查找并修正错误，使会计恒等式成立。

利润表也要按照资产负债表的整合方式，将财务尽职调查涵盖期间的所有利润表科目整合到同一张表上。也就是先将所有年份利润表上的科目整合到一起，然后再根据所属年份填写对应的利润表数据，具体格式如表3-4所示（简化格式仅供参考）。

表3-4 利润表整合示例

项目	2020年	2021年	2022年	2023年1—6月
营业收入	待填写	待填写	待填写	待填写
营业成本	待填写	待填写	待填写	待填写
税金及附加	待填写	待填写	待填写	待填写

续表

项目	2020 年	2021 年	2022 年	2023 年 1—6 月
销售费用	待填写	待填写	待填写	待填写
管理费用	待填写	待填写	待填写	待填写
财务费用	待填写	待填写	待填写	待填写
资产减值损失	待填写	待填写	待填写	待填写
公允价值变动损益	待填写	待填写	待填写	待填写
投资收益	待填写	待填写	待填写	待填写
营业利润	待填写	待填写	待填写	待填写
营业外收入	待填写	待填写	待填写	待填写
营业外支出	待填写	待填写	待填写	待填写
利润总额	待填写	待填写	待填写	待填写
所得税费用	待填写	待填写	待填写	待填写
净利润	待填写	待填写	待填写	待填写

现金流量表的整合也一样，按照资产负债表和利润表的整合方式，根据公司提供的财务报表中的现金流量表，整合形成用于财务数据分析的现金流量表，具体格式如表 3-5 所示（简化格式仅供参考）。

表 3-5　现金流量表整合示例

项目	2020 年	2021 年	2022 年	2023 年 1—6 月
销售商品、提供劳务收到的现金	待填写	待填写	待填写	待填写
收到其他与经营活动有关的现金	待填写	待填写	待填写	待填写
经营活动现金流入小计	待填写	待填写	待填写	待填写
购买商品、接受劳务支付的现金	待填写	待填写	待填写	待填写
支付其他与经营活动有关的现金	待填写	待填写	待填写	待填写
经营活动现金流出小计	待填写	待填写	待填写	待填写
经营活动产生的现金流量净额	待填写	待填写	待填写	待填写
收回投资收到的现金	待填写	待填写	待填写	待填写
取得投资收益收到的现金	待填写	待填写	待填写	待填写
处置固定资产、无形资产和其他长期资产收回的现金	待填写	待填写	待填写	待填写
收到其他与投资活动有关的现金	待填写	待填写	待填写	待填写
投资活动现金流入小计	待填写	待填写	待填写	待填写
购建固定资产、无形资产和其他长期资产支付的现金	待填写	待填写	待填写	待填写
投资支付的现金	待填写	待填写	待填写	待填写
投资活动现金流出小计	待填写	待填写	待填写	待填写
投资活动产生的现金流量净额	待填写	待填写	待填写	待填写
取得借款收到的现金	待填写	待填写	待填写	待填写

续表

项目	2020年	2021年	2022年	2023年1—6月
筹资活动现金流入小计	待填写	待填写	待填写	待填写
偿还债务支付的现金	待填写	待填写	待填写	待填写
分配股利、利润或偿付利息支付的现金	待填写	待填写	待填写	待填写
筹资活动现金流出小计	待填写	待填写	待填写	待填写
筹资活动产生的现金流量净额	待填写	待填写	待填写	待填写

现金流量表可以结合资产负债表和利润表推出，因此，现金流量表的数据整理在此时可以暂时不做。待资产负债表和利润表经过调整并最终确认后，再推出现金流量表进行分析。

2. 合并财务报表数据整理

单体财务报表数据整理完成后，结合公司提供的合并抵销分录，可以整理得到合并财务报表。为了得到合并财务报表，需要编制合并工作底稿。合并财务报表主要是基于各子公司单体财务报表，将各子公司单体财务报表上的会计科目整合到一起，将各子公司的财务数据按照财务尽职调查会计年度分别依次摆开，然后计算所有单体对应科目对应会计年度的简单加总值，再根据公司提供的合并抵销分录，将合并抵销分录填在合并工作底稿里，合并抵销后得到最终的合并财务报表科目值。

假设除母公司外还有2个子公司，合并工作底稿的格式如表3-6（简化处理仅供参考）所示。

在编制合并财务报表时，要注意资产负债表和利润表之间的关系。利润表中的净利润扣除资本公积和利润分配后，为当期增加的未分配利润，需要和资产负债表中所有者权益下的未分配利润的变动相互对应。同时，资产负债表中所有者权益下的盈余公积的变动与当期从净利润中提取的盈余公积相互对应。

3. 各财务报表科目数据整理

根据获得的公司末级科目余额表，可以对各会计实体的所有一级科目进行分解整理。公司的次级至末级科目通常为公司对一级科目的进一步分解，整理出来末级科目余额表，就可以进一步了解公司一级科目的组成及其包含的内容。

以应收账款为例，有些公司应收账款的末级科目是按客商名称设置的，这样根据末级科目余额表的金额就可以得到应收账款按客商名称分类的金额。而有些公司应收账款的末级科目没有按客商名称设置，而是按性质划分的，这样根据末级科目余额表的金额就可以得到应收账款按性质分类的金额。各财务报表科目的末级科目的金额数据整理可以按照表3-7的格式进行（简化处理仅供参考）。

最后要对科目余额的数据和对应的财务报表数据进行核对，以确保科目数据和财务报表数据一致。

（三）主营构成的整理

对于损益类科目，由于期末要从主营业务收入、主营业务成本等结转至本年利润，科目余额表可能并未显示余额。如果公司无法提供这些科目进一步的明细，可以在序时账中摘取这些科目。如果公司对这些科目的分类较粗，则需要在序时账中手动对这些科

项目三　财务数据的收集、整理与分析

表 3-6　合并利润表示例

单位：人民币元

项目	2020年					2021年					2022年					2023年1—6月				
	母公司	子公司A	子公司B	合计数	抵销调整1	抵销调整2	合并数	母公司	子公司A	子公司B	合计数	抵销调整1	抵销调整2	合并数	母公司	子公司A	子公司B	合计数	抵销调整1	抵销调整2	合并数
营业收入																					
营业成本																					
税金及附加																					
销售费用																					
管理费用																					
财务费用																					
资产减值损失																					
公允价值变动损益																					
投资收益																					
营业利润																					
营业外收入																					
营业外支出																					
利润总额																					
所得税费用																					
净利润																					
期初未分配利润																					
减：盈余公积																					
减：利润分配																					
期末未分配利润																					

表 3-7 应收账款一级科目分解示例

单位：人民币元

科目编码	科目名称	2020年12月31日					2021年12月31日					2022年12月31日					2023年6月30日				
		母公司	子公司A	子公司B	合计数	抵销调整1	抵销调整2	合并数	母公司	子公司A	子公司B	合计数	抵销调整1	抵销调整2	合并数	母公司	子公司A	子公司B	合计数	抵销调整1	抵销调整2	合并数
	末级科目1：客商A(性质a)																					
	末级科目2：客商B(性质b)																					
	末级科目3：客商C(性质c)																					
	合计—应收账款一级科目																					
	检查：报表金额																					
	报表金额—科目余额																					

表 3-8　主营业务收入整理示例

单位：人民币元

科目编码	项目	2020年12月31日						2021年12月31日						2022年12月31日						2023年6月30日					
		母公司	子公司A	子公司B	合计数	抵销调整1	抵销调整2	母公司	子公司A	子公司B	合计数	抵销调整1	抵销调整2	母公司	子公司A	子公司B	合计数	抵销调整1	抵销调整2	母公司	子公司A	子公司B	合计数	抵销调整1	抵销调整2	合并数
	科目名称																									
	类别A(客商a)																									
	类别B(客商b)																									
	类别C(客商c)																									
	主营业务收入合计																									
	检查：报表金额																									
	报表金额—合计金额																									

目进行分类摘取。有时公司的财务管理软件设有辅助账核算模块，这些科目可能会按辅助项（如按项目名称、按产品性质、按客商等）分类核算，可以利用这些分类，将这些科目也整理成表 3-6 的格式。

收入数据通常按产品性质进行分类。收入数据按照表 3-8 的格式进行整理（实际过程中按照企业的不同类型对收入进行分类），其他收入成本项也参照这样的格式进行数据整理。

收入数据整合完成后，需要对收入的合计金额与报表金额进行核对。若两者不一致，须查找原因并进行修正，务必保证合计金额与报表金额一致。

▶ 小讨论　表 3-9 至表 3-11 是五粮液集团财务数据整理的实例，其是否为主营构成的整理结果？

表 3-9　五粮液集团营业收入按产品分类

分类	2016 年年报	2015 年年报
一、玻瓶		
① 营业收入/万元	4 655.81	3 441.36
② 营业成本/万元	4 111.22	
③ 营业利润/万元	544.58	
④ 毛利率/%	11.70	
⑤ 收入构成/%	0.19	0.16
⑥ 利润构成/%	0.03	
二、酒类		
营业收入/万元	2 270 453.43	2 034 588.45
营业成本/万元	558 492.09	
营业利润/万元	1 711 961.34	
毛利率/%	75.40	
收入构成/%	92.96	93.94
利润构成/%	99.50	
三、塑料制品		
营业收入/万元	157 185.63	102 093.67
营业成本/万元	151 313.65	
营业利润/万元	5 871.98	
毛利率/%	3.74	
收入构成/%	6.44	4.71
利润构成/%	0.34	
四、印刷		
营业收入/万元	4 629.51	5 346.81
营业成本/万元	3 855.21	
营业利润/万元	774.30	
毛利率/%	16.73	
收入构成/%	0.19	0.25
利润构成/%	0.05	
五、其他		
营业收入/万元	5 515.52	20 458.45
营业成本/万元	4 156.11	
营业利润/万元	1 359.41	
毛利率/%	24.65	
收入构成/%	0.23	0.94
利润构成/%	0.08	

表 3-10　五粮液集团营业收入按行业分类

项目	2016 年年报	2015 年年报
营业收入/亿元		
制造业	245.44	216.59
营业成本/亿元		
制造业	73.14	54.50
营业利润/亿元		
制造业	172.30	162.09
毛利率/%		
制造业	70.20	74.84
收入构成/%		
制造业	100.00	100.00
利润构成/%		
制造业	100.00	100.00

表 3-11　五粮液集团营业收入按地区分类

项目	2016 年年报	2015 年年报
营业收入/亿元		
国内	245.44	216.59
营业成本/亿元		
国内	73.14	66.72
营业利润/亿元		
国内	172.30	149.87
毛利率/%		
国内	70.20	69.20
收入构成/%		
国内	100.00	100.00
利润构成/%		
国内	100.00	100.00

(四)财务报表附注明细的整理

财务报表附注明细包括资产减值准备明细、坏账准备计提明细、应收账款账龄结构与主要欠款人明细等。对财务报表附注明细的整理可参考表 3-12 至表 3-22 各类明细示例。

表 3-12 坏账准备计提明细

账龄	计提比例/%
1 年以内	
1—2 年	
2—3 年	
3—4 年	
4—5 年	

表 3-13 关联方债权债务明细

关联方名称	关联方 1	关联方 2
向关联方提供资金的发生额/元		
向关联方提供资金的余额/元		
关联方向上市公司提供资金的发生额/元		
关联方向上市公司提供资金的余额/元		

表 3-14 应收账款账龄结构明细

账龄	应收账款金额/元	占应收账款总额的比例/%	提取的坏账准备/元	坏账准备计提比例/%
1 年以内				
1—2 年				
2—3 年				
3—4 年				
4—5 年				
合计				

表 3-15 应收账款主要欠款人明细

债务人名称	欠款金额/元	拖欠时间	拖欠原因
债务人 1			
债务人 2			
债务人 3			
债务人 4			
债务人 5			
债务人 6			
债务人 7			

表 3-16 其他应收款账龄结构明细

账龄	其他应收款金额/元	占其他应收款总额的比例/%	提取的坏账准备/元	坏账准备计提比例/%
1 年以内				
1—2 年				
2—3 年				
3—4 年				
其他				
合计				

表 3-17 其他应收款主要欠款人明细

债务人名称	欠款金额/元	拖欠时间	拖欠原因
债务人 1			
债务人 2			
债务人 3			
债务人 4			
债务人 5			
债务人 6			
债务人 7			

表 3-18 主要客户和供应商明细

供应商/客户	公司名称	金额/元	占比/%
供应商 1			
供应商 2			
供应商 3			
供应商 4			
供应商 5			
客户 1			
客户 2			
客户 3			
客户 4			
客户 5			

表 3-19 财务费用明细

项目	2022年年报	2021年年报	2020年年报
报表类型	合并财务报表	合并财务报表	合并财务报表
利息支出/元			
减利息收入/元			
汇兑损失/元			
手续费/元			
其他/元			
合计/元			

表 3-20 担保明细

项目	2022年中报	2021年年报	2020年中报
对外担保发生额合计/元			
对外担保金额合计/元			
担保余额合计/元			
对控股子公司担保发生额合计/元			
违规担保金额/元			
担保金额占净资产的比例/%			

表 3-21 应交税费明细

序号	名称	2022年年报
1	增值税/元	
2	企业所得税/元	
3	城市维护建设税/元	
4	房产税/元	
5	个人所得税/元	
6	消费税/元	
7	城镇土地使用税/元	
8	印花税/元	
9	车船税/元	
10	土地增值税/元	
11	资源税/元	
12	其他/元	
	合计/元	

表 3-22 存货明细

存货项目	存货金额/元	跌价准备/元
库存商品		
委托代销商品		
原材料		
在产品		
合计		

对于庞大的数据整理工作，通常需要灵活运用 Excel 的公式、数据透视表及其他数据处理工具，甚至可以通过 VBA 编程加快数据处理的速度。

任务三　分析财务数据

关键术语

※ 数据分析（Data Analysis）

※ 分析模型（Analysis Model）

随着经济条件的不断变化和市场竞争的日益激烈，企业的各利益相关者为了自身的利益，必须了解企业价值。现代企业通过采用一系列科学的数据分析方法，对企业所处的环境、实施的战略、财务报表、财务效率等进行分析，以对企业价值进行综合评估，从而进行合理正确的决策。

一、财务数据分析的目的

无论是从分析主体看，还是从服务对象看，财务数据分析的目的有以下几个方面。

（一）从企业股权投资者的角度进行财务数据分析

企业的股权投资者包括企业的所有者和潜在投资者，他们进行财务数据分析的最根本目的是看企业的盈利能力状况，因为盈利能力是投资者资本保值增值的关键。但是，投资者仅关心盈利能力是不够的，为了确保资本保值增值，他们还要研究企业的权益结构、支付能力及营运状况。只有投资者认为企业有着良好的发展前景，企业的所有者才会保持或增加投资，潜在投资者才会把资金投向企业；否则，企业的所有者会尽可能地抛售股权，潜在投资者会转向其他企业投资。另外，对于企业的所有者而言，财务数据分析也能评价企业经营者的经营业绩，发现经营过程中存在的问题，从而通过行使股东权利，为企业未来发展指明方向。

（二）从企业债权人的角度进行财务数据分析

企业的债权人包括企业贷款的银行和一些金融机构，以及购买企业债券的单位或个人等。企业的债权人进行财务数据分析的目的与投资者和经营者都不同，银行等债权人一方面从各自经营或收益目的出发愿意将资金贷给企业，另一方面又要非常小心地观察和分析企业有无违约或破产清算的可能性。因此，企业的债权人进行财务数据分析的主要目的：一是看其对企业的借款或其他债权是否能及时、足额收回，即研究企业偿债能力的大小；二是看企业的收益状况与风险程度是否相适应，为此还应将偿债能力分析与盈利能力分析相结合。

（三）从企业经营者的角度进行财务数据分析

企业的经营者进行财务数据分析的目的是综合的和多方面的。从对企业所有者负责的角度看，他们首先也关心盈利能力，这是他们的总体目标。但是，在财务数据分析中，他们关心的不仅仅是盈利的结果，还包括盈利的原因及过程，如资产结构分析、营运状况与效率分析、经营风险与财务风险分析、支付能力与偿债能力分析等。企业的经营者进行财务数据分析的目的是及时发现生产经营中存在的问题与不足，并采取有效措施解决这些问题。同时，企业的经营者还可以通过财务数据分析，考核企业各部门的工作效率，评价企业内部的经营管理政策和内部控制制度，为管理决策提供依据。

（四）从其他主体或对象的角度进行财务数据分析

财务数据分析的其他主体或对象是指与企业经营有关的企业单位和国家行政管理与监督部门。与企业经营有关的企业单位从保护自身的利益出发，通过对企业的支付能力、偿债能力等进行评价，从而分析企业的财务状况和信用状况。国家行政管理与监督部门主要是指工商、财政、税务、审计等部门。国家行政管理部门对企业财务数据进行分析，可以监督企业对国有投资的保值增值情况，防止国有资产流失；税务部门对企业财务数据进行分析，可以监督企业税金是否及时缴纳，有无计算错误和偷税漏税情况；

国家宏观经济管理部门对企业财务数据进行分析，可以了解各部门和各地区的财务状况与经营成果，为制定宏观经济政策提供依据。

二、财务数据分析的步骤

财务数据分析有四个阶段：财务数据收集整理阶段、战略分析与会计分析阶段、财务分析实施阶段和财务分析综合评价阶段。

（一）财务数据收集整理阶段

财务数据收集整理有以下三个步骤：

（1）明确财务分析目的。

（2）制订财务分析计划。

（3）收集整理财务数据，财务数据是财务分析的基础。

（二）战略分析与会计分析阶段

战略分析与会计分析有以下两个步骤：

（1）企业战略分析是空间分析和财务分析的基础与导向。

（2）会计分析是财务分析的基础。

（三）财务分析实施阶段

财务分析的实施是在战略分析与会计分析的基础上进行的，有以下两个步骤：

（1）财务指标分析。

（2）基本要素分析。

（四）财务分析综合评价阶段

财务分析综合评价是财务分析实施阶段的继续，有以下三个步骤：

（1）财务综合分析与评价。

（2）财务预测与价值评估。

（3）财务分析报告。

缺少任何一个分析阶段或步骤都会使财务分析不准确、不完整，都将对财务分析产生消极影响。

三、财务数据分析的模型

有效的财务数据分析必须包括以下五个相互关联的方面。

（一）确定企业所处特定产业的经济特征

财务数据分析无法在企业范围内完全解决，因为财务报表与企业财务特性之间关系的确定离不开产业经济特征的分析。换句话说，同样的财务报表对于不同产业的企业，它所体现的经济意义和财务特性很可能完全不同，如零售业、钢铁业、房地产业就有着差别很大的财务比率；高科技产业与传统产业不仅在产业经济特征上有很大的差别，而且决定其竞争地位的因素也不相同。在进行财务数据分析时，产业经济特征是一个非常重要的分析基础，只有了解和确定一个企业所处特定产业的经济特征，才有可能真正理解财务报表的经济意义，并发挥财务数据分析在管理决策中的作用。缺乏对企业所处产业经济特征的把握，就意味着企业财务分析人员把自己孤立在一个小圈子里，不知道企业所处的环境、产业发展前景及其影响、竞争地位。

在实际工作中，有许多认定产业经济特征的模式，其中最常用的是五个层面的经济属性模式，这五个层面包括需求、供应、生产、营销和财务。其中，需求属性反映了顾客对产品或服务价格的敏感性，产业成长率、对商业周期的敏感程度、季节性影响都是评估需求的重要因素。供应属性是指产品或服务在提供方面的特征，在某些产业中，许多供应商提供的产品或服务是非常相似的，而在另外一些产业中，则只有非常有限的几个供应商。人们通常用产业进入的难易程度来评估供应。就生产属性而言，某些企业是劳动密集型的，而有些企业是资本密集型的，在分析生产属性时，制造过程的复杂程度也是一个重要的判断标准。营销属性涉及产品或服务的消费者、分销渠道，有些产业的营销特别费劲，而另外一些产业的营销则容易得多。对财务属性的认定重点是要明确与企业资产结构和产品特征相匹配的负债水平和类型，对于那些成熟、盈利的公司来说，其对外举债一般比新办的公司少。此外，某些产业由于产品寿命短（如个人计算机制造业）或长期发展前景令人怀疑（如传统的钢铁制造业）、风险高，一般不能承受高水平的对外负债。

确定企业所处产业的经济特征是有效财务数据分析的第一步。确定产业经济特征，一方面为理解财务报表数据的经济意义提供了一个"航标"；另一方面又缩短了财务比率和相关指标与管理决策之间的距离，从而使得财务数据分析对管理决策变得更加有意义。

（二）确定企业为增强竞争优势而采取的战略

财务数据分析与企业战略有着密切的联系，如果说产业经济特征是财务分析人员理解财务报表数据经济意义的"航标"，那么企业战略就是财务分析人员在财务数据分析中为管理决策做出相关评价的具体指南。离开企业战略，财务数据分析同样会迷失方向，也就不可能真正帮助管理决策做出科学的评价。因此，在有效的财务数据分析模式中，产业经济特征分析之后紧接着就是确定企业战略。

企业之所以要确立其战略，并将自己与竞争者区分开来，完全是因为竞争的需要。尽管一个产业的经济特征在一定程度上限制了企业制定与同行业竞争者进行竞争的战略的弹性，但是许多企业仍然通过制定符合其特定要求的、难以被仿制的战略创造了可持续的竞争优势。影响企业战略的主要因素包括地区和产业多元化、产品和服务特征等。有效的财务数据分析应当是建立在对企业战略的理解基础之上的。也就是说，应当理解不同的企业是如何对制约发展的因素做出积极反应的，以及是怎样维护已制定的战略的。为了理解一个企业的战略，财务分析人员不但要认真地看其战略计划，还要考察其实施战略计划的各种具体行动。此外，对竞争企业战略的比较也是必不可少的。

（三）正确理解和净化企业的财务报表

尽管财务报表是用于管理决策的，但是财务报表编制的目的与财务数据分析的目的毕竟有很大的差别。财务分析人员在利用财务报表时，对财务报表本身也有一个理解和净化的过程。所谓理解，是指要了解财务报表的局限，如企业管理层所做的"盈利管理"导致财务报表的不可靠、不公允；所谓净化，是指财务分析人员对财务报表中的关键项目（如利润额）所做的调整，使得财务报表的可靠性和公允性增强。

（四）运用财务比率和相关指标

在财务数据分析中，评估企业的盈利能力与风险，人们比较熟悉财务比率和相关指标的计算，如流动比率、资产负债率、权益回报率等财务比率，以及共同比报表、有关的增长率和完成百分比等。但是，对于如何科学地运用这些比率和指标评估企业的盈利能力与风险，还没有形成一套标准。例如，有资料显示，流动比率等于 2 算是正常；但美国 20 世纪 60 年代的一项实证研究表明，正常而持续经营的企业的平均流动比率超过 3，而破产企业的平均流动比率则在 2 到 2.5 之间。

因此，财务数据分析不仅仅是财务会计数据的分析。在财务数据分析中，最重要的工作应当是将某一企业的财务数据放在产业经济、证券等资本市场大环境中进行多方对比，深入分析，将财务数据与企业的战略联系起来考察企业现有的优势和劣势，并科学地评估企业的盈利能力和风险。

（五）为管理决策做出相关的评价

财务数据分析的主要目的是为管理决策做出相关的评价。这里的管理决策主要包括两个类别：一是投资决策；二是信贷决策。其实，这两种决策都涉及企业估价问题，而要对企业的价值进行评定，又必须回到盈利能力和风险的评估上，而且盈利能力和风险一个也不能少。财务比率和指标有很多，如有资料显示，流动比率和资产负债率对评估企业的偿债能力很有用，但是美国相关实证研究表明，在评估企业的偿债能力和破产风险中，资产收益率最有用，其次是现金流量与总负债的比率，最后才是营运资本与总负债的比率、资产负债率和流动比率。因此，必须以实际的资料为依据，进一步研究财务比率和相关指标与某一特定管理决策的相关性问题。

为了发挥财务数据分析在管理决策特别是企业估价中的作用，必须考虑以上五个相互关联的方面，它们构成了一个有效的财务数据分析模型，不仅给财务分析人员提供了管理决策评价的合理假设（产业经济特征、企业战略和净化了的财务报表），而且还为财务数据分析本身为管理决策服务提供了一个合乎逻辑的理性指南。

【项目小结】

本项目主要介绍了收集财务数据、整理财务数据和分析财务数据等知识。明确了什么是财务数据，如何进行财务数据的收集，如何科学整理收集到的财务数据以达到财务数据分析的要求，使用什么形式呈现财务数据。认识了财务数据分析的目的，财务数据分析的步骤，以及进行有效财务数据分析的模型。

课后自主学习空间

【职业能力训练】

一、单选题

1. 当数据收集者就是数据使用者时，财务数据的来源是（　　）。
   A. 间接来源　　　　B. 二手资料　　　　C. 直接来源　　　　D. 以上都不对
2. 在财务数据的收集过程中，（　　）的使用可以提高调查人员和公司的工作效率。
   A. 数据需求清单　　　　　　　　　　　B. 财务报表摘要
   C. 财务报表附注明细　　　　　　　　　D. 财务报表

3. 对于通过调查取得的直接财务数据，主要从（　　）两个方面去审核。
A. 适用性和时效性　　　　　　　　B. 经济性和准确性
C. 实用性和全面性　　　　　　　　D. 完整性和准确性

4. 从（　　）的角度进行财务数据分析，关心的不仅仅是盈利的结果，还包括盈利的原因及过程。
A. 企业股权投资者　　　　　　　　B. 企业债权人
C. 企业经营者　　　　　　　　　　D. 其他主体或对象

5. 下列属于财务分析实施阶段的步骤是（　　）。
A. 财务报表会计分析　　　　　　　B. 财务指标分析
C. 财务综合分析与评价　　　　　　D. 财务分析报告

二、多选题

1. 财务数据的来源有（　　）。
A. 直接来源　　B. 间接来源　　C. 调查来源　　D. 实验来源

2. 财务数据包括（　　）。
A. 调查或观测数据　　　　　　　　B. 会计账簿数据及财务报表数据
C. 公开出版或报道的社会经济数据　D. 企业的各项指标及分析数据

3. 财务数据分析有（　　）阶段。
A. 财务数据收集整理阶段　　　　　B. 战略分析与会计分析阶段
C. 财务分析实施阶段　　　　　　　D. 财务分析综合评价阶段

三、判断题

1. 在财务数据的收集过程中，数据需求清单的格式是固定的，不可调整。（　　）
2. 财务报表会计分析是财务分析实施阶段的一个步骤。（　　）
3. 财务数据分析无法在企业范围内完全解决。（　　）

四、名词解释

1. 财务数据　　2. 数据需求清单　　3. 财务数据的预处理

五、简答题

1. 财务数据的收集方法有哪些？
2. 有效的财务数据分析应包含哪些相互关联的内容？
3. 财务数据整理的内容有哪些？

六、实践训练园地

选择1家公司，确定其所处的行业，并找到其同行业公司。不同的行业分类都可以，但是不能太大，否则就可能不具有可比性，可以在上市公司中选择6—8家同类公司，构成一个小的资产组合。着手收集公司的外部数据，包括同行业公司数据、相关行业数据、相关宏观政策数据、相关消费群体数据。这些数据的收集和整理工作可能需要一段比较长的时间。期末，如果能把收集并整理得很好的所有行业信息与分析报告一起提交，将视情况给予加分。

【任务工单】

工单内容

【课业评价及措施】

评价项目（共100分）	评价分值	整改措施
课业完成情况（40分）		
课业完成质量（60分）		
自评成绩		

项目四　筹资管理

学习目标

※ 理解企业筹资的基本目的与要求
※ 理解自有资金和借入资金的关系
※ 熟悉各种筹资渠道与方式

技能目标

※ 掌握资金需要量预测的基本方法
※ 掌握自有资金的筹集方式
※ 掌握借入资金的筹集方式

任务描述

　　你有没有想过自己创业，创建或经营一个属于自己的企业？如果想，怎样筹集资金就是你需要考虑的第一个问题。你应该明白，要成功创建或经营企业就必须筹集到创建或经营企业所需要的资金，而什么地方能找到资金，如何将资金引入企业是你必须考虑的问题。

　　筹资的数量、时间与结构将直接影响企业的经济利益，所以，你必须了解筹资的渠道与方式，学会根据企业的经营规模正确预测资金需要量，特别是要掌握权益资金与负债资金的特点及筹集方式。恰当地运用这些筹资渠道与方式，是做好筹资管理的前提条件。学习与掌握这些知识，对于成功创建企业、持续经营企业至关重要。

项目导图（图4-1）

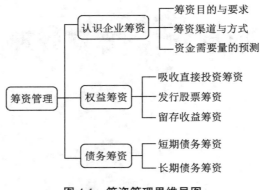

图4-1　筹资管理思维导图

课前自主学习空间

【案例导入】

中小企业为什么筹资难？

改革开放以来，我国中小企业发展迅速。目前，它们已经成为促进我国经济发展、市场繁荣和实现就业的重要基础，并继续以其灵活的运行机制和市场应变能力，成为推动我国经济体制变革的重要力量。但是，我国的中小企业在发展中还面临着很多的问题，其中突出的就是筹资问题。筹资困难造成中小企业资金短缺，这严重制约了中小企业的持续发展。

一般来讲，中小企业的筹资渠道有两个方面：一是内源筹资，包括业主自有的资金、向亲友借贷的资金、风险投资及企业在经营过程中自身盈利形成的内部积累；二是外源筹资，包括从银行、信用社等金融机构取得的各种短期、中长期贷款，以发行股票、债券的形式公开向社会募集的资金，以及通过租赁公司办理融资租赁的方式融通的资金。

中小企业大多是靠自我积累、自我筹资发展起来的，在中小企业的资产结构中，内源筹资占比较大。然而，随着企业的发展，单纯的内源筹资已经不能满足企业长期稳定持续发展的需要，对外源筹资的依赖程度在加大。由于我国中小企业的经营规模普遍较小，一般无法进入股市或债市筹资，而我国的产业基金、风险投资等还不够完善，因此，我国中小企业目前无论是流动资金还是固定资产投资的资金筹措，基本上是依靠银行等金融机构的各种贷款。

但是，由于种种原因，中小企业要想获得贷款并不是很容易，即使能够从商业银行贷到款，其利息率也比大中型企业高很多，这往往使中小企业在取得资金的同时背上沉重的债务负担。

■ 思考与讨论：

1. 中小企业为什么不能以发行股票、债券的形式公开向社会募集资金？
2. 中小企业为什么不太容易获得商业银行的贷款支持？
3. 中小企业如何破解筹资难的问题？

案例解析

任务一　认识企业筹资

关键术语

※ 资金需要量（Capital Requirements）
※ 筹资渠道（Financing Channels）
※ 筹资方式（Financing Tools）

一、筹资目的与要求

筹资活动是企业生存与发展的基本前提，没有资金，企业将难以生存，也不可能发展。所谓筹资，是指企业根据其生产经营、对外投资及调整资金结构的需要，通过筹资渠道和资本市场，运用筹资方式，经济有效地筹集企业所需资金的财务活动。从企业资金运动的过程及财务活动的内容看，它是企业财务管理工作的起点，关系到企业生产经营活动的正常开展和企业经营成果的取得，所以企业应科学合理地进行筹资活动。

（一）筹资的目的

企业筹资应服务于企业财务管理的总体目标，其基本目的是满足正常的生产经营需要，主要表现在以下几个方面。

1. 满足企业设立的需要

设立新企业，必须准备充足的开业资金，以便购置厂房、机器设备，购进原材料，支付开办费，等等。作为企业设立的前提，筹资活动是财务活动的起点。

2. 满足生产经营的需要

为满足生产经营需要而进行的筹资活动是企业最为经常性的财务活动，一是满足简单再生产的资金需要；二是满足扩大再生产的资金需要，如开发新产品、提高产品质量与生产工艺技术、追求对外投资、开拓企业经营领域、对外兼并等。这些都需要投入大量的资金，因此必须作为筹资的重点，确保资金及时到位，否则将影响企业经营成果的有效取得。

3. 满足资金结构调整的需要

资金结构的调整是企业为了降低筹资风险、减少资金成本而对自有资金与负债资金间的比例关系进行的调整。它属于企业重大的财务决策事项，也是企业筹资管理的重要内容。

（二）筹资的要求

企业筹资的基本要求是经济有效。为达到这一基本要求，必须对影响筹资活动的各种因素进行分析，以保证资金能合理、合法且及时、有效地筹集。企业在开展筹资活动时应注意以下几个方面。

1. 筹资与投放相结合，提高筹资效益

企业在筹资过程中，无论通过何种渠道、采用何种方式，都应预先确定资金的需要量，使筹资量与需要量达到平衡。同时，还应考虑投资活动在时间上的需要，科学地测算企业未来资金流入量和流出量，确定合理的投放时机，防止因筹资不足而影响生产经营活动的正常开展，也尽量避免因筹资过剩造成资金闲置，降低筹资效益。

2. 认真选择筹资渠道和筹资方式，力求降低资金成本

企业筹资的渠道有多种，同一渠道的资金往往可以采用不同的方式去取得，但无论通过什么渠道、采用什么方式，筹集和占用资金总要付出代价。因此，在筹资时必须对各种筹资渠道、各种筹资方式进行比较、选择，不断优化资金来源结构，力求使资金成本降至最低水平。

3. 适当安排自有资金比例，正确利用负债资金经营

企业全部资金包括自有资金和借入资金两部分，即所有者权益资金和负债资金。企业在筹资时，必须使自有资金与借入资金保持合理的结构关系，防止负债过多而增加财务风险和偿债压力；也不能因惧怕风险而放弃利用负债资金经营，造成自有资金的收益水平降低。

4. 优化投资环境，积极创造吸引资金的条件

社会资金的投向直接取决于环境的优劣，因此，企业应不断优化投资环境，以吸引社会资金的投入。良好的经营作风、可靠的企业信誉、较强的盈利能力和良好的发展前景，是一个较好的投资环境所必备的基本条件。

二、筹资渠道与方式

（一）筹资渠道

筹资渠道是指企业筹措资金的方向与通道，体现着资金的来源与流量。现阶段，我国企业筹集资金的渠道主要有以下几种。

1. 国家财政资金

国家财政资金是指国家以财政拨款、财政贷款、国有资产入股等形式向企业投入的资金。它是我国国有企业的主要资金来源。

2. 银行信贷资金

银行信贷资金是指商业银行和专业银行放贷给企业使用的资金。它是企业资金的一个十分重要的来源。

3. 非银行金融机构资金

非银行金融机构是指各种从事金融业务的非银行机构，如信托投资公司、租赁公司等。非银行金融机构的资金实力虽然不如银行，但它们的资金供应比较灵活，而且可以提供多种特定服务。该渠道已成为企业资金的重要来源。

4. 其他企业和单位资金

其他企业或非营利组织，如各种基金会、社会团体等，在组织生产经营活动或其他业务活动中，有一部分暂时或长期闲置的资金。企业间的相互投资和短期商业信用，使其他企业资金成为企业资金的重要来源。

5. 职工和民间资金

职工和民间资金是指企业职工和城乡居民闲置的消费资金。随着我国经济的发展，人民生活水平不断提高，职工和居民的节余货币作为"游离"于银行及非银行金融机构之外的社会资金，可用于对企业进行投资。

6. 企业自留资金

企业自留资金是指企业内部形成的资金，包括从税后利润中提取的盈余公积和未分配利润，以及通过计提折旧费而形成的固定资产更新改造资金。这些资金的主要特征是无须通过一定的方式筹集，而是直接由企业内部生成或转移。

7. 外商资金

外商资金是指外国投资者及我国香港、澳门、台湾地区投资者投入的资金。随着国际经济业务的拓展，利用外商资金已成为企业资金的一个新的重要来源。

（二）筹资方式

筹资方式是指企业筹措资金所采取的具体形式。如果说筹资渠道客观存在，那么筹资方式则属于企业的主观能动行为。如何选择适宜的筹资方式进行有效的组合，以降低成本，提高筹资效益，成为企业筹资管理的重要内容。

目前，我国企业的筹资方式主要有吸收直接投资、发行股票、利用留存收益、向银行借款、发行债券、利用商业信用和融资租赁。

（三）筹资方式与筹资渠道的对应关系

筹资渠道解决的是资金来源问题，筹资方式则解决企业如何取得资金的问题，两者相互独立又密不可分。特定的筹资渠道只能配以相应的筹资方式，而一定的筹资方式可能只适用于某一特定的筹资渠道。表4-1反映的是筹资方式与筹资渠道的对应关系。

表 4-1　筹资方式与筹资渠道的对应关系

项目	吸收直接投资	发行股票	利用留存收益	向银行借款	发行债券	利用商业信用	融资租赁
国家财政资金	√	√					
银行信贷资金				√			
非银行金融机构资金	√	√		√			√
其他企业和单位资金	√				√	√	√
职工和民间资金	√	√			√		
企业自留资金	√		√				

三、资金需要量的预测

企业合理筹集资金的前提是科学地预测资金需要量，因此，企业在筹资之前，应当采用一定的方法预测资金需要量，以保证企业生产经营活动对资金的需要，同时也避免筹资过量造成资金闲置。下面介绍两种常见的资金需要量预测方法。

（一）定性预测法

定性预测法是指依靠预测者个人的经验、主观分析和判断能力，对未来资金需要量进行估计和推算的方法。

小讨论 定性预测法通常采取召开专业技术人员座谈会和专家小组会谈等形式进行，由于缺乏完整的历史资料，预测结果的准确性和可行性较差，一般只作为预测的辅助方法，这种说法对吗？

（二）定量预测法

定量预测法是以历史资料为依据，采用数学模型对未来资金需要量进行预测的方法。定量预测法常用的方法有销售百分比法和线性回归分析法。

小讨论 定量预测法的预测结果科学而准确，有较高的可行性，但计算较为复杂，要求具有完备的历史资料，是这样吗？

1. 销售百分比法

销售百分比法是根据资产负债表中各个项目与销售收入总额之间的依存关系，按照计划期销售额的增长情况来预测资金需要量的一种方法，它是目前最流行的预测资金需要量的方法。在资产负债表中，有一些项目会因销售额的增长而相应地增加，通常将这些项目称为敏感项目，包括货币资金、应收账款、存货、应付账款、其他应付款等项目。将不随销售额的增长而增加的项目称为非敏感项目。

使用这一方法的前提是必须假设某报表项目与销售指标的比率已知且固定不变，其计算步骤如下：

（1）分析基期资产负债表中各个项目与销售收入总额之间的依存关系，计算各敏感项目的销售百分比。

（2）计算预测期各敏感项目的预计数，并填入预计资产负债表中，确定需要增加的资金额。其计算公式为

$$某敏感项目预计数 = 预计销售额 \times 某敏感项目销售百分比$$

（3）计算对外界资金需求的数量。

上述预测过程可用下列公式表示：

$$对外资金需要量 = \frac{A-B}{S_0} \cdot \Delta S - E \cdot P \cdot S_1$$

式中：A——随销售变化的资产（变动资产）；

B——随销售变化的负债（变动负债）；

S_0——基期销售额；

S_1——预测期销售额；

ΔS——销售的变动额；

P——销售净利率；

E——留存收益比率。

【例 4-1】 某企业 2021 年 12 月 31 日的资产负债表如表 4-2 所示。

表 4-2 某企业 2021 年度资产负债表（简表）　　　　　　　单位：元

资产	金额	负债和所有者权益	金额
货币资金	10 000	应付票据	8 000
应收账款	24 000	预收款项	4 000
存货	50 000	应付账款	20 000
预付款项	4 000	短期借款	50 000
固定资产	212 000	长期借款	80 000
		实收资本	128 000
		未分配利润	10 000
资产总计	300 000	负债和所有者权益总计	300 000

该企业 2021 年的销售收入为 200 000 元，税后净利润为 20 000 元，销售净利率为 10%，已按 50% 的比例发放普通股股利 10 000 元。企业尚有剩余生产能力，即增加收入不需要进行固定资产方面的投资。假定销售净利率保持 2021 年水平，预计 2022 年销售收入将提高到 240 000 元，2022 年年末普通股股利发放比例增加至 70%，要求预测 2022 年需要增加的资金。

【解析】　第一步，根据 2021 年度资产负债表编制 2022 年预计资产负债表（表 4-3）。

表 4-3 某企业 2022 年预计资产负债表　　　　　　　单位：元

资产			负债和所有者权益		
项目	销售百分比	预计数	项目	销售百分比	预计数
货币资金	5%	12 000	应付票据	4%	9 600
应收账款	12%	28 800	预收款项	2%	4 800
存货	25%	60 000	应付账款	10%	24 000
预付款项	2%	4 800	短期借款		50 000
固定资产		212 000	长期借款		80 000
			实收资本		128 000
			未分配利润		10 000
			追加资金		11 200
合计	44%	317 600	合计	16%	317 600

第二步，确定需要增加的资金。

首先，可根据预计资产负债表直接确认需要追加的资金。表中预计资产为 317 600 元，而预计负债和所有者权益为 306 400 元，资金占用大于资金来源，则需要追加资金 11 200 元。

其次，也可分析测算需要追加的资金。表中销售收入每增加 100 元，须增加 44 元的资金占用，但同时自动产生 16 元的资金来源。因此，每增加 100 元的销售收入，须取得 28 元的资金来源。在本例中，销售收入从 200 000 元增加到 240 000 元，增加了 40 000 元，按照 28% 的比率可测算出将增加 11 200 元的资金需求。

第三步，确定对外界资金需求的数量。

上述 11 200 元的资金需求可通过企业内部筹集和外部筹集两种方式解决，2022 年预计净利润为 24 000（240 000×10%）元，如果企业的利润分配给投资者的比率为 70%，则将有 30% 的利润即 7 200 元被留存下来，从 11 200 元中减去 7 200 元的留存收益，则还有 4 000 元的资金必须从外界融通。

此外，也可根据上述资料采用公式求得对外界资金需求的数量。

对外筹集资金额＝44%×40 000－16%×40 000－10%×30%×240 000＝4 000（元）

销售百分比法的主要优点是能为财务管理提供短期预计财务报表和外部筹资的需要量，简便易用。缺点是倘若有关固定比率的假定失实，则据以进行预测的结果就会出现较大偏差。

▶ **小讨论** 历史数据选择对于分析哪些项目与销售收入成一定的比例关系至关重要！那么，如何选择历史数据呢？

2. 线性回归分析法

线性回归分析法就是运用最小平方法的原理，对过去若干期销售额和资金总量（资金占用量）的历史资料进行分析，按 $y=a+bx$ 的公式来确定反映销售收入总额（x）和资金总量（y）之间关系的回归直线，并据此预测计划期资金需要量的一种方法。该方法是在资金变动与产销量变动关系的基础上，将企业资金划分为不变资金和变动资金，然后结合预计的产销量来预测资金需要量。其基本模型为

资金占用量（y）＝不变资金（a）＋变动资金（bx）

＝不变资金（a）＋单位产销量所需要的变动资金（b）×产销量（x）

即：$y=a+bx$

其中，不变资金是指在一定的经营规模内，不随业务量变动而变动的资金需要量，主要包括为维持经营而需要的最低数额的现金、原材料的保险储备、必要的产品或商品储备及固定资产占用资金。变动资金是指随业务量变动而成比例变动的资金，一般包括为维持经营而需要的最低数额以外的现金、存货、应收账款等所需要的资金。

【例 4-2】 某企业产销量和资金变化情况如表 4-4 所示。

表 4-4 产销量和资金变化情况（1）

年份	产销量（x）/万件	资金占用量（y）/万件
第一年	15	200
第二年	25	220
第三年	40	250
第四年	35	240
第五年	55	280

预计第六年产销量为 90 万件，试计算第六年的资金需要量。

【解析】 第一步，根据表 4-4 整理编制表 4-5。

表 4-5 产销量和资金变化情况（2）

年份	产销量 (x)/万件	资金占用量 (y)/万元	xy	x^2
第一年	15	200	3 000	225
第二年	25	220	5 500	625
第三年	40	250	10 000	1 600
第四年	35	240	8 400	1 225
第五年	55	280	15 400	3 025
$n=5$	$\sum x = 170$	$\sum y = 1\ 190$	$\sum xy = 42\ 300$	$\sum x^2 = 6\ 700$

第二步，把表2-5的资料代入下列公式：

$$\begin{cases} \sum y = na + b\sum x \\ \sum xy = a\sum x + b\sum x^2 \end{cases}$$

解得

$$\begin{cases} a = \dfrac{\sum y - b\sum x}{n} = 170 \\ b = \dfrac{n\sum xy - \sum x \sum y}{n\sum x^2 - (\sum x)^2} = 2 \end{cases}$$

第三步，把 $a=170$、$b=2$ 代入 $y=a+bx$，求得

$$y = 170 + 2x$$

第四步，将第六年预计销售量90万件代入上式，得出

$$y = 170 + 2 \times 90 = 350（万元）$$

以上预测没有考虑原材料价格变化、工资变动等因素的影响，如果这些因素有变化则在预测时要考虑进去。

线性回归分析法可用来核定企业资产的总体资金需要量，也可用于核定流动资产的资金需要量。但要注意的是，资金需要量与业务量之间线性关系的假定应符合实际；确定 a、b 值时，应利用预测年度前连续若干年的历史资料，一般要有3年或3年以上的资料。

任务二 权益筹资

关键术语

※ 直接投资（Direct Investment）

※ 发行股票（Stock Issue）

※ 留存收益（Retained Income）

权益资金的筹集方式主要有吸收直接投资、发行股票和利用留存收益。

一、吸收直接投资筹资

吸收直接投资是指企业以合同、协议等形式吸收国家、其他企业、个人、外商等主体直接投入的资金，形成企业自有资金的一种筹资方式。

（一）吸收直接投资的形式

企业吸收的直接投资根据投资者的出资形式可分为吸收货币资金投资和吸收非货币资金投资。

1. 吸收货币资金投资

吸收货币资金投资是指企业吸收投资者投入的货币资金，它是吸收直接投资的最主要形式之一。企业在筹建时，必须吸收一定量的货币资金，各国的法律法规对现金在资本总额中的比例均有一定的规定。

2. 吸收非货币资金投资

吸收非货币资金投资是指企业吸收投资者投入的实物资产（包括房屋、建筑物、设备等固定资产和原材料、商品等流动资产）和无形资产（包括专利权、商标权、非专利技术、土地使用权等）等非货币资金资产。企业在接受这类投资时，应注意做好资产评估、产权转移、财产验收等工作。对于接受的无形资产投资，还应该注意其数额是否符合有关无形资产出资限额的规定。

（二）吸收直接投资的程序

1. 确定吸收直接投资的资金数额

企业吸收的直接投资属于所有者权益，其份额达到一定规模时，就会对企业的经营控制权产生影响。因此，企业必须高度重视吸收直接投资的数额，一方面要考虑投资需要；另一方面要考虑对投资者投资份额的控制。

2. 确定吸收直接投资的具体形式

企业各种资产的变现能力是不同的，要提高资产的营运能力，就必须使资产达到最佳配置，如流动资产与固定资产的搭配、现金资产与非现金资产的搭配等。

3. 签署合同或协议等文件

吸收直接投资的合同应明确双方的权利与义务，包括投资人的出资数额、出资形式、资产交付期限、出资违约责任、投资收回、收益分配或损失分摊、控制权分割、资产管理等内容。投资合同对于投资双方都是非常重要的，应经过周密考虑和反复协商，并应取得投资各方的认可。

4. 取得资金

作为被投资企业，应督促投资人按时缴付出资，以便及时办理有关资产验证、注册登记等手续。

> **小知识** 吸收直接投资的优点：① 可以直接接受实物投资，快速形成生产能力，满足生产经营的需要。② 可以增强企业信誉，提高企业借款能力。因为通过吸收直接投资方式取得的资金属于自有资金，可增强企业实力。③ 可以降低财务风险。因为企业可以根据其经营状况进行分配，经营状况好可以多分配一些利润，否则可以不分配或少分配利润，所以企业承担的偿付风险较小。
>
> 吸收直接投资的缺点：① 资金成本较高。一般而言，企业是用税后利润向投资者支付报酬的，并且视经营情况而定，所以资金成本较高。② 容易导致企业控制权分散。采用吸收直接投资方式筹集资

金，投资者一般都要求参与企业管理，当企业接受外部投资较多时，容易造成企业控制权分散，甚至使企业完全失去控制权。

二、发行股票筹资

股票是股份制公司为筹集资金而发行的有价证券，是投资人投资入股及取得股利的凭证，它代表了股东对股份制公司的所有权。

（一）股票的分类

根据不同标准，可以对股票进行不同的分类。

1. 按票面是否记名分为记名股票和无记名股票

记名股票是在股票上载有股东姓名或名称，并记载于公司股东名册的股票。记名股票要同时附有股权手册，只有同时具备股票和股权手册，才能领取股息和红利。记名股票的转让、继承都要办理过户手续。

无记名股票是在股票上不记载股东姓名或名称的股票。凡持有无记名股票的人都可成为公司股东。发行无记名股票的，公司应当记载其股票数量、编号及发行日期。

小知识 公司向发起人、法人发行的股票，应当为记名股票，并应当记载该发起人、法人的名称或姓名，不得另立户名或以代表人姓名记名。而向社会公众发行的股票，可以是记名股票，也可以是无记名股票。

在股票转让时，记名股票须背书转让，并须办理所有者变更登记；而无记名股票要简单些，无须办理上述手续。

2. 按票面是否标注金额分为面值股票和无面值股票

面值股票是指在股票票面上记载每股金额的股票。股票面值的主要功能是确定每股股票在公司资本总额中所占有的份额；另外，还表明在有限公司中股东对每股股票所负有限责任的最高限额。

无面值股票是指股票票面上不记载每股金额的股票。无面值股票仅表示每股股票在公司全部股票中所占有的比例。也就是说，这种股票只在票面上标明每股股票占公司全部净资产的比例，其价值随公司资产价值的增减而增减。

3. 按发行对象和上市地区的不同分为A股、B股、H股和N股等

在我国内地，有A股、B股，A股是以人民币标明票面金额，并以人民币认购和交易的股票；B股是以人民币标明票面金额，以外币认购和交易的股票；另外，还有H股和N股，H股是在香港上市的股票，N股是在纽约上市的股票。

4. 按股东享受权利和承担义务的不同分为普通股和优先股

普通股票简称普通股，是股份制公司依法发行的具有管理权、股利不固定的股票。普通股具备股票的一般特征，是股份制公司资本的最基本部分。

优先股票简称优先股，是股份制公司依法发行的具有一定优先权的股票。从法律上讲，企业对优先股不承担法定的还本义务，是企业自有资金的一部分，其股利的分配比例是固定的，这与债券利息相似。因此，优先股是一种具有双重性质的证券，既属自有资金，又有债券性质。

小知识 普通股与优先股的区别：① 在收益的分配上，普通股股东可按其持有股份或出资

比例获得企业分配的利润，其获利水平随企业盈利水平的变动而变动，且一般高于优先股股东；优先股股东可享有较固定的股息，企业有利润时可优先于普通股股东得到支付，企业利润达到一定水平时也可能享受剩余利润，但较普通股股东的权利要小些。② 在剩余财产分配上，当企业转入清算时，优先股股东对企业剩余财产的分配排在普通股股东之前。③ 在对企业控制权的影响上，普通股股东可参与企业经营管理，对企业经营活动有表决权，并且当股份制公司增发新股时，普通股股东享有优先认股权；优先股股东却无这些权利。④ 在应承担的义务上，当企业出现经营亏损或发生破产清算时，普通股股东要按出资比例或持有股份承担企业的经营损失和经济责任；而优先股股东一般无此义务，但优先股股东也可能要承担收不回本金的风险。

（二）股票发行的目的

股份制公司发行股票，总的来说是为了筹集资金，但具体来说有不同的原因，主要包括以下几个方面。

1. 设立新的股份制公司

股份制公司在设立时，通常以发行股票的方式来筹集资金并进行经营。

2. 扩大经营规模

已设立的股份制公司为了不断扩大生产经营规模，也需要通过发行股票来筹集所需的资金。通常，人们称此类发行为增资发行。如果拟发行的股票在核定的资本额度内，只需经董事会批准；如果超过了核定的资本额度，则须召开股东大会重新核定资本额，在新核定的资本额度内增资发行。董事会通过后，还要呈报政府有关机构，办理各种规定的手续。

3. 其他目的

其他目的的股票发行通常与筹资没有直接联系，如发放股票股利。

按国际惯例，股份公司发行股票必须具备一定的发行条件，取得发行资格，并办理手续。

> **▶小知识** 确定股票的发行价格时应考虑以下主要因素：① 市盈率。市盈率是指股票的每股市价与每股盈利的比值，用于体现股票的风险，反映着投资人获取收益的水平，是进行股票估价的重要参数，通常可把每股净利与市盈率的乘积作为股票发行价格。② 每股净值。每股净值是指股票的每一股份所代表的公司净资产数额。通常认为，股票的每股净值越高，股票的发行价格可定得越高。③ 公司的市场地位。市场地位较高的公司，其经营水平、盈利能力、发展前景等一般都比较好，因而其股票的发行价格也比较高。④ 证券市场的供求关系及股价水平。证券市场的供求关系对股票价格有着重要影响，当供过于求时股价一般较低，当供不应求时股价一般较高。一般地讲，股票价格不宜与股票市场的总体水平背离太多，否则容易使投资人持怀疑观望态度。⑤ 国家有关政策规定。我国禁止股票折价发行，并且规定股票的发行价格在同一次发行中不能改变。

三、留存收益筹资

留存收益筹资也称内源筹资或内部筹资，它是企业将实现利润的一部分甚至全部留下，作为资金来源的一种筹资方式。

留存收益筹资的具体形式有按法定要求提取盈余公积金、当期利润不分配、向股东送红股（股票股利）等。留存收益筹资的实质是所有者向企业追加投资，对于企业而言是一种资金来源。

留存收益筹资的优点主要体现在：第一，不发生筹资费用。第二，可使企业的所有者获得税收上的利益。由于资本利得税率一般低于股利收益税率，股东往往愿意将收益留存于企业而通过股票价格的上涨获得资本利得，从而避免取得现金股利而缴纳较高的个人所得税。第三，采用留存收益筹资方式取得的资金在性质上属于权益资金，它可提高企业信用和对外负债能力。

留存收益筹资的缺点主要体现在：第一，留存收益的数量常常会受某些股东的限制，尤其受依靠股利维持生活的股东的反对；第二，留存收益过多、股利支付过少，可能会影响今后的外部筹资，同时不利于股票价格的提高，影响企业在证券市场上的形象。

任务三 债务筹资

关键术语

※ 商业信用（Commericial Credit）
※ 债券价值（Bond Value）

负债是企业过去的交易或事项形成的、预期会导致经济利益流出企业的现时义务。通过负债筹集资金需要归还本金和利息，所以称为债务资金。债务资金的筹集方式主要包括向银行借款（短期借款和长期借款）、发行债券、商业信用、融资租赁等。

一、短期债务筹资

企业对资金的需求通常并不稳定，而且具有一定的周期性。当企业因季节性或周期性的经营活动而出现资金需求时，短期债务筹资是解决这些资金需求的较好方法。

（一）短期借款筹资

短期借款是指企业向银行借入的偿还期在一年以内的各种款项，主要用于满足企业流动资金周转的需要，包括生产（商品）周转借款、临时借款、结算借款、票据贴现等。

1. 短期借款的信用条件

一般来讲，银行短期借款的信用条件包括贷款期限和贷款偿还方式、贷款利率和利息支付方法、信用额度、循环使用的信用协议、补偿性余额等几个方面。

（1）贷款期限和贷款偿还方式。

短期贷款的期限不超过一年，在银行与借款企业签订的协议中都明确规定了具体的贷款期限。根据我国金融制度的规定，贷款到期后仍无能力偿还的，视为逾期贷款，银行要照章加收逾期罚息。

贷款的偿还有到期一次偿还和在贷款期内定期等额偿还两种方式。一般来说，借款企业不希望采用后一种方式，因为这会提高贷款的实际利率；而银行不希望采用前一种方式，因为这会加重借款企业还款时的财务负担，增加借款企业的拒付风险，同时会降低实际贷款利率。不同的偿还方式对企业的财务负担和筹资成本有不同的影响，企业应根据自身情况做出选择。

（2）贷款利率和利息支付方式。

短期贷款一般采用固定利率。银行在确定贷款利率时又会根据不同的企业分别采用优惠利率和非优惠利率。优惠利率是银行向财力雄厚、经营状况好的企业贷款时收取的名义利率；而非优惠利率则是银行向一般企业贷款时收取的高于优惠利率的利率。非优惠利率一般是在优惠利率的基础上加一定的百分比，所加百分比的高低由借款企业的信誉、与银行的往来关系等因素决定。

短期贷款的利息支付方式有三种：一是收款法，又称利随本清法，即借款企业在借款到期时一次性向银行支付利息的方法。二是贴现法，即银行在向企业发放贷款时，先从本金中扣除利息部分，企业所得到的贷款额只有贷款本金减去利息部分后的差额，而到期时企业仍要偿还贷款全部本金的付息方式。三是加息法，即银行在向企业发放分期等额偿还贷款时，将根据名义利率计算的利息加入本金中，计算出贷款的本利和，企业在贷款期内分期偿还本息之和的付息方式。

（3）信用额度。

信用额度即贷款限额，是借款企业与银行在协议中规定的允许借款企业借款的最高限额。如果借款企业超过规定限额继续向银行借款，银行则停止办理。此外，如果借款企业信誉恶化，即使银行曾经同意按信用限额提供贷款，企业也可能得不到借款。这时，银行不会承担法律责任。

（4）循环使用的信用协议。

循环使用的信用协议也即循环使用的信用额度。这时的信用期限有两个：一个是信用额度的期限，通常不超过1年；另一个是信用额度循环使用的期限，一般为2~6年。

例如，银行与某企业签订的循环使用信用协议规定，信用额度为200万元，期限为半年，使用期限为3年。这就是说，该企业在未来3年内每半年可取得200万元的借款额度，相当于取得一笔200万元的3年期借款，不同的是每半年期满时须将200万元归还，然后在下一个半年再使用不超过200万元的借款。对此，银行除按一期短期贷款向该企业收取利息外，还要就贷款限额的未使用部分向该企业收取承诺费。若借款年利率为10%，承诺费率为0.5%，该企业在第一个半年中实际使用借款180万元，则这半年该企业应付的利息与费用总额为9.05（180×5%+20×0.25%）万元。

（5）补偿性余额。

补偿性余额是银行要求借款企业在银行中保持按贷款限额或实际借款额的一定百分比（通常10%~20%）计算的最低存款余额。补偿性余额有助于银行降低贷款风险，补偿可能遭受的损失；但对于借款企业来说，补偿性余额则提高了借款的实际利率，加重了企业的利息负担。

【例4-3】 若企业需要20万元资金，银行要求保留20%的补偿性余额。假定银行借款的年利率为8%，则企业贷款的实际年利率是多少？

【解析】 $\dfrac{20\times 8\%}{20\times (1-20\%)}\times 100\%=10\%$

(6) 借款抵押。

银行向财务风险较大、信誉不好的企业发放贷款时,往往要求企业提供抵押品担保,以减少自己蒙受损失的风险。

> **小知识** 借款的抵押品通常是借款企业的应收账款、存货、股票、债券、房屋等。银行接受抵押品后,根据抵押品的账面价值决定抵押贷款金额,该金额一般为抵押品账面价值的30%~50%。这一比率的高低取决于抵押品的变现能力和银行的风险偏好。抵押借款的资金成本通常高于非抵押借款,这是因为银行主要向信誉好的客户提供非抵押贷款,而将抵押贷款视为一种风险贷款,因而收取较高的利息;此外,银行管理抵押贷款比管理非抵押贷款更为困难,为此往往另外收取手续费。

2. 短期借款的成本

通常,人们将银行借款利率作为短期借款的成本,但是受短期借款本息偿付方式及其他附加条件的影响,银行借款的实际利率与名义利率常常不一致。因此,考虑短期借款成本时必须结合本息偿付方式及其他附加条件,才能做出正确评价。

(1) 收款法下的借款成本。

在收款法下,借款本息都在到期时一次清偿,这时借款的名义利率与实际利率一致。因此,收款法下的借款成本就是借款利率。但是,如果有其他附加条件,则应另行加以考虑。

(2) 贴现法下的借款成本。

在贴现法下,企业取得借款时要事先支付利息,从而使企业能够使用的资金低于贷款总额,故其实际利率总是高于名义利率。

贴现法下实际利率的计算公式为

$$实际利率 = 本金 \times 名义利率 \div 实际借款额$$
$$= 本金 \times 名义利率 \div (本金 - 利息)$$
$$= 名义利率 \div (1 - 名义利率)$$

【例4-4】 企业从银行借入1年期、年利率为6%的短期借款100 000元,采用贴现法支付利息,则该借款的实际利率是多少?

【解析】 借款所产生的利息 = 100 000×6% = 6 000(元)

$$借款实际利率 = \frac{6\ 000}{100\ 000 - 6\ 000} \times 100\% \approx 6.38\%$$

(3) 加息法下的借款成本。

在加息法下,企业可利用的借款逐期减少,但利息并不因此减少,从而使借款的实际利率高于名义利率。由于贷款是分期均衡偿还的,企业实际上只平均使用了贷款本金的半数,却支付了全额利息。

加息法下实际利率的计算公式为

$$实际利率 = 利息 \div (本金 \div 2)$$
$$= 2 \times 名义利率$$

> **小讨论** 企业在生产经营过程中基本都有向银行借款的经历,向银行借款是企业筹集资金的一种方便又快捷的方式。那么,企业应如何选择贷款银行呢?

（二）商业信用筹资

商业信用是指商品交易中的延期付款或延期交货所形成的借贷关系，是企业之间的一种直接信用关系。商业信用是商品交易中钱与货在时间和空间上的分离而产生的，它的形式多样，适用范围广泛，已成为企业筹集资金的重要方式。

1. 应付账款融资

应付账款是由赊购商品形成的、以记账方法表达的商业信用。赊购商品是一种最典型、最常见的商业信用形式。在此种情况下，买卖双方发生商品交易，买方收到商品后不立即支付现金，可延期到一定时间以后付款。在这种形式下，货款的支付主要依赖于卖方的信用条件。如卖方为促使买方及时承付货款，一般均给对方一定的现金折扣，"2/10，n/30"即表示货款在10天内付清，可以享受货款金额2%的现金折扣；货款在30天内付清（信用期为30天），则须付全部货款。

在这种形式下，买方通过商业信用筹资的数量与是否享有现金折扣有关。一般认为，企业存在三种可能性：① 享有现金折扣，在现金折扣期内付款，其占用卖方货款的时间短，信用筹资的数量相对较少；② 不享有现金折扣，而在信用期内付款，其信用筹资数量的多少取决于卖方提供的信用期长短；③ 超过信用期的逾期付款（拖欠），其信用筹资的数量最多，但对企业信用的负作用也最大，成本也最高，企业一般不宜以拖欠货款来筹资。

【例4-5】 某企业每年向供应商购入200万元的商品，该供应商提供的信用条件为"2/10，n/30"。若该企业放弃上述现金折扣，则其应付的资金成本是多少？

【解析】 放弃现金折扣的资金成本 $= \dfrac{\text{现金折扣}}{1-\text{现金折扣}} \times \dfrac{360}{\text{信用期}-\text{折扣期}}$

$= \dfrac{2\%}{1-2\%} \times \dfrac{360}{30-10} \approx 36.73\%$

这说明该企业只要从其他途径取得资金所付出的代价低于36.73%，就应放弃这种商业信用筹资方式，在10天以内把货款付清以取得2%的现金折扣。

在附有信用条件的情况下，由于获得不同信用要付出不同的代价，因此买方企业便要在利用哪种信用问题上做出决策。在不同情况下的决策方法如下：① 如果能以低于放弃现金折扣成本的利率借入资金，便应在现金折扣期内用借入的资金支付货款，享受现金折扣；② 如果在现金折扣期内将应付账款用于短期投资，所得的投资报酬率高于放弃现金折扣的成本，则应放弃现金折扣而去追求更高的投资收益；③ 如果企业因资金短缺而逾期付款，随着逾期时间的增加，其放弃现金折扣的成本会相应降低，但这种成本的降低是以失去企业信誉为代价的，会导致将来失去更多的收益，因此企业须在降低了的放弃现金折扣成本与延期付款带来的损失之间做出选择；④ 如果面对两家以上提供不同信用条件的卖方，在其他情况相同的条件下，应通过衡量放弃现金折扣成本的大小，选择信用成本最小（所获利益最大）的一家。

▶**小讨论** 利用商业信用来筹资可解决企业即期资金不足又需要生产物资的问题。那么，放弃现金折扣的成本与哪些因素有关？

2. 应付票据融资

应付票据是指企业根据购销合同的要求，在进行延期付款的商品交易时开具的反映债权债务关系的票据。根据承兑人的不同，应付票据分为商业承兑汇票和银行承兑汇票两种。商业承兑汇票是指由收款人签发，经付款人承兑，或由付款人签发并承兑的汇票。银行承兑汇票是指由收款人或承兑申请人签发，并由承兑申请人向开户银行申请，经银行审查同意承兑的汇票。应付票据是一种期票，是反映应付账款和应收账款的书面证明。对于买方来说，它是一种短期筹资方式。

> **小知识** 商业汇票不管承兑人是谁，最终的付款人仍是购货人。从应付票据的付款期限看，一般为 1~6 个月，最长不超过 9 个月，并有带息票据和不带息票据两种。即使是带息票据，其利率通常也比银行借款利率低，一般无其他可能导致资金成本升高的附加条件，所以应付票据的资金成本通常低于银行借款。

3. 预收货款融资

预收货款是指卖方按合同或协议的规定，在交付商品之前向买方预收部分或全部货款的信用方式。通常，买方企业对于紧俏商品乐意采用这种方式，以便顺利获得所需商品。另外，对于生产周期长、售价高的商品，如轮船、飞机等，生产企业也经常向订货者分次预收货款，以缓和资金占用过多的矛盾。

> **小知识** 企业在生产经营活动中往往还会形成一些应付费用，如应付职工薪酬、应交税费、应付利息、应付水电费等。这些费用项目发生受益在先，支付在后，支付期晚于发生期，因此它们也属于"自然筹资"的范围。由于这些应付项目的支付具有时间固定性，且负债额度较为稳定，因此，习惯上称其为"定额负债"或"视同自有资金"。

商业信用筹资的优点：① 筹资便利。商业信用与商品买卖同时进行，属于一种自然性融资，无须做特殊的安排，也不需要事先计划，可以随着购销行为的产生而得到一定数额的资金。② 筹资成本低。大多数商业信用都是由卖方免费提供的，如果没有现金折扣，或企业不放弃现金折扣，则利用商业信用筹资没有实际成本。③ 限制条件少。商业信用比其他筹资方式条件宽松，无须担保或抵押。如果企业利用银行借款筹资，银行往往会规定一些限制条件，而商业信用限制条件较少，选择余地较大。

商业信用筹资的缺点：① 期限短。它属于短期筹资方式，不能用于长期资产占用。② 风险大。由于各种应付款项经常发生，次数频繁，因此需要企业随时安排现金的调度。

二、长期债务筹资

（一）长期借款筹资

长期借款是指企业向银行或非银行金融机构借入的偿还期在一年以上的各种款项。

1. 长期借款的种类

信用贷款是指不要求借款企业提供实物抵押，仅凭借款企业的信誉或借款担保人的信誉发放的贷款。

抵押贷款是指要求借款企业以实物资产作抵押而取得的贷款。通常，作为抵押品的实物资产主要包括房屋、机器设备、原材料、库存商品等。若借款企业到期无力归还贷款，银行则有权取消借款企业对抵押品的赎回权，并有权进行变卖抵押品等处理，以所得款项抵还贷款。

2. 长期借款的程序

企业从银行获得长期借款，需要按照一定程序办理必要的手续，一般程序如下：

（1）提出借款申请。

企业要取得银行借款，必须先向银行递交借款申请报告，说明借款原因、借款时间、借款数额、使用计划、还款计划等内容，同时应准备必要的说明企业具备上述借款条件的资料。

（2）银行审批。

银行收到借款申请后，按照计划发放、择优扶持、有物资保证、按期归还等原则，审核企业的借款条件，确定是否发放贷款。

（3）签订借款合同。

借款申请批准后，借贷双方应就贷款条件进行谈判，然后签订借款合同。

（4）取得借款。

借款合同签订后，企业即可在核定的指标范围内，根据用款计划或实际需要，一次或分次将借款转入企业的存款结算户以便支用。

（5）归还借款。

贷款到期时，借款企业应按照借款合同的规定按期清偿贷款本金与利息，或续签合同，否则银行可根据合同规定，从借款企业的存款结算户中扣还贷款本息及罚息。

3. 长期借款合同的内容

借款合同是规定借贷当事人双方权利和义务的契约，具有法律约束力，当事人双方必须严格遵守合同条款，履行合同规定的义务。

借款合同的基本条款：① 贷款种类；② 借款用途；③ 借款金额；④ 借款利率；⑤ 借款期限；⑥ 还款资金来源及还款方式；⑦ 保证条款；⑧ 违约责任；等等。

借款合同的限制条款：① 持有一定的现金及其他流动资产，保持合理的流动性及还款能力；② 限制现金股利的支付；③ 限制资本支出的规模；④ 限制借入其他长期债务；⑤ 定期向银行报送财务报表；⑥ 及时偿付到期债务；⑦ 限制资产出售；⑧ 禁止应收账款出售或贴现；⑨ 违约责任；等等。

此外，长期借款合同必须采用书面形式，借款申请书、有关借款的凭证、协议书和当事人双方同意修改借款合同的有关材料也是借款合同的组成部分。

4. 长期借款筹资的优缺点

长期借款筹资的优点：① 筹资速度快、手续简便。向银行借款，通常只需银行审批，而无须其他行政管理部门或社会中介机构的工作，只要具备条件，可在较短的时间内，花较少的费用取得。② 资金成本低。长期借款利率一般低于债券利率，且利息费用可全部在所得税前列支，而且由于借款是企业与银行直接协商确定的，不存在交易成本，因此其资金成本相对较低。③ 借款弹性大。借款合同只要双方同意即可修改，因此，当企业在借款期内发生财务困难或其他影响偿债能力的事项，而不能按期还本付息时，可通过与银行协商修改借款条件，缓解财务困难，扩大筹资弹性。

长期借款筹资的缺点：① 筹资风险较大。当企业不能按期还本付息而又不能修改借款条件时，放款银行可采取扣押、拍卖抵押资产，要求企业破产偿债等措施，从而使企业陷入财务或经营困境，这加大了筹资的风险。② 限制条件较多。如前所述，银行借款通常会附加许多限制条件，如资产控制权、再借款自主权等，从而影响企业未来的筹资和投资活动。③ 筹资数量有限。银行虽然有较为雄厚的财力，但出于各方面的原因，银行不可能将资金过分集中地投放某一个企业，若与发行股票、债券等筹资方式相比，长期借款筹资数量通常要少得多。

（二）发行债券筹资

企业债券又称公司债券，是指企业为筹集资金而发行的、向债权人承诺按期支付利息和偿还本金的书面凭证，它是一种要式证券，体现的是持券人与发行企业之间的债权债务关系。

1. 债券的种类

（1）按是否记名，分为记名债券和不记名债券。

记名债券是指在券面上记载持券人的姓名或名称，本息直接向持券人支付，转让须办理过户手续的债券。

不记名债券是指在券面上不记载持券人的姓名或名称，本息直接向持券人支付，可由持券人自由转让的债券。

（2）按有无抵押担保，分为抵押债券和信用债券。

抵押债券是指以发行企业的特定资产作为抵押品而发行的债券。根据抵押品的不同，抵押债券又可分为不动产抵押债券、动产抵押债券和信托抵押债券。其中，信托抵押债券是指发行企业以其持有的其他有价证券作为抵押品而发行的债券。对于抵押债券，若发行企业不能按期偿还本息，持券人可以行使其抵押权，拍卖抵押品作为补偿。

信用债券是指单纯凭企业信誉或信托契约而发行的债券。通常由那些信誉较好、财务能力较强的企业发行。

（3）按是否能转换为公司股权，分为可转换债券和不可转换债券。

可转换债券是指持券人可以在规定的时间内按规定的价格转换为发行公司股票的债券。这种债券在发行时，对债券转换为股票的价格和比率都做了详细的规定。《中华人民共和国公司法》（以下简称《公司法》）规定，可转换债券的发行主体是股份有限公司中的上市公司。上市公司发行可转换为股票的公司债券，除应当符合相关的条件外，还应当符合《公司法》关于公开发行股票的条件，并报国务院证券监督管理机构核准。

不可转换债券是指不能转换为发行公司股票的债券，大多数公司债券属于这种形式。

2. 债券发行的程序

（1）做出发行债券的决议或决定。《公司法》规定，股份有限公司、有限责任公司发行公司债券，由董事会制订方案，股东会做出决议；国有独资公司发行公司债券，由国有资产监督管理机构或者国家授权部门做出决定。上述规定说明，发行公司债券的决议或决定应由公司最高权力机构做出。

（2）申请核准。做出发行债券的决议或决定后，应向国务院授权的部门申请核准，同时报送下列文件：公司营业执照、公司章程、公司债券募集办法等。

（3）向社会公告募集办法。发行公司债券的申请经核准后，发行公司应向社会公告公司债券募集办法。公司债券募集办法中应载明的主要事项包括：公司名称，债券募集资金的用途，债券总额和债券的票面金额，债券利率的确定方式，还本付息的期限和方式，债券担保情况，债券的发行价格、发行的起止日期，公司净资产额，已发行的尚未到期的公司债券总额，公司债券的承销机构，等等。

> **小知识** 公司债券募集方式一般有公募发行和私募发行两种。公募发行是指以不特定的多数人为募集对象而公开发行，又分为直接公募和间接公募两种。私募发行是指只向少数特定投资者发行。这里的特定投资者是指个人投资者和机构投资者。

（4）委托证券机构发售。间接公募发行是各国通行的债券发行方式，在这种方式下，发行公司与承销机构签订承销协议，承销方式有代销和包销两种。代销是承销机构代为推销债券，在约定的期限内未售出的余额可退还给发行公司，承销机构不承担发行风险。包销是承销机构先购入发行公司拟发行的全部债券，然后再售给社会上的投资者，如果约定期限内未能全部售出，余额由承销机构负责认购。

（5）交付债券，收缴债券款。债券购买人向承销机构付款购买债券，承销机构向债券购买人交付债券。然后，发行公司向承销机构收缴债券款，登记债券存根簿，并结算发行代理费。

> **小知识** 销售债券是债券发行过程中的一项重要工作，它直接关系到债券发行能否成功，因此发行公司首先应慎重选择承销机构，并与承销机构签订承销协议。发行期结束后应及时与承销机构结算债券款，争取资金早日到位。

3. 债券发行价格

债券的发行价格有三种：平价发行价格、溢价发行价格和折价发行价格。平价发行又叫面值发行，是指按债券的面值出售；溢价发行是指按高于债券面值的价格出售；折价发行是指以低于债券面值的价格出售。

> **小知识** 债券的发行价格是从发行企业与投资者的不同角度看待的。发行企业考虑的是发行收入能否补偿未来所应支付的本息；投资者考虑的则是放弃资金使用权而应该获取的收益。由于公司债券的还本期限一般都在一年以上，因此确定债券的发行价格时，不但应考虑券面利率与市场利率之间的关系，还应考虑债券资金所包含的时间价值。

债券之所以会存在溢价发行和折价发行的情况，是因为资本市场上的利率是经常变化的，而公司债券上的利率，一经印出就不能再进行调整。从债券的开印到正式发行，往往需要经过一段时间。在这段时间内，如果资本市场上的利率发生变化，就要靠调整发行价格来使债券顺利发行。但无论以哪种价格发行债券，投资者的收益都保持在市场利率相等的水平上。

债券发行价格的计算公式为

$$债券发行价格 = \frac{R}{(1+i)^n} + \sum_{i=1}^{n} \frac{R \cdot r}{(1+i)^t}$$

式中：R——债券面值；
　　　n——债券期限；
　　　t——付息期数；
　　　i——市场利率；
　　　r——券面利率。

【例4-6】 某公司打算发行面值为100元、利率为8%、期限为5年的债券。在公司决定发行债券时，如果市场上的利率大幅度上升到12%或下降到5%，那么该公司应如何调整债券的发行价格？

【解析】 资本市场上的利率保持在8%，该公司的债券可平价发行，其发行价格为

发行价格 = 100×(P/F,8%,5)+100×8%×(P/A,8%,5)
　　　　 = 100×0.681+100×8%×3.993≈100（元）

也就是说，当券面利率等于市场利率时，按100元的价格出售此债券，投资者可以获得8%的报酬。

资本市场上的利率大幅度上升到12%，公司债券利率为8%，低于资本市场利率，则应采用折价发行，其发行价格为

发行价格 = 100×(P/F,12%,5)+100×8%×(P/A,12%,5)
　　　　 = 100×0.567+100×8%×3.605≈85.54（元）

也就是说，只有按85.54元的价格出售，投资者才会购买此债券，以获得与市场利率12%相等的报酬。

资本市场上的利率大幅度下降到5%，公司债券利率为8%，高于资本市场利率，则应采用溢价发行，其发行价格为

发行价格 = 100×(P/F,5%,5)+100×8%×(P/A,5%,5)
　　　　 = 100×0.784+100×8%×4.329≈113.03（元）

也就是说，投资者把113.03元的资金投资于该公司面值为100元的债券，只能获得5%的回报，与市场利率相同。

4. 债券筹资的优缺点

债券筹资的优点：① 资金成本低。发行债券筹资的成本要比发行股票筹资的成本低，这主要是因为债券的发行费用较低，债券利率在税前支付，有一部分利息由政府负担了。② 有利于保障所有者权益。由于债券持有人无权参与企业的经营管理，也无权分享利润，因此不会改变所有者对企业的控制权，也不会损失所有者原有的收益。③ 可以发挥财务杠杆作用。不论公司赚钱多少，债券持有人只收取固定的、有限的利息，而更多的收益可分配给股东，增加其财富，或留归企业扩大经营。④ 有利于调整资金结构。当企业发行可转换债券或可提前收回债券时，可增强企业财务能力的弹性，以便于企业调整资金结构。

债券筹资的缺点：① 筹资风险高。债券有固定的到期日，并定期支付利息。发行债券筹资，要承担还本付息的义务。在企业不景气时，向债券持有人还本付息，无异于

釜底抽薪，会给企业带来更大的困难，甚至导致企业破产。② 限制条件多。发行债券的契约书中往往有一些限制条款，这种限制比优先股及短期债务严重得多，可能会影响企业的正常发展和以后的筹资能力。③ 筹资额有限。发行债券筹资有一定的限度，企业的负债比率超过一定限度后，债券筹资的成本会迅速上升，有时甚至债券会发行不出去。

（三）融资租赁筹资

租赁是指由租赁公司按承租单位的要求出资购买资产，在较长的契约或合同期内提供给承租单位使用的信用业务。租赁的种类很多，目前我国主要有经营租赁和融资租赁两类。

1. 融资租赁的种类

融资租赁又称财务租赁，通常是一种长期租赁，可解决企业对资产的长期需要，故有时也称为资本租赁。融资租赁是现代租赁的主体，其具体形式有以下几种：

（1）直接租赁。

直接租赁是指承租人直接向出租人租入所需要的资产，并付出租金。直接租赁的出租人主要是制造厂商、租赁公司。除制造厂商外，其他出租人都是从制造厂商处购买资产出租给承租人。

（2）售后租回。

根据协议，企业将某资产卖给出租人，再将其租回使用，资产的售价大致为市价。采取这种租赁形式，出售资产的企业可得到相当于售价的一笔资金，同时仍然可以使用资产。当然，该企业失去了资产的所有权，同时要在租赁期内支付租金。从事售后租回业务的出租人为租赁公司等金融机构。

（3）杠杆租赁。

杠杆租赁涉及承租人、出租人和资金出借者三方当事人。从承租人的角度看，这种租赁与其他租赁形式并无区别，同样是按合同的规定，在基本租赁期内定期支付定额租金，取得资产的使用权。而对于出租人却不同，出租人只出购买资产所需的部分资金（如30%），作为自己的投资；另外以该资产作为担保向资金出借者借入其余资金（如70%）。因此，它既是出租人又是借款人，同时拥有资产的所有权，既收取租金又要偿付债务。如果出租人不能按期偿还借款，那么资产的所有权就要转归资金出借者。

▶ **小知识** 融资租赁一般由承租人向出租人提出正式申请，由出租人融通资金并引进承租人所需资产，然后再租给承租人使用。融资租赁的租赁期较长，一般为租赁资产寿命的一半以上，租赁合同比较稳定。在租赁期内，承租人必须连续支付租金，除非经双方同意，否则中途不得退租。这样既能保证承租人长期使用资产，又能保证出租人在基本租赁期内收回投资并获得一定利润。租赁期满后，可选择按以下办法处理租赁资产：将资产作价转让给承租人；由出租人收回；延长租赁期续租。在租赁期内，出租人一般不提供维修和保养方面的服务。

2. 融资租赁的程序

（1）选择租赁公司。选择租赁公司主要应考虑租赁公司的经营范围、业务能力、融资条件、费用水平及租赁公司与其他金融机构的关系等因素，以保证租赁资产的来源并相对降低成本。

(2) 办理租赁委托。选定租赁公司后，便可向其提出租赁申请，办理租赁委托。办理租赁委托一般需要提供企业的财务状况文件，如资产负债表、利润表、现金流量表等，并填写"租赁申请书"，说明所需资产的具体要求。

(3) 签订购货协议和购买资产。租赁委托被接受后，一般由承租企业与租赁公司双方共同选定资产制造商或销售商，共同与其签订购货协议或办理购买资产事宜。

(4) 签订租赁合同。租赁合同是租赁公司和承租企业双方签订的用于明确双方权利与义务的法律文件。

(5) 办理验货与投保。承租企业对收到的租赁资产应做好验收工作，签发交货及验收证书并提交租赁公司，同时还应办理财产投保的有关事宜。

(6) 支付租金。承租企业应按租赁合同的约定及时足额支付租金。

(7) 租赁期满时处理资产。租赁期满时如何处理资产在租赁合同中已有规定，应按租赁合同执行。

3. 租金的确定

(1) 租金的构成。

融资租赁的租金包括设备价款和租息两部分。设备价款是指租赁公司取得设备所支付的代价，包括购买价格、运杂费、途中保险费等。它是租金的主要组成部分。租息包括租赁公司的融资成本和租赁手续费。融资成本是指租赁公司为购买租赁设备所筹集资金的成本。租赁手续费的高低一般无固定标准，可由承租企业与租赁公司协商确定。

(2) 租金的支付方式。

租金通常采用分次支付的方式，具体又分为以下几种类型：① 按支付时期长短，可以分为年付、半年付、季付、月付等。② 按支付时期先后，可以分为先付和后付两种。先付是指在期初支付；后付是指在期末支付。③ 按每期支付金额，可以分为等额支付和不等额支付两种。

(3) 租金的计算方式。

在我国的融资租赁业务中，融资租赁的租金在租赁期内分期支付，而且一般是将总租金在租赁期内分期平均支付，可称为"等额年金"方式。

① 后付租金的计算。承租人与出租人商定的租金支付方式大多为后付等额租金，即普通年金。其计算公式为

$$A=\frac{P}{(P/A,i,n)}$$

② 先付租金的计算。根据先付年金的现值公式，可得出先付租金的计算公式为

$$A=\frac{P}{(P/A,i,n-1)+1}$$

【例 4-7】 某企业以融资租赁方式租入商品储存仓库，租期 8 年，租金总额 5 000 万元，双方约定年利率为 15%，租赁手续费率为 3%。如果每年年末或年初等额支付一次租金，则承租企业每年各应支付多少租金？

【解析】 该企业每年年末应支付的租金 $=\dfrac{5\,000}{(P/A,18\%,8)}=\dfrac{5\,000}{4.077\,6}\approx 1\,226.21$（万元）

该企业每年年初应支付的租金 = $\dfrac{5\,000}{(P/A,18\%,8-1)+1} = \dfrac{5\,000}{3.811\,5+1} \approx 1\,039.8$（万元）

4. 融资租赁筹资的优缺点

融资租赁筹资的优点：① 筹资速度快，筹资弹性大。融资租赁设备往往比借款购置设备更迅速、更灵活，因为融资租赁是筹资与设备购置同时进行的，可以缩短设备的购进、安装时间，使企业尽快形成生产能力，有利于企业尽快占领市场，打开销路。另外，有些企业由于种种原因，如负债比率过高，不能向外界筹集大量资金。在这种情况下，采取融资租赁形式就可使企业在资金不足而又急需设备时，无须付出大量资金就能及时得到所需设备。② 限制条件少。如前所述，债券和长期借款都有相当多的限制条款，虽然类似的限制在租赁公司中也有，但一般比较少。③ 可避免设备陈旧过时所带来的风险。当今，科学技术在迅速发展，固定资产更新周期日趋缩短，承租人在签订租赁合同时都会考虑企业自身生产技术发展的情况，利用融资租赁筹资可避免购置设备而发生的无形损耗，从而降低风险。④ 到期还本负担轻。租金在整个租赁期内分摊，不用到期归还大量本金。这会适当减少不能偿还的风险。⑤ 税收负担轻。租金可在税前扣除，具有抵免所得税的效用。

融资租赁筹资的缺点：① 筹资成本高。融资租赁筹资最主要的缺点就是资金成本较高。一般来说，其租金要比向银行借款或发行债券所负担的利息高得多，在财务困难时，固定的租金也会构成一项较沉重的负担。② 无权处置资产。由于承租企业在租赁期内没有资产的所有权，因此不能根据自身的需要自行处置租赁资产。

【项目小结】

筹资是企业财务管理工作的起点和资金运用的前提，筹资数量与结构直接影响到企业效益。本项目需要读者学习与掌握筹资管理的知识。首先，要明白企业筹资的目的是以合理的成本为那些有利可图的投资项目筹措到足够的资金，以维持自身的生存和发展。要了解筹资渠道与方式，掌握资金需要量预测的销售百分比法和线性回归分析法。其次，要理解并掌握权益资金的筹集方式，了解吸收直接投资、发行股票和留存收益筹资方式的优缺点。最后，要理解并掌握负债资金的筹集方式，了解短期借款、长期借款、发行债券、商业信用和融资租赁筹资方式的优缺点。

课后自主学习空间

【职业能力训练】

一、单选题

1. 吸收直接投资筹资的优点是（　　）。
   A. 资金成本低　　　　　　　　　　B. 控制权集中
   C. 产权关系明晰　　　　　　　　　D. 较快形成生产能力

2. 融资租赁实质上是由出租人提供给承租人使用资产的（　　）。
　　A. 信用业务　　　　B. 买卖活动　　　　C. 租赁业务　　　　D. 服务活动
3. 债券发行价格的高低主要取决于（　　）。
　　A. 票面利率　　　　B. 市场利率　　　　C. 付息方式　　　　D. 计息方式
4. 从企业资金运动的过程及财务活动的内容看，（　　）是企业财务管理工作的起点。
　　A. 筹资活动　　　　　　　　　　　　　B. 投资活动
　　C. 收益分配活动　　　　　　　　　　　D. 财务分析和财务控制
5. 企业合理筹集资金的前提是（　　）。
　　A. 满足设立企业的需要　　　　　　　　B. 满足生产经营的需要
　　C. 满足资本结构调整的需要　　　　　　D. 科学地预测资金需要量
6. 销售百分比法是根据资产负债表中各个项目与（　　）之间的依存关系，按照计划期销售额的增长情况来预测资金需要量的方法。
　　A. 总资产　　　　　B. 销售收入总额　　C. 总负债　　　　　D. 利润总额
7. 下列属于负债资金筹集方式的是（　　）。
　　A. 吸收直接投资　　B. 发行股票　　　　C. 融资租赁　　　　D. 利用留存收益
8. 商业信用是指商品交易中的延期付款或延期交货所形成的借贷关系，是企业之间的一种直接信用关系，不包括（　　）。
　　A. 应付账款筹资　　　　　　　　　　　B. 股权转让筹资
　　C. 应付票据筹资　　　　　　　　　　　D. 预收货款筹资
9. （　　）是指承租人直接向出租人租入所需要的资产，并付出租金。
　　A. 直接租赁　　　　B. 售后租回　　　　C. 杠杆租赁　　　　D. 融资租赁
10. 按照《公司法》的规定，股票不得（　　）。
　　A. 平价发行　　　　B. 溢价发行　　　　C. 折价发行　　　　D. 等价发行

二、多选题

1. 下列属于"自然性筹资"的有（　　）。
　　A. 短期借款　　　　B. 应交税费　　　　C. 预收账款　　　　D. 应付账款
2. 采用商业信用筹资的主要优点有（　　）。
　　A. 资金成本低　　　　　　　　　　　　B. 限制条件少
　　C. 可降低企业财务风险　　　　　　　　D. 可增强企业信誉
3. 普通股的特点有（　　）。
　　A. 有经营管理权　　　　　　　　　　　B. 有盈利分配权
　　C. 有优先认股权　　　　　　　　　　　D. 有优先分配剩余财产权
4. 采用下列筹资方式筹集的资金，属于企业负债的有（　　）。
　　A. 银行借款　　　　B. 发行债券　　　　C. 融资租赁　　　　D. 商业信用
5. 向银行借款筹资的优点有（　　）。
　　A. 筹资金额多　　　　　　　　　　　　B. 筹资速度快
　　C. 筹资灵活性大　　　　　　　　　　　D. 筹资成本低

6. 下列属于融资租赁形式的有（　　）。
   A. 直接租赁　　　B. 售后回租　　　C. 服务租赁　　　D. 杠杆租赁
7. 资金筹集费是指企业为筹集资金所付出的代价，下列属于资金筹集费的有（　　）。
   A. 发行广告费　　　　　　　　B. 股票、债券印刷费
   C. 债券利息　　　　　　　　　D. 股票股利
8. 企业筹资的目的，归纳起来体现在（　　）等几个方面。
   A. 满足设立企业的需要　　　　B. 满足生产经营的需要
   C. 满足资金结构调整的需要　　D. 满足优化投资环境的需要
9. 权益资金的筹集方式主要有（　　）。
   A. 吸收直接投资　　　　　　　B. 发行股票
   C. 利用留存收益　　　　　　　D. 融资租赁
10. 普通股票简称普通股，是股份制公司依法发行的具有（　　）的股票。
    A. 管理权　　　B. 股利不固定　　　C. 股利固定　　　D. 债券性质

三、判断题

1. 周转信贷协议是银行具有法律义务地承诺提供不超过某一最高限额的贷款协定。（　　）
2. 商业信用筹资的最大优势在于容易取得，对于多数企业来说，商业信用是一种持续性的信用形式。（　　）
3. 能够实现发行意图、免于承担风险的股票销售方式是自销方式。（　　）
4. 银行与企业签订的借款协议中规定了补偿性余额，这是在兼顾双方的利益。（　　）
5. 普通股股东参与公司经营管理的基本方式是对公司账目和股东大会决议有审查权和对公司事务有质询权。（　　）
6. 抵押贷款可看成是银行对企业的一种风险投资，故利率较高。（　　）
7. 短期负债筹资风险大于长期负债筹资风险，但其筹资成本较低。（　　）
8. 到期还本付息和定期等额还本付息都会给借款企业带来不利影响。（　　）
9. 在支付银行贷款利息的方式中，名义利率与实际利率相同的是贴现法。（　　）
10. 利用商业信用筹资与利用银行借款筹资不同，前者不需要负担资金成本，而后者肯定有利息等成本。（　　）

四、实践训练园地

1. 星辰公司 2022 年的销售额为 3 亿元，销售净利率为 8%，股利发放为净利润的 60%，固定资产尚有生产能力。星辰公司 2022 年度资产负债表如表 4-6 所示。

表 4-6　星辰公司 2022 年度资产负债表（简表）　　　　　　　　单位：万元

资产	金额	负债和所有者权益	金额
货币资金	600	应付票据	1 500
应收账款（净额）	4 500	应付账款	3 000

续表

资产	金额	负债和所有者权益	金额
存货	5 100	长期借款	2 140
固定资产（净额）	6 900	实收资本	15 000
长期股权投资	3 000	未分配利润	960
无形资产	2 500		
资产总计	22 600	负债和所有者权益总计	22 600

星辰公司预计2023年销售额将达到3.5亿元，股利发放比例保持2022年水平，留存收益可抵充筹资额。要求：预测2023年星辰公司需要筹集的资金量和对外筹集的资金量。

2. 某企业的周转信用贷款额为8 000万元，承诺费率为0.5%。该企业年度内使用了5 000万元（使用期限为1年），借款年利率为6%。要求：计算该企业当年应向银行支付的利息和承诺费。

3. 某公司拟采购一批材料，供应商报价为：立即付款，价格9 650元；30天内付款，价格9 740元；31—60天内付款，价格9 860元；61—90天内付款，价格10 000元。假设银行短期借款利率为12%，每年按360天计算。要求：计算放弃现金折扣的成本（比率），并确定对该公司最有利的付款日期和价格。

4. 某公司拟发行一种面额500元、年利率10%、期限5年的债券。假设市场年利率为8%（采用复利方式计算）。要求：（1）计算到期一次还本付息方式下的发行价格；（2）计算本金到期一次偿还、利息每年年末支付一次方式下的发行价格；（3）计算本金到期一次偿还、利息每半年支付一次方式下的发行价格。

5. 某企业以融资租赁方式租用生产设备一套，租赁期为8年，租金总额为500万元，每两年等额支付一次租金，市场年利率为8%。要求：计算该企业每次应支付的租金额。

【任务工单】

工单内容

【课业评价及措施】

评价项目（共100分）	评价分值	整改措施
课业完成情况（40分）		
课业完成质量（60分）		
自评成绩		

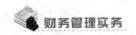

项目五 资金成本与资金结构

学习目标

※ 理解资金成本的概念与作用
※ 理解经营杠杆与经营风险原理
※ 理解财务杠杆与财务风险原理
※ 理解复合杠杆原理

技能目标

※ 掌握资金成本的计算
※ 掌握最佳资金结构的确定

任务描述

　　一个成功的企业经营者应该明白企业财务管理的目标不仅仅是筹措到资金，因为筹资规模、结构与时间及筹资成本都将直接影响到企业效益。如果没有好的投资项目，没有科学、有效地使用资金，取得的资金不能产生效益，或产生的效益低于筹资成本，这样即使筹集到资金也只会让企业的效益越来越差。

　　企业在筹资过程中，由于筹资方式的不同，其资金成本也有所不同，资金结构的确定是企业筹资决策中的核心问题。企业在一定时期内采用何种筹资方式筹集资金、各种筹资方式所筹资金占全部资金来源的比例是多少、各种资金来源之间的比例关系如何、各种筹资方式的资金成本及其加权平均成本是多少等一系列问题，无不在企业资金结构中体现出来。不管你是自己创业还是作为企业高级管理人员，你都必须掌握资金成本与资金结构理论。

项目五 资金成本与资金结构

项目导图（图5-1）

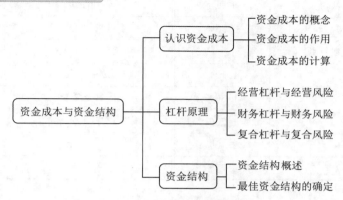

图5-1 资金成本与资金结构思维导图

课前自主学习空间

【案例导入】

中小企业融资成本有多高？

目前，我国中小企业面临的问题，不仅有融资难，还有融资贵。中小企业常见的融资方式有六种：银行贷款、信托公司贷款、基金子公司贷款、股市委托贷款、私募基金贷款、P2P借贷。

由于不同的融资方式的资金来源不同，所以不同的融资方式的资金成本也不相同。在对不同融资方式的资金成本的进一步分析中还可以发现，不同的融资方式除了贷款利率不相同外，在隐性费用（如手续费、募集费等）上也是不相同的。此外，有的融资方式还存在着各种"门槛"，并不适合中小企业。

以银行贷款为例，一般情况下，银行主要是通过吸收社会公众和经济主体的存款作为其资金来源，存款利率是其筹资成本的主要构成部分，可以说银行在筹资方面的成本是比较低的，也是没有门槛的。银行在吸收存款后，通过贷款的方式，将资金贷给有需要的经济主体，在不考虑隐性成本的情况下，贷款利率就成为经济主体主要的筹资成本，这个成本也不会太高。当然，银行在放贷的时候是有着严格的条件和流程的，经济主体若不符合贷款条件是不会获得贷款的。

因此，银行贷款似乎已经成为中小企业最便宜、门槛最低的融资方式了，但是，由于种种原因，中小企业要想从银行获得贷款并不容易。所以，在获得银行贷款很难甚至不可能的情况下，中小企业就只能通过其他渠道进行融资，这往往意味着企业需要付出超过银行贷款利率数倍的融资成本，在获得资金的同时背上沉重的债务负担。

表5-1为中国人民银行公布的自2015年10月24日起执行的金融机构人民币存贷款基准利率。

5-1　金融机构人民币存贷款基准利率表（2015年10月24日）

各项存款	年利率	各项贷款	年利率
活期存款	0.35%	一年以内（含一年）	4.35%
整存整取定期存款		一年至五年（含五年）	4.75%
三个月	1.10%	五年以上	4.90%
半年	1.30%	公积金贷款	
一年	1.50%	五年以下（含五年）	2.75%
二年	2.10%	五年以上	3.25%
三年	2.75%		

■ 思考与讨论：

1. 请在调查研究、查阅资料的基础上，比较银行贷款、信托公司贷款、基金子公司贷款、股市委托贷款、私募基金贷款、P2P借贷六种融资方式的资金成本和"门槛"。

2. 在分析六种融资方式的资金成本和"门槛"的基础上，说明适合中小企业的融资方式有哪些。

案例解析

任务一　认识资金成本

关键术语

※ 经营风险（Operating Risk）
※ 财务风险（Financial Risk）
※ 资金成本（Cost of Capital）
※ 加权平均资金成本（Weighted Average Cost of Capital）

资金成本是财务管理的重要基础，资金结构是现代财务管理的核心理论。企业只有建立起资金成本观念，才能正确地进行筹资与投资决策，合理地安排资金结构，更好地满足股东利益要求。

一、资金成本的概念

企业从事生产经营活动必须使用资金，在市场经济条件下又不可能无偿使用资金，因此，企业除了必须节约使用资金外，还必须分析和把握各种来源的资金的使用代价。

资金成本是指企业为筹集和使用资金而付出的代价。广义的资金成本是指企业筹集和使用任何资金，不论是长期资金还是短期资金所付出的代价。狭义的资金成本是指企业筹集和使用长期资金所付出的代价。本书采用狭义的资金成本的概念。它包括筹资费用和使用费用两部分。筹资费用是指企业在筹措资金过程中为获取资金而支付的费用，如股票、债券的发行费，银行借款的手续费，等等。筹资费用通常是在筹措资金时依次支付，在使用资金过程中不再发生。使用费用则是指企业在生产经营、投资过程中因使用资金而付出的代价，如向股东支付的股利、向债权人支付的利息等，这是资金成本的主要内容。

> **小知识** 资金成本与资金时间价值既有联系，又有区别。联系在于两者考察的对象都是资金。区别在于：一是资金成本既包括资金时间价值，又包括投资风险价值；二是资金时间价值是从投资者角度而言的，资金成本是从受资者角度而言的。

二、资金成本的作用

资金成本是企业财务管理的重要概念，它的作用主要表现在以下几个方面。

（一）资金成本是企业筹资决策的主要依据

资金成本是影响筹资决策的首要因素，因为在不同的资金来源和筹资方式下，资金成本各不相同。为了实现最佳的筹资效果，企业必须分析各种筹资方式下资金成本的高低，并进行合理配置，使资金成本降到最低。

（二）资金成本是评价投资项目的重要标准

投资项目的决策通常采用净现值、现值指数、内含报酬率等指标进行评价，其中净现值的计算一般就是以资金成本作为折现率，当净现值大于0时方案可行，否则方案不予采纳；而用内含报酬率评价方案的可行性时，一般以资金成本作为基准收益率，当内含报酬率大于资金成本时方案可行，否则方案不可行。

（三）资金成本可以作为衡量企业经营成果的尺度

当企业经营利润率大于资金成本时，说明经营业绩好，否则说明经营业绩欠佳。

资金成本可用绝对数表示，也可用相对数表示，但在财务管理中，一般用相对数表示，即表示为资金使用费用与实际筹得资金（筹资总额扣除筹资费用后的差额）的比率。其计算公式如下：

$$资金成本率 = \frac{资金使用费用}{筹资总额 - 筹资费用}$$

三、资金成本的计算

资金成本用来反映筹集和使用资金所付出的代价，它有两种表达形式：资金成本额与资金成本率。对应于一定的筹资金额，资金成本可以用绝对数表示，反映资金成本的总额。资金成本绝对数即资金成本额能够反映因筹集和使用特定资金而付出的全部代价，但当筹资金额不同时，它不具有可比性。相比之下，资金成本相对数即资金成本率的用途更广泛。资金成本率一般也直接称为资金成本，在企业财务管理中具有很重要的作用。

> **小知识** 资金成本有多种计量形式，不同的计量形式适用于不同的筹资决策。在比较各种具体筹资方式时，使用个别资金成本，包括普通股资金成本、留存收益资金成本、长期借款资金成本和债券资金成本；在进行资金结构决策，或者针对一个企业或一个筹资方案时，使用综合（加权平均）资金成本；在进行追加筹资决策时，使用边际资金成本。

(一) 个别资金成本的计算

个别资金成本是指各种筹资方式的资金成本,主要有银行借款成本、债券成本、优先股成本、普通股成本和留存收益成本,前两者统称为负债资金成本,后三者统称为权益资金成本。

企业资金来源及取得方式不同,其成本也不同,因此对于不同来源和方式下的资金,应分别计算其成本率。

1. 银行借款成本

银行借款成本是指借款利息和筹资费用。由于借款利息计入税前成本费用,可以起到抵税的作用,因此,其成本可按下式计算:

$$K_l = \frac{I(1-T)}{L(1-f)} = \frac{i \cdot L \cdot (1-T)}{L(1-f)}$$

式中:K_l——银行借款成本;

I——银行借款年利息;

L——银行借款筹资总额;

T——所得税税率;

i——银行借款年利率;

f——银行借款筹资费率。

由于银行借款的手续费很低,上式中 f 常常可以忽略不计,则上式可简化为

$$K_l = i(1-T)$$

【例5-1】 某企业从银行取得长期借款150万元,年利率为8%,期限为3年,每年年末付息一次。假设筹资费率为1%,企业所得税税率为25%,则该笔借款的成本是多少?

【解析】 该笔借款的成本 $(K_l) = \dfrac{150 \times 8\% \times (1-25\%)}{150 \times (1-1\%)} \approx 6.06\%$

2. 债券成本

债券成本是指债券利息和筹资费用。由于债券利息在税前支付,具有减税效应,所以债券利息的处理与银行借款利息相同。债券的筹资费用一般较高,这类费用主要包括申请发行债券的手续费及债券的注册费、印刷费、上市费、推销费用等,其计算公式如下:

$$K_b = \frac{I(1-T)}{B_0(1-f)} = \frac{i \cdot B \cdot (1-T)}{B_0(1-f)}$$

式中:K_b——债券成本;

I——债券每年支付的利息;

T——所得税税率;

B——债券面值;

f——债券筹资费率;

B_0——债券投资额(按发行价格计算);

i——债券票面利率。

【例 5-2】 某企业发行一笔期限为 5 年的债券,债券面值为 200 万元,票面利率为 10%,每年付一次利息,发行费率为 3%。假设企业所得税税率为 25%,债券按面值平价发行,则该笔债券的成本是多少?

【解析】 该笔债券的成本 $(K_b) = \dfrac{200 \times 10\% \times (1-25\%)}{200 \times (1-3\%)} \approx 7.73\%$

▶ 小讨论 在计算债券成本时要注意什么?

3. 优先股成本

企业发行优先股,既要支付筹资费用,又要定期支付股利。它与债券不同的是股利在税后支付,且没有固定到期日。企业破产时,优先股股东的求偿权位于债券持有人之后,优先股股东的风险大于债券持有人的风险,这就使得优先股的股利率一般要大于债券的利息率。另外,优先股股利要从净利润中支付,不能抵减所得税,所以优先股成本通常要高于债券成本,其计算公式为

$$K_p = \frac{D}{P_0(1-f)}$$

式中:K_p——优先股成本;
  D——优先股每年支付的股利;
  P_0——发行优先股总额;
  f——优先股筹资费率。

【例 5-3】 某企业按面值发行 100 万元的优先股,筹资费率为 4%,每年支付 10% 的股利,则该笔优先股的成本是多少?

【解析】 该笔优先股的成本 $(K_p) = \dfrac{100 \times 10\%}{100 \times (1-4\%)} \approx 10.42\%$

4. 普通股成本

普通股成本的计算相对复杂。从理论上看,股东的投资期望收益率即为企业普通股股利;在计算时,常常将此作为计算的依据,采用股利贴现法。股利贴现法是一种将未来的期望股利收益折为现值,以确定其成本率的方法。其计算公式为

$$K_s = \frac{D}{V_0(1-f)}$$

式中:K_s——普通股成本;
  D——普通股每年支付的固定股利;
  V——普通股金额(按发行价格计算);
  f——普通股筹资费率。

许多企业的股利都是不断增加的,假设年增长率为 g,则普通股成本的计算公式为

$$K_s = \frac{D_1}{V_0(1-f)} + g$$

式中:D_1——第 1 年的股利。

【例 5-4】 某企业以每股 10 元发行普通股 6 000 万股,筹资费率为 5%,第 1 年年

末每股发放股利 2 元,以后每年增长 4%,则该笔普通股的成本是多少?

【解析】 该笔普通股的成本 $(K_s) = \dfrac{6\,000 \times 2}{6\,000 \times 10 \times (1-5\%)} + 4\% \approx 25.05\%$

5. 留存收益成本

一般企业都不会把全部收益以股利形式分配给股东,所以留存收益是企业资金的一种重要来源。从成本的实际支付看,留存收益并不像其他筹资方式那样直接从市场取得,而是将利润再投资,因此不产生筹资费用。但它确实存在资金成本,这是因为投资者如果将这部分收益用于购买股票、存入银行或进行其他方面的投资,也会获得投资收益,而投资者同意将这部分收益留在企业,是期望从中取得更高的投资回报。所以,留存收益也要计算成本。留存收益成本的计算与普通股基本相同,其计算公式为

$$K_e = \dfrac{D}{V_0}$$

式中:K_e——留存收益成本;其他符号含义与普通股成本计算公式相同。

股利不断增加的企业则为

$$K_e = \dfrac{D_1}{V_0} + g$$

▶ 小讨论 股权融资方式有优先股融资方式、普通股融资方式和留存收益融资方式,它们各有优缺点。一般来说,哪种股权融资方式的成本最高?

(二) 综合资金成本的计算

企业往往通过多种渠道、采用多种方式来筹集资金,但各种渠道和方式筹集的资金成本是不一样的。为了正确地进行筹资和投资决策,就必须计算企业的综合资金成本。综合资金成本是以各种资金所占的比重为权数,对各种资金成本进行加权平均计算出来的,故也称为加权平均资金成本。综合资金成本的计算公式为

$$K_w = \sum_{j=1}^{n} W_j K_j$$

式中:K_w——综合资金成本;

W_j——第 j 种资金占总资金的比重;

K_j——第 j 种资金的成本。

【例 5-5】 某企业共有资金 1 000 万元,其中债券 300 万元、普通股 500 万元、优先股 100 万元、长期借款 100 万元,对应的资金成本分别为 5%、18%、12%、15%。试计算该企业的综合资金成本。

【解析】 (1) 计算各种资金所占的比重:

$$W_b = \dfrac{300}{1\,000} \times 100\% = 30\%$$

$$W_s = \dfrac{500}{1\,000} \times 100\% = 50\%$$

$$W_p = \dfrac{100}{1\,000} \times 100\% = 10\%$$

$$W_I = \frac{100}{1\,000} \times 100\% = 10\%$$

（2）计算综合资金成本：

$$K_w = 30\% \times 5\% + 50\% \times 18\% + 10\% \times 12\% + 10\% \times 15\% = 13.2\%$$

上述综合资金成本计算中的权数是按账面价值确定的。账面价值权数易于从资产负债表上获得；但若债券和股票市场价值已经脱离账面价值许多，就会误估综合资金成本，不利于筹资决策。

小知识 在实际操作中，综合资金成本的权数还有两种选择，即市场价值权数和目标价值权数。

市场价值权数是指债券、股票等以现行市场价格确定的权数。用市场价值权数计算的综合资金成本能够反映企业当前的实际资金成本，有利于筹资决策。但市场价值权数也有其不足之处，即证券的市场价格处于变动之中，为了弥补这点不足，可以选用平均价格。另外，市场价值权数和账面价值权数反映的是现在和过去的资金结构，所以其确定的综合资金成本不一定适用于未来筹资决策。

目标价值权数是指债券、股票等以未来预计的目标市场价值确定的权数，从而估计加权平均资金成本。对综合资金成本的一个基本要求是适用于企业筹措新资，目标价值权数体现了这种要求。

一般认为，使用目标价值权数，能够体现期望的资金结构，但目标价值难以客观合理地确定，因此，通常就选择市场价值权数。在实务中，虽然目标价值权数和市场价值权数优于账面价值权数，但仍有不少企业坚持使用账面价值权数，因为其易于确定。

总之，根据上面的介绍可以看出，在个别资金成本一定的情况下，企业的综合资金成本的高低是由资金结构决定的。

（三）边际资金成本的计算

边际资金成本是企业追加筹资的成本，即每增加1元资金所需增加的成本。企业在追加筹资和投资的决策中必须考虑边际资金成本的高低。

前述的个别资金成本和综合资金成本，是企业过去筹集的或目前使用的资金的成本。然而，随着时间的推移或筹资条件的变化，个别资金成本会随着变化，综合资金成本也会发生变动。因此，企业在未来追加筹资时，不能仅仅考虑目前所使用资金的成本，还要考虑新筹集资金的成本，即边际资金成本。

企业追加筹资有时可能只采用某一种筹资方式。但在筹资数额较大或目标资金结构既定的情况下，企业往往需要通过多种筹资方式的结合来实现。这时，边际资金成本需要按加权平均法来计算，其权数必须为市场价值权数，而不能采用账面价值权数。

【例5-6】 某公司目标资金结构为债券20%、优先股5%、普通股权益（包括普通股和留存收益）75%。现拟追加筹资500万元，仍按此资金结构筹资。个别资金成本预测分别为债券7.50%、优先股11.08%、普通股权益14.80%。请按加权平均法计算追加筹资的边际资金成本。

【解析】 按加权平均法计算追加筹资500万元的边际资金成本如表5-2所示。

表 5-2　边际资金成本计算表

资金种类	目标资金结构	追加筹资/万元	个别资金成本	加权平均边际资金成本
债券	20%	100	7.50%	1.500%
优先股	5%	25	11.08%	0.554%
普通股权益	75%	375	14.80%	11.100%
合计	100%	500	—	13.154%

任务二　杠杆原理

关键术语

※ 经营杠杆（Operating Leverage）
※ 财务杠杆（Financial Leverage）
※ 复合杠杆（Combined Leverage）

物理学中的杠杆效应是指利用杠杆可以用较小的力量移动较重物体的现象。财务管理中也存在着类似的杠杆效应，它表现为某些固定成本费用的存在，导致当某一财务变量以较小幅度变动时，另一相关财务变量会以较大幅度变动。了解杠杆原理，有助于企业合理地规避风险，提高财务管理水平。财务管理中的杠杆效应有三种形式，即经营杠杆、财务杠杆和复合杠杆。

一、经营杠杆与经营风险

（一）经营风险

经营风险又称营业风险，是指企业在生产经营过程中，受供、产、销各个环节不确定因素的影响，资金运动迟滞，最终引起企业价值的变动。经营风险主要包括采购风险、生产风险、存货变现风险、应收账款变现风险等。简单地说，经营风险就是企业生产经营方面的原因给企业带来的收益上的不确定性，尤其是指利用经营杠杆而导致息税前利润变动的风险。

> **小知识**　影响经营风险的因素很多：一是市场需求的变化。在市场经济条件下，市场需求多层次、全方位、高频率地变动，市场需求的不确定性导致了企业的经营风险。在其他条件不变的情况下，市场对企业产品的需求越稳定，企业的经营风险就越小；反之，企业的经营风险就越大。二是产品价格的波动。由于企业产品结构的不同，其消费对象不一致，产品价格波动幅度也不同。一般而言，生产生活必需品的企业其产品价格相对稳定，经营风险较小；生产高档、奢侈品的企业其产品价格变化较大，经营风险也较大。三是投入成本的变化。在产品市场价格不变或基本稳定的前提下，投入成本变动剧烈的企业面临着较大的经营风险。另外，当投入成本变动时，企业调节产品市场价格的能力高低也表现为经营风险的不同。若其他条件不变，针对投入成本的变化而调节产品价格的能力越强，企业的经营风险越小；反之，企业的经营风险越大。四是固定成本比重的变化。如果一个企业固

定成本的比重较大，当市场需求发生波动时，企业适应市场变化的速度相对较慢，从而导致经营风险增加。

（二）经营杠杆

1. 经营杠杆的概念

在其他条件不变的情况下，产销量的增加虽然不会改变固定成本总额，但会降低单位产品负担的固定成本，从而提高单位产品利润，使息税前利润的增长率大于产销量的增长率。反之，产销量的减少会提高单位产品负担的固定成本，从而降低单位产品利润，使息税前利润的下降率大于产销量的下降率。如果不存在固定成本，那么边际贡献就是息税前利润，这时息税前利润的变动率就和产销量的变动率完全一致。这种因固定成本的存在而导致企业息税前利润的变动幅度大于产销量变动幅度的杠杆效应，称为经营杠杆。

2. 经营杠杆的计量

只要企业存在固定成本，就存在经营杠杆效应。但不同企业或同一企业不同产销量基础上的经营杠杆效应的大小是不完全一致的，为此，需要对经营杠杆进行计量。

对经营杠杆进行计量最常用的指标是经营杠杆系数，即息税前利润变动率相当于产销量变动率的倍数。其计算公式为

$$经营杠杆系数 = \frac{息税前利润变动率}{产销量变动率}$$

$$DOL = \frac{\Delta EBIT/EBIT}{\Delta Q/Q}$$

式中：DOL——经营杠杆系数；

$EBIT$——变动前的息税前利润，或称基期息税前利润；

$\Delta EBIT$——息税前利润变动额；

Q——变动前的产销量，或称基期产销量；

ΔQ——产销量变动数。

假设企业的固定成本为 A，产品的单位变动成本为 b，产品的销售单价为 p，产品的产销量为 Q。于是

$$EBIT = pQ - bQ - A$$
$$= (p-b) \times Q - A$$
$$\Delta EBIT = (p-b) \times \Delta Q$$

因此

$$DOL = \frac{\Delta EBIT/EBIT}{\Delta Q/Q} = \frac{\frac{(p-b) \times \Delta Q}{(p-b) \times Q - A}}{\frac{\Delta Q}{Q}} = \frac{(p-b) \times Q}{(p-b) \times Q - A}$$

或

$$DOL = \frac{TCM}{TCM - A} = \frac{TCM}{EBIT} \quad (TCM 为边际贡献总额)$$

$$经营杠杆系数 = \frac{基期边际贡献}{基期息税前利润}$$

【例 5-7】 飞宏公司生产经营有关资料如表 5-3 所示，试计算飞宏公司本年的经营杠杆系数。

表 5-3　飞宏公司生产经营情况表

项目	上年	本年	变动值	变动率
产销量/件	1 000	1 200	200	20%
销售额/元	10 000	12 000	2 000	20%
变动成本/元	6 000	7 200	1 200	20%
边际贡献/元	4 000	4 800	800	20%
固定成本/元	2 000	2 000	0	0
息税前利润/元	2 000	2 800	800	40%

【解析】 根据经营杠杆系数的计算公式，可求得飞宏公司本年的经营杠杆系数：

$$DOL = \frac{\Delta EBIT/EBIT}{\Delta Q/Q} = \frac{800/2\ 000}{200/1\ 000} = 2$$

在此例中，本年的经营杠杆系数为 2 的意义在于：当企业销售额增加 1 倍时，息税前利润将增加 2 倍；反之，当企业销售额下降 50% 时，息税前利润将下降 100%。前一种情形表现为经营杠杆利益，后一种情形表现为经营杠杆风险。一般而言，经营杠杆系数越小，经营风险越小，说明企业经营安全程度越高；反之，经营杠杆系数越大，经营风险越大，说明企业经营安全程度越低。

3. 经营杠杆与经营风险的关系

引起企业经营风险的主要原因是市场需求和生产成本等因素的不确定性，经营杠杆本身并不是息税前利润不稳定的根源。如果企业保持固定的销售水平和固定的成本结构，再高的经营杠杆系数也是没有意义的。

▶小知识　当企业的经营杠杆系数等于 1 时，企业的固定成本为 0，但这并不是说企业没有经营风险，只要市场需求和生产成本等因素存在不确定性，息税前利润就会有波动，企业就会有经营风险，只是这时企业息税前利润的波动幅度与产销量的波动幅度相等，经营杠杆不存在放大效应。经营杠杆系数越高，息税前利润的变动相对于产销量的变动就越激烈，企业的经营风险就越大。这时随着产销量的增加，息税前利润将以 DOL 倍数的幅度增加；而随着产销量的减少，息税前利润又将以 DOL 倍数的幅度减少。可见，经营杠杆放大了市场需求和生产成本等不确定因素对息税前利润变动的影响，从而也放大了企业的经营风险。因此，经营杠杆系数应仅被看作对"潜在风险"的衡量。这种潜在风险只有在市场需求和生产成本等因素的变动性存在的条件下才会被"激活"。

二、财务杠杆与财务风险

（一）财务杠杆

不论企业的利润是多少，债务的利息和优先股的股利通常是固定不变的。当息税前利润增加时，每 1 元盈余所负担的固定财务费用就会相对减少，这给普通股股东带来额外的收益；反之，当息税前利润降低时，每 1 元盈余所负担的固定财务费用会相对增加,这就会大幅度减少普通股盈余。这种因企业筹资成本中存在固定的财务费用而使普通股每股收益的变动幅度大于息税前利润变动幅度的杠杆效应,称为财务杠杆。

对财务杠杆进行计量最常用的指标是财务杠杆系数,即普通股每股税后利润变动率相当于息税利润变动率的倍数,它是反映财务杠杆作用程度的指标。财务杠杆系数越大,说明企业的财务风险越大。

财务杠杆利益产生的原因主要有两个:一是在原有资金结构下,息税前利润变动所带来的杠杆利益;二是息税前利润维持原有水平不变,调整资金结构所带来的杠杆利益。

1. 息税前利润变动下的财务杠杆系数

在企业资金结构一定的情况下,企业须支付的债务利息是相对固定的。当息税前利润增加时,投资人可分配利润增加,从而给企业所有者带来额外收益。这种情况通常用财务杠杆系数来描述:

$$DFL = \frac{\Delta EPS/EPS}{\Delta EBIT/EBIT}$$

式中:DFL——财务杠杆系数;

ΔEPS——普通股每股利润变动额或普通股利润变动额;

EPS——基期普通股每股利润或基期普通股利润;

财务杠杆系数的计算公式可进一步简化。

假设 I 为债务利息,D 为优先股股利,T 为企业所得税税率。

上式中基期普通股每股利润或基期普通股利润可表达为

$$EPS = (EBIT - I)(1-T) - D$$

由于资金结构不变,利息、优先股股利也相对不变,所以可得到

$$\Delta EPS = \Delta EBIT(1-T)$$

则

$$DFL = \frac{EBIT}{EBIT - I - \frac{D}{1-T}}$$

就未发行优先股的企业而言,其财务杠杆系数的计算可用下面的简化公式:

$$DFL = \frac{EBIT}{EBIT - I}$$

【例5-8】 红方公司资产总额为100万元,负债资金与自有资金的比例为3∶7,负债利率为10%,预计计划期资金利润率将由基期的12%增长到17%,预计计划期息税前利润率将由基期的15%增长到20%,所得税税率为30%。请计算红方公司的财务杠杆系数。

【解析】 红方公司资金利润率计算结果如表5-4所示。

表5-4 红方公司资金利润率计算表　　　　单位:万元

项目	基期	计划期
EBIT	15	20
利息	3	3

续表

项目	基期	计划期
税前利润	12	17
所得税	3.6	5.1
税后利润	8.4	11.9
资金利润率	12%	17%

息税前利润增长率=(20%-15%)÷15%≈33.33%
资金利润增长率=(17%-12%)÷12%≈41.67%
财务杠杆系数=41.67%÷33.33%≈1.25
　　　　　　=15÷(15-3)=1.25

从上述计算可以看出，息税前利润率的增长引起资金利润率增长的幅度越大，财务杠杆效应就越强。为了取得财务杠杆利益，如果企业提高负债比例，其财务杠杆系数也会相应提高，但同时也会增加企业还本付息的压力，加大财务风险。所以说，企业利用财务杠杆，可能产生好的效果，也可能产生坏的效果。

2. 息税前利润不变时的财务杠杆系数

当息税前利润不变时，调整负债比例会对资金利润率产生影响。当息税前利润一定时，如果息税前利润率大于利率，提高负债比例，会相应提高资金利润率；反之，则会引起资金利润率的大幅降低。可用公式表示如下：

税前资金利润率=[息税前利润率+负债/自有资金×(息税前利润率-利率)]
税后资金利润率=税前资金利润率×(1-所得税税率)

【例5-9】 某企业资产总额为100万元，息税前利润率为20%，负债利率为10%，所得税税率为25%。现有几种不同的资金结构，试测算出各种资金结构下的资金利润率。

【解析】 某企业资金利润率计算结果如表5-5所示。

表5-5　某企业资金利润率计算表　　　　　　　　　　　　　　　单位：万元

项目	结构1（0∶100）	结构2（40∶60）	结构3（70∶30）
EBIT	20	20	20
利息	0	4	7
税前利润	20	16	13
所得税	5	4	3.25
税后利润	15	12	9.75
资金利润率	15%	20%	32.5%

由表5-5可知，当息税前利润率大于负债利率时，提高负债比例会使资金利润率大幅度提高，降低负债比例则将产生资金利润率的机会损失；反之，当息税前利润率小于负债利率时，提高负债比例会使资金利润率快速下降，给企业所有者带来财务风险。

（二）财务风险

财务风险又称筹资风险，是指企业为取得财务杠杆利益而利用负债资金所带来的可能丧失偿债能力和每股收益大幅度变动的风险。它有两方面的含义：一方面是指偿债能力的不确定性，借入资金必须按期还本付息，这使企业负担增加，潜藏着资不抵债的风险；另一方面是指利用负债资金所带来的自有资金收益的不确定性。本书用到的主要是后一方面的含义。

【例5-10】 假定某一新成立的公司期望的息税前利润为400万元，需要2 000万元资本，假设所得税税率为0（不考虑各种资金收益率的纳税影响）。

【解析】 该公司的全部资金的息税前利润率＝400/2 000×100％＝20％

（1）如果该公司的全部资金都是普通股股本，则有如下关系：① 公司资产价值等于其普通股股本；② 自有资金收益率等于全部资金的息税前利润率；③ 股本风险就是经营风险。

（2）如果该公司的资金50％是普通股股本，另外50％是利率为15％的债务，则有：

预期的息税前利润	400万元
利息	150万元
普通股可得收益	250万元
预期的自有资金收益率	25％

在这种情况下，有如下关系：① 公司资产价值不等于其普通股股本；② 自有资金收益率高于全部资金的息税前利润率；③ 股本风险大于经营风险。

（3）如果该公司的资金50％是普通股股本，另外50％是利率为25％的债务，则有：

预期的息税前利润	400万元
利息	250万元
普通股可得收益	150万元
预期的自有资金收益率	15％

在这种情况下，有如下关系：① 公司资产价值不等于其普通股股本；② 自有资金收益率低于全部资金的息税前利润率；③ 股本风险大于经营风险。

在经营风险一定的前提下，利用负债资金的比重越大，给自有资金收益带来的不确定性，即普通股每股收益的风险就越大。例如，某企业的资金全部来源于普通股股本，由10个投资者等额出资，每人占10％的股份，则该企业的经营风险由10个投资者平均分摊。而如果该企业的资金中50％是普通股股本，另外50％是债务，由5个普通股股东、5个债权人等额出资，由于债权人一般不承担经营风险，在这种情况下，5个普通股股东平均分摊了原来由10个人平均分摊的风险，每个普通股股东的风险都增加了一倍。

小知识 一般来说，只要企业期望的全部资金的息税前利润率大于负债资金的利息率，提高负债资金的比重就会提高自有资金收益率。但若企业期望的全部资金息税前利润率小于负债资金的利息率，那么提高负债资金的比重就会降低自有资金收益率。

如果企业无负债，则企业的股本风险等于其经营风险；如果企业举债，则企业的股本风险会大于其经营风险。实际上，股本风险与经营风险的差额就是财务风险，它可以理解为普通股股东为获得财务杠杆收益而付出的代价。如果说财务风险实际上就是债权人不承担而将其转移给普通股股东的经营风险的话，那么普通股股东因承担财务风险而获得的财务杠杆收益也是从债权人那里"转移"过来的。风险和收益都是企业内部不同投资者之间的转移，企业总风险和总收益不因这种内部转移而增加或减少。

财务风险是决定企业资金结构的重要因素。形成财务风险的原因很多，主要包括：
第一，企业获利能力的变化。
第二，负债资金成本率的变动。
第三，资金结构的变化。资金结构的变化对财务风险的影响最为直接。企业负债比例越高，财务风险就越大；反之，负债比率越低，财务风险就越小。

▶ 小讨论　腾达、腾飞、腾远三家公司经营业务相同，它们的基本情况如表 5-6 所示。请问哪一家公司的财务风险最大？

表 5-6　腾达、腾飞、腾远三家公司基本情况表　　　　单位：元

项目	腾达	腾飞	腾远
普通股股本	2 000 000	1 500 000	1 000 000
发行股数	20 000	15 000	10 000
债务（利率8%）	0	500 000	1 000 000
资本总额	2 000 000	2 000 000	2 000 000
息税前利润	200 000	200 000	200 000
债务利息	0	40 000	80 000
税前盈余	200 000	160 000	120 000
所得税（税率25%）	50 000	40 000	30 000
税后盈余	150 000	120 000	90 000
财务杠杆系数	1	1.25	1.67
普通股每股收益	7.5	8	9
息税前利润增加额	200 000	200 000	200 000
债务利息	0	40 000	80 000
税前盈余	400 000	360 000	320 000
所得税（税率25%）	100 000	90 000	80 000
税后盈余	300 000	270 000	240 000
普通股每股收益	15	18	24

三、复合杠杆与复合风险

（一）复合杠杆

如前所述，固定生产经营成本的存在，产生了经营杠杆效应，使息税前利润的变动率大于产销量的变动率；同样，固定利息和优先股股利的存在，产生了财务杠杆效应，使企业普通股每股收益的变动率大于息税前利润的变动率。如果这两种杠杆共同起作用，那么销售额稍有变动就会使普通股每股收益产生更大的变动。这种因固定生产经营

成本和固定资金成本的同时存在而导致的普通股每股收益的变动幅度大于产销量变动幅度的杠杆效应，称为复合杠杆。

对复合杠杆进行计量最常用的指标是复合杠杆系数。复合杠杆系数是指普通股每股收益变动率相当于产销量变动率的倍数。其计算公式为

$$复合杠杆系数 = \frac{普通股每股收益变动率}{产销量变动率}$$

即

$$DCL = \frac{\Delta EPS/EPS}{\Delta Q/Q}$$

式中：DCL——复合杠杆系数。

复合杠杆系数与经营杠杆系数、财务杠杆系数之间的关系可用下式表示：

$$DCL = DOL \times DFL$$

（二）复合风险

在复合杠杆的作用下，当企业经济效益好时，普通股每股收益会随着产销量的增长而大幅度上升；当企业经济效益差时，普通股每股收益会随着产销量的下降而大幅度下降。企业的复合杠杆系数越大，普通股每股收益的波动幅度越大。因复合杠杆作用使普通股每股收益大幅度波动而造成的风险称为复合风险。在其他因素不变的情况下，复合杠杆系数越大，复合风险越大；复合杠杆系数越小，复合风险越小。

由于复合杠杆系数是经营杠杆系数与财务杠杆系数的乘积，因此在很高的经营杠杆基础上再采用较高的财务杠杆被认为是不明智的。

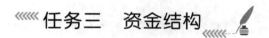

任务三 资金结构

关键术语

※ 资金结构（Capital Structure）
※ 最佳资金结构（Optimal Capital Structure）

资金结构决策是企业筹资决策的核心，也是企业财务管理的重要内容之一。本任务主要介绍资金结构理论、资金结构决策的方法等内容。为实现企业价值最大化这一财务管理目标，企业必须合理确定并不断优化其资金结构，使企业资金得到充分而有效的利用。

一、资金结构概述
（一）资金结构的定义

资金结构是指企业各种资金的构成及其比例关系，是企业筹资决策的核心问题。企业企业应综合考虑有关影响因素，运用适当的方法确定最佳资金结构，并在以后追加筹资中继续保持这一结构。

企业的资金结构是企业采用各种筹资方式筹集资金而形成的，各种筹资方式筹集的资金，总的来看可分为负债资金和自有资金两类。因此，资金结构决策主要是确定负债资金的比例，即确定负债资金在企业全部资金中所占的比重。

(二) 资金结构中债务资金的影响作用

资金结构决策就是要确定普通股股本、优先股股本、长期负债的比例关系，即债务资金和权益资金的比例关系。

确定债务资金的比例时，要充分考虑资金结构中债务资金的影响作用。债务资金的影响作用主要有以下三个方面：一是使用债务资金可以降低企业的综合资金成本。一般情况下，债务的利息率要低于股票的股利率，再加上债务利息是在企业所得税前支付，可以抵减企业所得税，因而债务资金的资金成本明显低于权益资金的资金成本，使用债务资金可以降低企业的综合资金成本。二是使用债务资金可以产生财务杠杆利益。由于债务的利息率通常是固定不变的，当息税前利润率超过债务的利息率时，使用债务资金便会产生财务杠杆利益。但是，如果息税前利润率低于债务的利息率，使用债务资金便会产生财务杠杆损失。所以，当息税前利润率超过债务的利息率时，就可以利用债务筹资以获得财务杠杆利益。三是使用债务资金会给股东带来财务风险。由于债权人一般情况下不承担企业经营风险，使用债务资金必须按期还本付息，因此使用债务资金将给股东带来附加的风险即财务风险。

二、最佳资金结构的确定

最佳资金结构是指企业在一定时期内，综合资金成本最低、企业价值最大的资金结构。

(一) 影响资金结构的因素

1. 企业销售的增长情况

预计未来销售的增长率，决定财务杠杆在多大程度上扩大普通股每股利润。如果销售增长率很高，利用具有固定财务费用的债务筹资，就会扩大普通股每股利润。除了销售的增长率外，销售的稳定性对资金结构也有重要影响。如果企业的销售比较稳定，则可较多地负担固定的财务费用；如果销售和盈余有周期性，则负担固定的财务费用将冒较大的财务风险。

2. 企业所有者和管理人员的态度

企业所有者的态度对资金结构也有重要影响，因为企业资金结构的决策最终是由他们做出的。如果企业所有者不愿使企业的控制权旁落，则一般会尽量避免通过发行普通股来筹集资金，而是采用发行优先股或负债方式来筹集资本；相反，一个企业的股票如果被众多投资者持有，谁也没有绝对的控制权，那么，这个企业就可能会更多地采用发行普通股的方式来筹集资金，因为企业所有者并不担心控制权的旁落。反之，有的企业被少数股东控制，股东们很重视控制权问题，企业为了保证少数股东的绝对控制权，一般不采用发行普通股方式来筹集资金。管理人员的态度也是影响资金结构的重要因素。喜欢冒险的财务管理人员可能会安排比较高的负债比例；反之，持稳健态度的财务管理人员则会安排较低的负债比例。

3. 贷款人和信用评级机构的影响

虽然企业对如何适当地运用财务杠杆都有自己的分析，但涉及较大规模的债务筹资时，贷款人和信用评级机构的态度往往成为决定财务结构的关键因素。一般而言，企业财务管理人员都会与贷款人和信用评级机构商讨其财务结构，并充分尊重他们的意见。大部分贷款人都不希望企业的负债比例太大，如果企业坚持承担过多债务，则贷款人可能拒绝放贷。同样，如果企业债务太多，信用评级机构可能会降低企业的信用等级，这样会影响企业的筹资能力，提高企业的资金成本。

4. 行业因素

在实际工作中，不同行业甚至同一行业的不同企业，在运用债务筹资的策略和方法上大不相同，从而使资金结构产生差别。在资金结构决策中，企业应掌握本企业所处行业资金结构的一般水准，并将其作为确定本企业资金结构的参照，分析本企业与同行业其他企业的差别，以便决定本企业的资金结构。同时还必须认识到，资金结构不会停留在一个固定的水准上，随着时间的推移、情况的变化，资金结构也会发生一定的变动。这就需要企业根据具体情况进行合理的调整。

5. 企业的财务状况

获利能力越强、财务状况越好、变现能力越强的企业，就越有能力承担财务上的风险。因此，随着企业变现能力和获利能力的增强及财务状况的改善，举债筹资就越有吸引力。当然，有些企业因财务状况不好而无法顺利发行股票，就只好以高利率发行债券来筹集资金。

6. 资产结构

资产结构会以多种方式影响企业的资金结构：① 拥有大量固定资产的企业主要通过长期负债和发行股票来筹集资金；② 拥有较多流动资产的企业更多依赖流动负债来筹集资金；③ 资产适用于抵押的企业举债较多，如房地产公司的抵押贷款就相当多；④ 以技术研究开发为主的企业则举债很少。

7. 所得税税率

企业利用负债可以获得减税利益，因此，所得税税率越高，负债的好处越多；如果所得税税率很低，则采用举债方式的减税利益就不会很明显。

8. 利率水平的变动趋势

利率水平的变动趋势也会影响企业的资金结构。企业财务管理人员如果认为利率暂时较低，在不久的将来有可能上升的话，便会大量发行长期债券，从而在若干年内把利率固定在较低水平上。

以上因素都可能会影响到企业的资金结构，财务管理人员应在认真分析上述因素的基础上，根据经验来确定企业的资金结构。

（二）最佳资金结构决策的方法

1. 比较资金成本法

比较资金成本法是指通过计算不同资金组合的综合资金成本，并以其中综合资金成本最低的资金组合为最佳的方法。它以综合资金成本的高低作为确定最佳资金结构的唯一标准。其操作步骤为：第一步，确定不同筹资方案的资金结构；第二步，计算不同筹资方案的综合资金成本;第三步,选择综合资金成本最低的资金组合,即最佳资金结构。

【例 5-11】 某企业拟筹资组建一家分公司,筹资总额为 500 万元,有三个筹资方案可供选择。甲方案:长期借款 50 万元、债券 100 万元、普通股 350 万元;乙方案:长期借款 100 万元、债券 150 万元、普通股 250 万元;丙方案:长期借款 150 万元、债券 200 万元、普通股 150 万元。三种筹资方式所对应的资金成本分别为:长期借款 6%,债券 10%,普通股 15%。试分析哪个筹资方案的资金结构最佳。

【解析】 各筹资方案的综合资金成本计算如下:

甲方案的综合资金成本 $= \dfrac{50}{500} \times 6\% + \dfrac{100}{500} \times 10\% + \dfrac{350}{500} \times 15\% = 13.1\%$

乙方案的综合资金成本 $= \dfrac{100}{500} \times 6\% + \dfrac{150}{500} \times 10\% + \dfrac{250}{500} \times 15\% = 11.7\%$

丙方案的综合资金成本 $= \dfrac{150}{500} \times 6\% + \dfrac{200}{500} \times 10\% + \dfrac{150}{500} \times 15\% = 10.3\%$

根据计算结果,最佳筹资方案为丙方案,其综合资金成本最低。

2. 每股利润分析法

企业应当注意其资金结构对企业的盈利能力和股东财富的影响,因此将息税前利润(EBIT)和每股利润(EPS)作为确定企业资金结构的两大要素。每股利润分析法就是将息税前利润和每股利润这两大要素结合起来,分析资金结构与每股利润之间的关系,进而确定最佳资金结构的方法。由于这种方法需要确定每股利润的无差异点,因此又称为每股利润无差异点法。其操作步骤为:第一步,计算每股利润无差异点;第二步,作每股利润无差异点图;第三步,选择最佳筹资方式。

该方法测算每股利润无差异点的计算公式为

$$DFL = \frac{(EBIT - I_1)(1-T) - D_1}{N_1} = \frac{(EBIT - I_2)(1-T) - D_2}{N_2}$$

式中:$EBIT$——每股利润无差异点处的息税前利润;

I_1、I_2——两种筹资方式下的年利息;

D_1、D_2——两种筹资方式下的优先股股利;

N_1、N_2——两种筹资方式下的流通在外的普通股股数。

计算出每股利润无差异点处的息税前利润以后,可将其与预期的息税前利润进行比较,据此选择筹资方式。当预期的息税前利润大于每股利润无差异点处的息税前利润时,应采用负债筹资方式;当预期的息税前利润小于每股利润无差异点处的息税前利润时,应采用发行普通股筹资方式;当预期的息税前利润等于每股利润无差异点处的息税前利润时,采用负债和发行普通股筹资方式是一样的。据此,可作每股利润无差异点图,如图 5-2 所示。

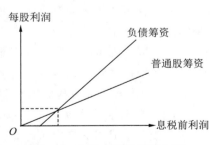

图 5-2 每股利润无差异点图

【例5-12】 某公司欲筹资400万元用于扩大生产规模。筹集资金可用增发普通股或增加长期借款方式。若增发普通股,则计划以每股10元的价格增发40万股;若增加长期借款,则以10%的年利率借入400万元。已知该公司现有资产总额为2 000万元,负债比率为40%,年利率为8%,普通股有100万股。假定增资后预期的息税前利润为500万元,所得税税率为20%(符合条件的小型微利企业)。试采用每股利润分析法分析应选择何种筹资方式。

【解析】 (1) 计算每股利润无差异点。

$$\frac{(EBIT-64)\times(1-20\%)}{100+40}=\frac{[EBIT-(64+40)]\times(1-20\%)}{100}$$

$$EBIT=204(万元)$$

将该结果代入上式可得无差异点处的每股利润(EPS)为0.8元。

(2) 计算预计增资后的每股利润(表5-7),并选择最佳筹资方式。

表5-7 预计增资后的每股利润　　　　　　　　　　单位:万元

项目	增发普通股	增加长期借款
预计息税前利润(EBIT)	500	500
减:利息	64	104
税前利润	436	396
减:所得税	87.2	79.2
税后利润	348.8	316.8
普通股股数/万股	140	100
每股利润(EPS)/元	2.49	3.17

由表5-7可知,当预期的息税前利润为500万元时,增加长期借款的每股利润更高(3.17元),因此选择负债方式筹集资金。

以上结论也可通过作每股利润无差异点图得出,如图5-3所示。

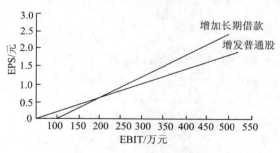

图5-3 EBIT-EPS分析图

从图5-3可以看出,当EBIT为204万元时,两种筹资方式的EPS相等;当EBIT大于204万元时,采用增加长期借款筹资方式的EPS大于采用增发普通股筹资方式的EPS,故应采用增加长期借款筹资方式;当EBIT小于204万元时,采用增发普通股筹资方式的EPS大于采用增加长期借款筹资方式的EPS,故应采用增发普通股筹资方式。

每股利润分析法在确定最佳资金结构时是以每股利润最大为分析起点的，它直接将资金结构与企业财务目标、企业市场价值等相关因素结合起来，因此是企业在追加筹资时经常采用的一种决策方法。

> **小知识** 资金结构决策是企业财务决策中一项比较复杂的内容。比较资金成本法和每股利润分析法直接以加权平均资金成本的高低或每股利润的大小为依据，虽然集中地考虑了资金成本与财务杠杆利益，但不够全面，如没有考虑资金结构弹性、财务风险大小及其相关成本等因素。因此，企业在进行资金结构决策时，要权衡利弊，统筹安排，并最终合理地选择筹资方案。

【项目小结】

本项目需要读者学习与掌握企业筹资决策的相关知识——资金成本与资金结构。首先，需要了解资金成本的概念与作用，在掌握个别资金成本的计算时，要特别注意各种资金成本计算公式的共同点与差别点，综合资金成本计算中的权数确定。其次，需要掌握在成本性态分析基础上的经营杠杆与经营风险、财务杠杆与财务风险、复合杠杆与复合风险的基本原理，明白利用财务杠杆的目标是在控制企业总风险的基础上，以较低的代价获得较高的收益。最后，需要掌握最佳资金结构的确定方法，主要包括比较资金成本法和每股利润分析法，一定要牢记最佳资金结构就是在一定条件下使企业综合资金成本最低、企业价值最大的资金结构。资金结构决策始终是企业筹资决策的核心问题，影响企业资金结构的因素很多，企业应在充分考虑影响资金结构的因素的同时，利用一定的科学的定量方法，建立一种相对优化的资金结构。

课后自主学习空间

【职业能力训练】

一、单选题

1. 可以用于比较各种筹资方式优劣的成本是（   ）。
   A. 个别资金成本　　　　　　　　　　B. 综合资金成本
   C. 边际资金成本　　　　　　　　　　D. 资金总成本

2. 在计算资金成本时，与所得税有关的资金来源是（   ）。
   A. 普通股　　　B. 优先股　　　C. 银行借款　　　D. 留存收益

3. 经营杠杆效应产生的原因是（   ）。
   A. 不变的固定成本　　　　　　　　　B. 不变的产销量
   C. 不变的债务利息　　　　　　　　　D. 不变的销售价格

4. 息税前利润变动率相对于产销量变动率的倍数，即为（   ）。
   A. 经营杠杆系数　　　　　　　　　　B. 财务杠杆系数
   C. 复合杠杆系数　　　　　　　　　　D. 边际资金成本

5. 每股利润变动率相对于息税前利润变动率的倍数，即为（   ）。
   A. 经营杠杆系数　　　　　　　　　　B. 财务杠杆系数
   C. 复合杠杆系数　　　　　　　　　　D. 边际资金成本

6. 每股利润变动率相对于产销量变动率的倍数，即为（　　）。
   A. 经营杠杆系数　　　　　　　　　　B. 财务杠杆系数
   C. 复合杠杆系数　　　　　　　　　　D. 边际资金成本
7. 经营杠杆系数是3，财务杠杆系数是2.5，则复合杠杆系数是（　　）。
   A. 5.5　　　　　B. 0.5　　　　　C. 1.2　　　　　D. 7.5
8. 息税前利润变动率一般比产销量变动率（　　）。
   A. 小　　　　　B. 大　　　　　C. 相等　　　　　D. 不一定
9. 可以作为资金结构决策基本依据的成本是（　　）。
   A. 个别资金成本　　　　　　　　　　B. 综合资金成本
   C. 边际资金成本　　　　　　　　　　D. 资金总成本
10. 在采用净现值来对投资项目进行决策时，当净现值（　　）时方案可行，否则方案不予采纳。
    A. 大于0　　　　B. 小于0　　　　C. 大于1　　　　D. 小于1

二、多选题

1. 资金成本包括（　　）。
   A. 资金筹集费　　　　　　　　　　　B. 财务费用
   C. 资金费用　　　　　　　　　　　　D. 资金占用费
2. 因固定成本的存在而导致企业（　　）的变动幅度大于（　　）变动幅度的杠杆效应，称为经营杠杆。
   A. 变动成本　　　　　　　　　　　　B. 总成本
   C. 息税前利润　　　　　　　　　　　D. 产销量
3. 一般而言，经营杠杆系数（　　），经营风险（　　），说明企业经营安全程度越高。
   A. 越小　　　　　B. 越小　　　　　C. 越大　　　　　D. 越大
4. 引起企业经营风险的主要原因是（　　）等因素的不确定性。
   A. 经营杠杆　　　　　　　　　　　　B. 市场需求
   C. 生产成本　　　　　　　　　　　　D. 财务杠杆
5. 形成财务风险的原因很多，主要包括（　　）。
   A. 企业获利能力的变化　　　　　　　B. 负债资金成本率的变动
   C. 资金结构的变化　　　　　　　　　D. 经营杠杆系数的大小
6. 财务杠杆利益产生的原因主要有两个：一是在原有资金结构下，（　　）变动所带来的杠杆利益；二是息税前利润维持原有水平不变，调整（　　）所带来的杠杆利益。
   A. 息税前利润　　　　　　　　　　　B. 企业获利能力
   C. 资金结构　　　　　　　　　　　　D. 经营杠杆系数
7. 复合杠杆系数是（　　）与（　　）的乘积。
   A. 经营杠杆系数　　　　　　　　　　B. 财务杠杆系数
   C. 经营风险系数　　　　　　　　　　D. 财务风险系数

8. 每股利润分析法就是将（　　）和（　　）这两大要素结合起来，分析资金结构与每股利润之间的关系，进而确定最佳资金结构的方法。
   A. 息税前利润　　　　　　　　　B. 每股利润
   C. 企业获利能力　　　　　　　　D. 总股份

9. 当预期的息税前利润大于每股利润无差异点处的息税前利润时，应采用（　　）筹资方式；当预期的息税前利润小于每股利润无差异点处的息税前利润时，应采用（　　）筹资方式。
   A. 负债　　　　　　　　　　　　B. 发行普通股
   C. 发行优先股　　　　　　　　　D. 融资租赁

10. 影响资金结构的因素有（　　）。
    A. 企业的财务状况　　　　　　　B. 资产结构
    C. 所得税税率　　　　　　　　　D. 利率水平的变动趋势

三、判断题

1. 债务比例越高，财务杠杆系数就越大，财务风险就越高。（　　）
2. 筹资费用在筹措资金时依次发生，在使用资金过程中不再发生。（　　）
3. 使用费用通常表现为一次支付的费用。（　　）
4. 在其他条件都不变的情况下，产销量的增加会导致单位产品应负担的固定成本增加。（　　）
5. 当息税前利润增加时，投资人可分配的利润增加，从而给企业所有者带来额外的收益。（　　）
6. 企业若是不借债，其资产价值等于普通股股本。（　　）
7. 只要投资利润率大于借款利率，经营风险就一定大于股本风险。（　　）
8. 使用债务资金可降低企业综合资金成本。（　　）
9. 由于债务利息率通常是固定不变的，当息税前利润率小于债务利息率时，使用债务资金便会产生财务杠杆利益。（　　）
10. 如果息税前利润率大于债务利息率，使用债务资金便会产生财务杠杆损失。（　　）

四、实践训练园地

1. 某公司拟筹资 5 000 万元，其中按面值发行债券 2 000 万元，票面利率为 10%，筹资费率为 2%；发行优先股 800 万元，股息率为 12%，筹资费率为 3%；发行普通股 2 200 万元，筹资费率为 5%，预计第 1 年股利率为 12%，以后每年按 4% 递增，所得税税率为 25%。要求：(1) 计算债券资金成本；(2) 计算优先股资金成本；(3) 计算普通股资金成本；(4) 计算综合资金成本。

2. 某企业的长期资金总额为 5 000 万元，借入资金占总资金的 50%，债务资金的利率为 15%，企业的息税前利润为 1 000 万元。要求：计算财务杠杆系数。

3. 某企业目前拥有资金 2 000 万元。其中，长期借款 800 万元，年利率 10%；普通股 1 200 万元，每股面值 1 元，发行价格 20 元，目前价格也为 20 元，上年每股股利 2 元。预计年股利增长率为 5%，所得税税率为 25%。该企业计划筹集资本 100 万元，有两个筹资方案:(1)增加长期借款100万元,利率上升到12%;(2)增发普通股4万股,普通股每股市价增加到25元。要求:(1)计算该企业筹资前加权平均资金成本;(2)采用比较资金成本法确定该企业的最佳资金结构。

4.某公司目前的资金总额为600万元,其中债务资金200万元,普通股股本400万元(每股面值1元),目前每股市价8元。债务年利率为10%,所得税税率为25%。现公司决定扩大经营规模,需要追加筹资200万元。现有两个筹资方案可供选择:(1)全部筹借年利率12%的长期债务;(2)全部发行每股面值1元的普通股,向现有股东配股,10配1,每股配股价5元。要求:用每股利润分析法选择最佳筹资方案。

5.某国有企业拟在明年初改制为独家发起的股份有限公司。现有净资产经评估价值为7 000万元,全部投入新公司,折股比率为1。按其计划经营规模需要总资产3.5亿元,合理的资产负债率为30%。预计明年的税后利润为1 900万元。

要求:(1)通过发行股票应筹集到多少股权资金?(2)如按每股7元发行,则至少要发行多少社会公众股?发行后,每股利润是多少?市盈率又是多少?(3)如果市盈率不超过21倍,每股利润按0.4元计算,最高发行价格是多少?(4)如果不考虑资金结构的要求,按照《公司法》的规定,则至少要发行多少社会公众股?

【任务工单】

工单内容

【课业评价及措施】

评价项目(共100分)	评价分值	整改措施
课业完成情况(40分)		
课业完成质量(60分)		
自评成绩		

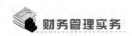

项目六 营运资金管理

学习目标

※ 掌握营运资金的含义与特点
※ 理解现金的持有动机与成本
※ 理解应收账款的功能与成本
※ 理解存货的功能与成本

技能目标

※ 能根据企业实际情况确定最佳现金持有量
※ 能根据企业实际情况确定存货经济批量

任务描述

随着信息技术的发展，电子化的支付方式越来越方便快捷，你出门还会携带现金吗？带多少合适呢？你会如何进行权衡？对于企业来说也是一样的，要对流动资产特别是现金的持有和存货的储备进行利弊权衡，确定一个最佳持有数量。由于市场竞争越来越激烈，企业为了吸引客户还会采用赊销方式进行交易，并会给予客户现金折扣，这些都是企业所制定和实施的信用政策，那么到底应该制定和实施什么样的信用政策对企业才是有利的呢？只有经过测算，才能做到心中有数。

项目导图（图6-1）

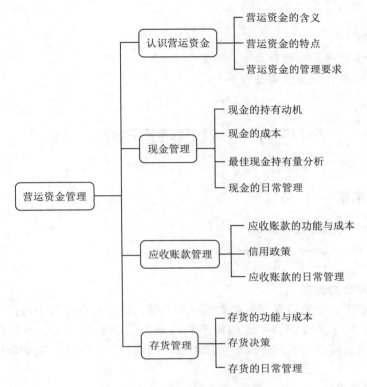

图6-1 营运资金管理思维导图

课前自主学习空间

【案例导入】

某集团的现金管理

某集团是由某电力集团有限公司独家发起、整体改制后以募集方式设立的股份有限公司，注册资本为3.5亿元人民币，主要经营电力、煤炭、油品、天然气、新能源等业务，经过多年发展取得了良好的经营业绩。

目前，集团旗下共有8家子公司，分布在国内多个省市。其中，1家子公司为全资子公司，另外7家子公司均为控股子公司。集团的现金由财务部统一管理，集团并没有分设独立的资金管理部门，资金管理职能仍存在于财务部之中。财务部的主要职能是负责制订企业资金及投资的中长期规划、会计核算管理、资金管理和调度、投资项目的财务审核、参与投资评价等。财务部下设会计、资金、投资三个职能岗位。

集团除了通过建立现金池来对集团的资金进行统一调配以保持合理的资金头寸外，同样在其内部建立了一套资金使用预算——监控流程。在日常的流动性管理中，集团以季度资产负债会议为基础，在保证各项业务的资金需求的前提下，合理控制备付水平，提高整体资产配置的收益水平，并确保符合监管部门的监管比例。基于银企双方的利益需要，同时为了确保集团的正常运行，银行建议集团现金池至少保持 3 亿元的资金量。

■ **思考与讨论：**

1. 企业持有现金的动机和成本分别是什么？
2. 如何计算最佳现金持有量？

案例解析

任务一 认识营运资金

关键术语

※ 流动资产（Current Assets）
※ 流动负债（Current Liabilities）

一、营运资金的含义

营运资金是指企业流动资产与流动负债的差额，即企业在经营中可供运用、周转的流动资金净额。对于企业而言，流动资产和流动负债的变化，都会引起营运资金的变动。例如，当流动资产不变时，流动负债增加，则营运资金减少；流动负债减少，则营运资金增加。

（一）流动资产

流动资产是指可以在一年内或超过一年的一个营业周期内变现或耗用的资产。根据资产具体形态的不同，流动资产可分为货币资金、交易性金融资产、应收账款、存货等项目。企业持有一定数量的流动资产是其进行正常生产经营活动的基本物质条件，但相对而言流动资产的盈利能力比较弱。因此，流动资产必须保持在一个合理的水平上，过高可能会降低企业的投资回报率，过低则可能会影响企业的正常生产经营。流动资产一般具有以下特点：

（1）流动资产周转速度快，变现能力强。企业投资于流动资产的资金一般在一年内或一个营业周期内收回，相对于非流动资产，其周转速度较快；此外，流动资产容易变卖和转让，而且在变卖或转让过程中其价值一般不会遭受较大损失，因此流动资产的变现能力比较强。企业拥有较多的流动资产，可在一定程度上降低财务风险。

（2）流动资产的占用形态具有变动性。流动资产循环与生产经营周期具有一致性，经过采购、生产、销售三个阶段，其占用形态按现金、材料、在产品、产成品、应收账款的顺序不断循环转化；生产经营周期决定着流动资产的循环时间，而流动资产周转又综合反映了企业的供、产、销全过程。

（3）流动资产的占用数量具有波动性。流动资产随着供、产、销的变化而时高时低，受市场供求变化和季节性因素的影响较大，并且流动资产的来源具有灵活多样性，筹集流动资产也比较容易，因此流动资产的数量会时高时低，波动会比较大。

（二）流动负债

流动负债是指需要在一年内或超过一年的一个营业周期内偿还的债务。流动负债又称短期融资，具有成本低、偿还期短的特点，必须认真进行管理。流动负债按不同标准可进行不同分类，具体包括短期借款、应付账款、应付票据、预收账款、其他应付款等项目。流动负债的管理在前面章节已经作了相关的介绍，本章主要侧重于流动资产管理。

由于营运资金等于流动资产减去流动负债，因此如果营运资金多，则意味着企业总体资产的变现能力强，承担的风险较小，但低风险意味着低收益；相反，如果营运资金少，则说明企业总体资产的变现能力弱，承担的风险较大，但高风险意味着高收益。企业需要在风险和收益之间进行权衡，从而将营运资金的数量控制在一定的范围内。

二、营运资金的特点

从营运资金的含义出发，综合流动资产与流动负债的特点，可总结出营运资金有以下几个特点。

（一）营运资金的周转具有短期性

企业投资在流动资产上的资金，周转一次所需时间较短，通常会在一年内或一个营业周期内收回，对企业影响的时间较短。根据这一特点，营运资金可以采用商业信用、银行短期借款等筹资方式加以解决。

（二）营运资金的实物形态具有易变现性

交易性金融资产、应收账款、存货等流动资产一般具有较强的变现能力，如果遇到意外情况，企业出现资金周转不灵、现金短缺时，便可迅速变卖这些资产，以获取现金。这对财务上应对临时性资金需求具有重要意义。

（三）营运资金的数量具有波动性

流动资产的数量会随企业内外条件的变化而变化。季节性企业如此，非季节性企业亦如此。随着流动资产数量的变动，流动负债的数量也会发生相应变动。

（四）营运资金的来源具有灵活多样性

企业筹集长期资金的方式一般较少，只有吸收直接投资、发行股票、发行债券、银行长期借款等。而企业筹集营运资金的方式却灵活多样，通常有银行短期借款、短期融资券、商业信用、应交税费、应付股利、应付职工薪酬、应付费用、预收货款、票据贴现等。

三、营运资金的管理要求

（1）认真分析生产经营状况，合理确定营运资金的需要数量。企业营运资金的变动与企业的供、产、销过程相一致，因此营运资金的需要数量会随企业的生产经营活动变化。当企业产销两旺时，流动资产会不断增加，流动负债也会相应增加；而当企业产销量不断减少时，流动资产和流动负债也会相应减少。企业必须根据实际生产经营情况，合理测算营运资金的需要数量。

（2）在保证生产经营需要的前提下，节约使用资金。在营运资金管理中，企业必须正确处理生产经营需要和节约使用资金二者之间的关系。企业要在保证生产经营需要的前提下，遵守勤俭节约的原则，精打细算地使用资金。

(3) 加速营运资金周转，提高资金利用率。营运资金周转是指企业的营运资金从现金投入生产经营开始，到最终卖出产品转化为现金的过程。在其他因素不变的情况下，加速营运资金的周转，也就相应地提高了资金利用率。

(4) 合理安排流动资产与流动负债的比例关系，保证企业有足够的短期偿债能力。流动资产、流动负债及二者之间的关系能较好地反映企业的短期偿债能力。

> **小讨论** 营运资金有哪些特点？

任务二　现金管理

关键术语

※ 交易动机（Transaction Motive）
※ 预防动机（Precautionary Motive）
※ 持有成本（Holding Cost）
※ 转换成本（Switching Cost）

现金的含义有广义和狭义之分。狭义的现金是指企业财务部门的库存现金或现钞。广义的现金是指货币资金，是企业流动性最强的资产，包括库存现金、银行存款、银行本票、银行汇票等。本任务是针对广义现金的分析。

一、现金的持有动机

（一）交易动机

企业为了应对日常经营交易而需要保持的现金支付能力，如购买原材料、支付工资、缴纳税款等。一般来说，企业为满足交易动机所持有的现金余额主要取决于企业的销售水平，企业销售水平提高，销售收入增加，所需现金余额也随之增加。

（二）预防动机

企业为了应对紧急情况而需要保持的现金支付能力。预防动机对企业的现金持有量有较大的影响。一般情况下，自然灾害、经营事故等都会打破企业的现金收支计划，持有较多的现金可以更好地解决此类突发问题。企业为应对紧急情况所持有的现金余额主要取决于以下三个方面的因素：

(1) 企业愿意承担的风险程度。企业愿意承担的风险越大，为应付紧急情况而持有的现金量就越少；反之，为应付紧急情况而持有的现金量就越多。

(2) 企业临时举债能力的强弱。企业临时举债能力越强，为应付紧急情况而持有的现金量就越少；反之，为应付紧急情况而持有的现金量就越多。

(3) 企业对未来现金流量预测的可靠程度。企业对未来现金流量预测越可靠，为应付紧急情况而持有的现金量就越少；反之，为应付紧急情况而持有的现金量就越多。

(三)投机动机

企业为了能利用潜在获利机会而需要保持的现金支付能力。这种投资机会相对而言时间短、收益高。例如,利用原材料的价格波动,低买高卖进行获利。

由于各种动机所需现金之间可以调剂使用,因此企业持有的现金总量并不等于各种动机所需的现金余额的简单相加,前者通常小于后者。另外,上述各种动机所需保持的现金,并不要求必须是货币形态,也可以是能够随时变现的有价证券及能够随时转换成现金的其他各种存在形态,如可随时借入的银行信贷资金等。

二、现金的成本

(一)管理成本

管理成本是指企业在持有现金过程中发生的管理费用。这部分费用具有固定成本的性质,它在一定范围内与现金持有量的多少关系不大,是决策无关成本。

(二)机会成本

机会成本是指企业因持有现金而放弃再投资收益的成本。它属于变动成本,与现金持有量成正比关系。例如,某企业持有 200 万元现金,若投资于证券,可获得 10% 的收益,因此企业放弃的 20 万元再投资收益便属于 200 万元现金的持有成本。

(三)转换成本

转换成本是指企业用现金购入有价证券及转让有价证券换取现金时付出的交易费用,即现金同有价证券之间相互转换的成本,如委托买卖佣金、委托手续费、证券过户费、实物交割手续费等。在证券总额既定的条件下,无论变现次数怎样变动,所需支付的委托成交金额都是相同的,因此,那些依据委托成交额计算的转换成本与证券变现次数关系不大,属于决策无关成本,这样与证券变现次数密切相关的转换成本便只包括其中的固定交易费用。这样固定性转换成本与证券变现次数成线性关系,持有证券总额越大,变现次数越少,企业所负担的固定性转换成本也越少。

(四)短缺成本

短缺成本是指现金持有量不足,又无法及时通过有价证券变现加以补充而给企业造成的损失,包括直接损失与间接损失。例如,失去购买机会、造成信用损失、得不到现金折扣等。

三、最佳现金持有量分析

(一)现金周转模型

现金周转模型是从现金周转的角度出发,根据现金的周转速度来确定最佳现金持有量的方法。现金的周转速度一般用现金周转期或周转率来衡量。现金周转期是指从现金投入生产经营开始,到最终销售产品收回现金所花费的时间。这个过程主要包括以下三个周转期:

(1)存货周转期:将原材料转化成产成品并出售所需要的时间。

(2)应收账款周转期:将应收账款转换为现金所需要的时间,即从产品销售到收回现金的期间。

(3)应付账款周转期:从收到尚未付款的材料开始到用现金支付所欠款项所用的时间。

现金周转期、现金周转率和最佳现金持有量的计算公式为

现金周转期=存货周转期+应收账款周转期–应付账款周转期

现金周转率（次数）= 360/现金周转期

最佳现金持有量=预测期全年现金需要量/现金周转率

【例6-1】 某企业预测期全年现金需要量为2 000万元，预计存货周转期为100天、应收账款周转期为60天、应付账款周转期为70天，试计算该企业的最佳现金持有量。

【解析】 现金周转期=100+60−70=90（天）

现金周转率=360/90=4（次）

最佳现金持有量=2 000/4=500（万元）

（二）成本分析模型

成本分析模型是根据现金的相关成本，分析预测总成本最低时现金持有量的方法。运用成本分析模型确定最佳现金持有量时，只考虑因持有一定量的现金而产生的机会成本、短缺成本和管理费用，而不考虑转换成本。即机会成本、短缺成本和管理费用之和构成了企业持有现金的总成本，总成本的最小值所对应的现金持有量就是最佳现金持有量。持有现金的机会成本为现金持有量与有价证券收益率的乘积，所以机会成本与现金持有量成正比；短缺成本与现金持有量成反比；管理费用具有固定成本的属性，不随现金持有量变化。现金的相关成本之间的关系如图6-2所示。

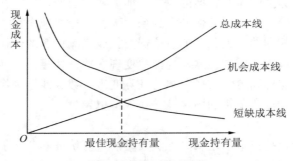

图6-2 成本分析模型

从图6-2可以看出，总成本线呈抛物线形，抛物线的最低点即为总成本线的最低点，其所对应的现金持有量便是最佳现金持有量。在运用该模型时，具体的操作步骤如下：

(1) 根据各种可能方案的现金持有量测算与确定有关成本值。

(2) 根据上一步的结果计算每种可能方案的总成本。

(3) 找出总成本最低的现金持有量，即最佳现金持有量。

【例6-2】 某企业有以下三种现金持有方案，其所对应的成本资料如表6-1所示。试确定该企业的最佳现金持有量。

表6-1　三种现金持有方案相关成本表　　　　　　　　　单位：万元

项目	A方案	B方案	C方案
现金持有量	1 000	2 000	3 000
机会成本率	10%	10%	10%
管理费用	100	100	100
短缺成本	600	400	200

【解析】　根据表6-1测算出三种方案的总成本：
A方案总成本＝1 000×10%＋100＋600＝800（万元）
B方案总成本＝2 000×10%＋100＋400＝700（万元）
C方案总成本＝3 000×10%＋100＋200＝600（万元）
因此，该企业应选择C方案，最佳现金持有量为600万元。

（三）存货模型

存货模型来源于存货经济批量模型，利用存货经济批量模型可以确定最佳现金持有量。存货模型的基本原理是将企业的现金持有量与有价证券联系起来，即对企业现金的机会成本和转换成本进行权衡，以求得两者相加总成本最低时的现金持有量。存货模型不考虑短缺成本和管理成本，因为当持有现金不足时，企业可以出售有价证券，所以不存在短缺成本；而管理成本在相关范围内固定不变，不是决策变量。

如果增加现金持有量，则持有现金的机会成本增加，但证券变现次数减少，转换成本减少；而减少现金持有量可以降低持有现金的机会成本，但证券变现次数增加，转换成本也相应增加。因此，确定最佳现金持有量，就是要在权衡机会成本与转换成本的过程中找到使二者之和最小的现金持有量。

假设 T 为一个周期内现金的总需求量，F 为每次的转换成本，K 为有价证券的投资收益率，Q 为现金持有量，TC 为现金总成本（机会成本与转换成本之和），则

$$TC = Q/2 \times K + T/Q \times F$$

对 TC 求一阶倒数，得

$$\frac{dTC}{dQ} = \frac{K}{2} - \frac{TF}{Q^2}$$

令 $\frac{dTC}{dQ} = 0$，则可得

$$(Q/2)K = (T/Q)F$$

即当机会成本等于转换成本时，现金总成本最低，从而可得最佳现金持有量为

$$Q = \sqrt{\frac{2TF}{K}}$$

有价证券的转换次数为

$$\frac{T}{Q} = \sqrt{\frac{TK}{2F}}$$

【例6-3】　某企业全年现金需要量为1 000万元，现金与有价证券的转换成本为每

次 2 万元，有价证券的利率为 10%。试计算该企业的最佳现金持有量。

【解析】 由 $Q=\sqrt{\dfrac{2TF}{K}}$ 可得，$Q=\sqrt{\dfrac{2\times1\,000\times2}{10\%}}=200$（万元）。

四、现金的日常管理

对现金进行日常管理的目标主要是合理确定现金持有量，使现金收支不仅在数量上，而且在时间上都能够进行有效的衔接，在保证企业正常生产经营需要的前提下，尽量减少闲置现金的数量，提高资金收益率。因此，必须加强现金管理。

（1）加速收款。为了提高现金的使用效率，加快现金周转速度，企业应尽量加速收款。如果现金折扣在经济上可行，应尽量采用，以加速收回账款。

（2）控制现金支出。企业要尽可能地延缓现金的支出时间。当然，这种延缓必须是合理、合法的，并且不会影响企业信誉，否则，企业延期支付所带来的效益必将远小于为此而遭受的损失。企业可采用汇票付款，只要不是"见票即付"的付款方式，在受票人将汇票送达银行后，银行还要将汇票送交付款人承兑，并由付款人将一笔相当于汇票金额的资金存入银行后，银行才会付款给受票人，这样就有可能合法地延期付款。

（3）合理利用"浮游量"。所谓现金浮游量，是指企业账上的现金余额与银行账上的存款余额之间的差额。有时，企业账上的现金余额已为零或负数，而银行账上该企业的存款余额还有很多。这是因为企业已开出的付款票据，银行尚未付款出账，而形成未达账项。对于这部分现金浮游量，企业可以根据历年的资料进行合理的分析预测，有效地加以利用，从而节约大量现金。

（4）加强闲置现金管理。企业在筹集资金和经营业务时会取得大量的现金，这些现金在用于资本投资或其他业务活动之前，通常会闲置一段时间。企业可将这些现金用于流动性强、风险低、交易期限短且变现及时的投资，以获取更多的利益。企业现金管理的目的首先是保证日常生产经营的现金需求，其次才是使这些现金获得最大的收益。也就是说，企业首先应重视现金支付能力，即流动性，其次才是考虑现金的收益性。

▶ 小讨论 如何确定企业的最佳现金持有量？

任务三 应收账款管理

关键术语

※ 应收账款（Accounts Receivable）
※ 信用政策（Credit Policy）

应收账款是指企业因销售产品、提供劳务等经营活动，应向购货单位或接受劳务单位收取的款项。在市场经济条件下，企业之间互相提供商业信用的行为是非常普遍的，应收账款也在企业流动资产中占了相当大的比例。

应收账款产生的原因主要有两个：① 商业竞争。为了扩大销售、在激烈的市场竞争中获胜，企业不得不以赊销或其他优惠方式招揽顾客，于是就产生了应收账款。② 销售与收款的时间差。商品成交的时间和收到货款的时间不一致，也导致了应收账款的产生。

一、应收账款的功能与成本

（一）应收账款的功能

1. 增加销售

企业在销售产品时可以选择现销与赊销两种方式。在竞争日益激烈的市场经济条件下，促销已经成为企业增强产品竞争力的重要手段。此外，通过赊销的促销方式能为顾客提供方便，增强其购买力，从而扩大企业的销售规模，提高企业产品的市场占有率。

2. 减少存货

因为赊销是一种重要的促销手段，所以它可以加快产品销售，减少存货。企业通过赊销将产品转化为应收账款，而存货的减少可以降低跟存货相关的成本费用，节约各种开支，如存货储存成本、存货管理成本、保险费用等。

（二）应收账款的成本

应收账款的成本是指持有应收账款所付出的代价。应收账款的成本包括以下三个方面。

1. 机会成本

机会成本是指企业因将资金投放在应收账款上而不能进行其他投资所失去的收益。机会成本的大小通常与企业维持赊销业务所需的资金数量、资金成本率（一般按有价证券的利率来计算）有关。其计算公式为

应收账款的机会成本＝维持赊销业务所需资金×资金成本率（证券利率）

维持赊销业务所需资金＝应收账款平均余额×(变动成本÷销售收入)

＝应收账款平均余额×变动成本率

应收账款平均余额＝赊销收入净额÷应收账款周转率

应收账款周转率＝360÷应收账款周转期

即 应收账款的机会成本＝赊销收入净额÷应收账款周转率×变动成本率×资金成本率

【例6-4】 某企业预测的年度赊销收入净额为1 000万元，应收账款周转期为60天，变动成本率为60%，资金成本率为10%。试计算该企业应收账款的机会成本。

【解析】 应收账款的机会成本＝1 000÷(360÷60)×60%×10%＝10（万元）

维持赊销业务所需资金＝1 000÷(360÷60)×60%＝100（万元）

从以上计算结果可以看出，企业投放100万元的资金可维持1 000万元的赊销业务，相当于垫支资金的10倍。这个倍数在很大程度上取决于应收账款的周转期。一般情况下，应收账款周转期越短，收账天数越少，一定数量资金所维持的赊销额就越大；应收账款周转期越长，收账天数越多，维持相同赊销额所需的资金数量就越多。而应收账款的机会成本在很大程度上取决于企业维持赊销业务所需的资金数量。

2. 管理成本

管理成本是指对应收账款进行日常管理所耗费的开支，它是应收账款成本的重要组成部分，主要包括收账费用、调查客户资信情况的费用、收集各种信息的费用和应收账款的核算费用。

3. 坏账成本

应收账款是基于商业信用产生的，存在无法收回的可能性，由此给应收账款持有企业带来的损失，即为坏账成本。赊销额越大，应收账款越多，坏账成本越高。为了减少坏账给企业生产经营活动的稳定性带来的不利影响，企业一般会按应收账款的一定比例提取坏账准备。坏账成本的计算公式为

$$坏账成本 = 应收账款平均余额 \times 坏账损失率$$

二、信用政策

信用政策是企业财务政策的重要组成部分，又称应收账款政策。企业要管好、用好应收账款，就必须事先制定合理的信用政策。信用政策主要包括信用标准、信用条件和收账政策三个部分。

（一）信用标准

信用标准是指客户获得企业的商业信用所应具备的最低条件，通常用预期的坏账损失率来表示。客户如果达不到信用标准，就必须在较为苛刻的条件下购货。企业信用标准的高低直接影响企业的销售收入和利润。企业的信用标准高，就会减少企业的销售收入，减少占用在应收账款上的资金，减少应收账款的机会成本、管理成本和坏账成本；反之，企业的信用标准低，就会增加销售收入，减少存货，但同时也会增加应收账款的成本。企业应根据具体的情况进行权衡。企业确定信用标准的常见方法包括定性分析法和定量分析法。

1. 信用标准的定性分析

（1）同业竞争对手的情况。如果企业的竞争对手实力较强，则企业应制定相对较宽松的信用标准，这样才能不断提高市场占有率，增强在竞争中的优势；反之，如果企业的竞争对手实力较弱，则企业可以制定比较严格的信用标准，以减少坏账损失、降低收账费用和减少应收账款的机会成本。

（2）企业承担违约风险的能力。一般情况下，如果企业承担违约风险的能力较强，则可以制定比较宽松的信用标准，争取更多的客户，扩大销售；反之，则应尽量降低违约风险的程度，制定比较严格的信用标准。

（3）客户的资信情况。客户的资信情况通常可以从以下五个方面进行分析，简称"5C"评价法。这五个方面是：①品德能力。这主要是从客户以往的付款情况来确定。②偿债能力。这是指客户偿还到期债务的能力。对客户的偿债能力主要是从流动资产的质量和数量、现金持有水平等方面进行评价。③资本。这反映了客户的经济实力与财务状况的优劣，通常通过偿债能力指标分析。④担保品。这对于不知底细或信用状况有争议的客户尤为重要，一旦收不到这些客户的款项，可以用担保品抵补。⑤外部情况的影响。这主要指可能影响客户付款能力的经济环境。比如，万一出现经济不景气，会对客户的付款产生什么影响，客户会如何做，等等。这就需要了解客户在困难时

期的付款历史。

2. 信用标准的定量分析

对信用标准进行定量分析，旨在解决以下两个问题：一是确定客户拒付账款的风险，即坏账损失率；二是具体确定客户的信用等级，以作为给予或拒绝信用的依据。

3. 信用标准的选择

企业需要根据外部条件的变化，确定是否改变原有的信用标准和选择什么样的信用标准。决策的方法是比较信用标准改变前后的信用成本后收益选择信用成本后收益最大的信用标准。其计算公式为

信用成本前的收益＝年赊销额－变动成本

信用成本后的收益＝信用成本前的收益－信用成本

＝信用成本前的收益－机会成本－坏账损失－收账费用

（二）信用条件

信用条件是指企业要求客户支付赊销款项的条件，包括信用期限、折扣期限和现金折扣率。信用条件的基本表现方式为"5/20，n/90"，其含义为20天内付款，可享受价款5%的现金折扣；如果放弃现金折扣优惠，则全部款项必须在90天内付清。其中，20天为折扣期限，90天为信用期限，5%为现金折扣率。不同的信用条件会对企业产品的销售产生不同的影响。

1. 信用期限

信用期限是指企业允许客户从购货到支付货款的最长时间间隔。延长信用期限，可以在一定程度上增加销售量；但不适当地延长信用期限，则会使应收账款平均收账期延长，增加应收账款所占用的资金，从而使应收账款的机会成本增加；而且信用期限越长，坏账风险也越大，会增加坏账损失及收账费用，给企业带来不良影响。因此，企业考虑改变信用期限时，应该权衡改变信用期限所能获得的收益与所增加的成本。

2. 现金折扣率及折扣期限

现金折扣率是企业为了鼓励客户在一定时期内早日付款而在价格上给予一定的扣减比率。向客户提供这种价格上的优惠，主要目的在于吸引客户为享受优惠而提前付款，缩短企业的平均收账期。折扣期限是企业为客户规定的可享受现金折扣的付款时间。折扣期限越短，现金折扣率越大；反之，现金折扣率越小。

3. 信用条件的选择

信用条件的选择与信用标准的选择相似，即比较不同信用条件下的信用成本后收益，选择信用成本后收益最大的信用条件。其计算公式为

信用成本前的收益＝年赊销额－变动成本

信用成本后的收益＝信用成本前的收益－信用成本

＝信用成本前的收益－机会成本－坏账损失－收账费用－现金折扣

【例 6-5】 某企业预测的年度赊销收入净额为 1 000 万元，变动成本率为 60%，资金成本率为 10%，现有两种备选收账政策，如表 6-2 所示。试计算两种收账政策的总成本，并选择合适的收账政策。

表 6-2　两种收账政策对照表

项目	收账政策 A	收账政策 B
年赊销收入净额/万元	1 000	1 000
平均收账期/天	30	60
坏账损失率	2%	3%
年收账费用/万元	10	20

【解析】　收账政策 A：

应收账款的机会成本＝赊销收入净额÷应收账款周转率×变动成本率×资金成本率

$$= 1\,000 \div (360 \div 30) \times 60\% \times 10\%$$

$$= 5（万元）$$

应收账款的坏账成本＝1 000×2%＝20（万元）

应收账款的总成本＝5+20+10＝35（万元）

收账政策 B：

应收账款的机会成本＝赊销收入净额÷应收账款周转率×变动成本率×资金成本率

$$= 1\,000 \div (360 \div 60) \times 60\% \times 10\%$$

$$= 10（万元）$$

应收账款的坏账成本＝1 000×3%＝30（万元）

应收账款的总成本＝10+30+20＝60（万元）

根据以上计算结果，收账政策 A 的总成本更低，应选择收账政策 A。

(三) 收账政策

收账政策是指信用条件被违反时企业所采取的收账策略。收账政策中的一个重要因素是收账费用。一般来说，在其他情况不变时，增加收账费用，应收账款及坏账损失都会减少。企业的收账程序一般为：① 信函通知；② 电话催收；③ 派员面谈；④ 法律行动。对于故意拖欠的客户，需要确定合理的讨债方法，以达到收回账款的目的。如果客户确实遇到暂时困难，经过努力可以东山再起，可帮助客户渡过难关，以便收回较多的账款，且与客户保持良好的协作关系。如果客户遇到严重困难，已达破产界限，无法恢复活力，应及时向法院起诉，以期在破产清算时得到债权的部分清偿。

一般情况下，企业如果采用较积极的收账政策，则可能会减少应收账款，减少坏账损失，但会增加收账费用；如果采用较消极的收账政策，则可能会增加应收账款，增加坏账损失，但会减少收账费用。一般而言，收账费用支出越多，坏账损失越少，但这两者并不一定存在线性关系。通常，开始花费一些收账费用，应收账款和坏账损失有小部分减少；收账费用继续增加，应收账款和坏账损失明显减少；收账费用达到某一限度以后，应收账款和坏账损失的减少就不再明显了，这个限度称为饱和点。在制定信用政策时，企业应权衡增加收账费用与减少应收账款的机会成本和坏账损失之间的得失。

三、应收账款的日常管理

(一) 企业的信用调查

对客户的信用进行评价是应收账款日常管理的重要内容。只有正确地评价客户的信用,才能合理地执行企业的信用政策。企业要想合理地评价客户的信用,就必须对客户的信用进行调查,搜集有关的信息资料。企业可采用直接调查法和间接调查法来搜集有关的信用资料。直接调查法是调查人员与被调查客户接触,通过当面采访、询问、观看、记录等方式获取信用资料;间接调查法是通过对被调查客户或其他有关单位的相关原始记录和核算资料进行加工整理,以获取信用资料。

(二) 应收账款账龄分析

应收账款账龄分析就是考察研究应收账款的账龄结构。所谓应收账款的账龄结构,是指各账龄应收账款的余额占应收账款总计余额的比重。企业可以从应收账款的账龄结构中明确应收账款的分布和拖欠情况,从而有助于企业加强对应收账款的管理。

(三) 应收账款收现保证率管理

应收账款收现保证率指标反映了企业既定会计期间预期现金支付数量扣除各种可靠、稳定的现金来源后的差额,必须通过应收账款有效收现予以弥补的最低保证程度。应收账款未来是否会发生坏账损失对企业并非最为重要,更为关键的是实际收现的账项能否满足同期必需的现金支付要求,特别是满足具有刚性约束的纳税债务及偿付不得展期或调换的到期债务的需要。

(四) 建立应收账款坏账准备制度

无论企业采用什么样的应收账款政策,无论企业如何加强应收账款的日常管理,只要存在应收账款,坏账损失的发生就无法避免。

一般来说,出现以下两种情况之一时,企业应确定坏账损失:

(1) 债务人破产或死亡,以其破产财产或遗产清偿后,仍不能收回的应收账款。

(2) 债务人逾期未履行偿债义务,且有明显特征表明无法收回的应收账款。

小讨论 企业应该如何确定信用政策?

任务四 存货管理

关键术语

※ 存货(Inventory)
※ 经济批量(Economic Order Quantity)

存货是指企业在日常活动中持有以备出售的产成品或商品、处在生产过程中的在产品、在生产过程或提供劳务过程中耗用的材料或物料等,包括各类材料、在产品、半成品、产成品、库存商品及包装物、低值易耗品、委托加工物资等。存货在流动资产中所占的比重较大,因此存货管理水平的高低对企业的生产经营会产生重要的影响。

一般情况下,企业的存货包括三类:一是在正常经营过程中存储以备出售的存货。这是指企业在正常经营过程中处于待销状态的各种物品,如工业企业的库存产成品及商品流通企业的库存商品。二是为了最终出售正处于生产加工过程中的存货。这是指为了最终出售目前处于生产加工过程中的各种物品，如工业企业的在产品、自制半成品、委托加工物资等。三是为了生产供销售的商品或提供服务以备消耗的存货。这是指企业为生产产品或提供劳务而储备的各种原材料、燃料、包装物、低值易耗品等。

一、存货的功能与成本

（一）存货的功能

存货在企业生产经营过程中所具备的功能，主要表现在以下几个方面。

1. 防止停工待料

适量的原材料存货和在产品、半成品存货是企业生产正常进行的前提与保障。适量的存货能有效防止停工待料事件的发生，维持生产的连续性。

2. 适应市场变化

存货储备能增强企业在生产和销售方面的机动性及适应市场变化的能力。企业若有足够的库存产成品，便能在客户需要时有效地供应；相反，若企业某种畅销产品的库存不足，则企业将会错失目前的或未来的推销良机，并有可能因此失去客户。此外，在发生通货膨胀时，适当地增加原材料库存，能使企业获得物价上涨带来的好处。

3. 降低进货成本

企业如果零星采购材料，其价格往往较高；而如果批量集中进货，一般可获得较多的商业折扣。企业可以确定合理的经济批量，分批购入，以降低采购费用支出。当企业采用大批量购货方式时，购货成本会减少，储存费用会增加，但是只要购货成本的减少额大于由存货增加导致的储存等各项费用的增加额，便是可行的。

4. 维持均衡生产

对于生产季节性产品的企业，其生产所需原材料的供应也具有季节性。为了实行均衡生产，降低生产成本，这些企业就必须适当储备一定的半成品存货或保持一定的原材料存货，否则按照季节变动组织生产时，难免会出现忙时超负荷运转而闲时生产能力又得不到充分利用的情形，这将导致生产成本的增加。其他企业在生产过程中，其生产水平同样会因为各种原因发生的变化，拥有合理的存货可以缓冲这种变化对企业生产活动及获利能力的影响。

（二）存货的成本

虽然存货具有以上功能，但是这并不意味着存货越多越好。当存货增加时，企业也会因存货而发生一定的成本支出，这些支出就是存货成本。存货成本包括进货成本、储存成本和缺货成本三个部分。

1. 进货成本

进货成本是指存货的取得成本，主要由采购成本和进货费用两个方面构成。采购成本又称购置成本，是指存货本身的价值，在数量上等于采购单价乘以采购数量。进货费用又称订货成本，是指企业为组织进货而开支的费用，如办公费、差旅费、邮电费、运输费、检验费等。

2. 储存成本

企业为持有存货而发生的费用即为存货的储存成本。储存成本可以按照与储存数量的关系分为变动性储存成本和固定性储存成本两类。其中,固定性储存成本与存货储存数量的多少没有直接关系,如仓库折旧费、仓库职工的固定月工资等;变动性储存成本则随着存货储存数量的增减成正比例变动,如存货资金的应计利息、存货残损和变质损失、存货保险费用等。

3. 缺货成本

缺货成本是指因存货不足而给企业造成的损失,包括材料供应中断造成的停工损失、成品供应中断导致延误发货的信誉损失、丧失销售机会的损失等。缺货成本因其计量十分困难常常不予考虑,但如果缺货成本能够准确计量,企业又允许缺货,那就需要在存货决策中考虑缺货成本。

> **小讨论** 存货成本主要包括哪些?

二、存货决策

(一)存货经济批量模型

1. 存货经济批量的含义

存货经济批量是指能够使一定时期存货的总成本达到最低点的进货数量。决定存货经济批量的成本因素主要包括变动性进货费用、变动性储存成本及允许缺货时的缺货成本。不同的成本项目与进货批量呈现不同的变动关系,当进货批量大时,储存成本会增加,但是在进货总量既定的前提下,进货次数会减少,从而进货费用会减少,同时由于库存多,缺货成本会减少。因此,存在一个最佳的进货批量,使存货的总成本保持在最低水平。

2. 存货经济批量模型的基本假设

(1)企业一定时期的进货总量可以较为准确地预测(年需要量可确定)。
(2)存货的耗用或销售比较均衡。
(3)存货的价格稳定,且不存在数量折扣。
(4)进货日期完全由企业自行决定,且每当存货量降为零时,下一批存货能马上到位。
(5)仓储条件及所需现金不受限制。
(6)不允许出现缺货情形。
(7)所需存货市场供应充足,不会因买不到所需存货而影响其他方面。

3. 存货经济批量的基本模型

在满足上述假设的条件下,由于不存在数量折扣,采购成本则属于无关成本;由于不允许出现缺货,缺货成本也属于无关成本。此时,与存货进货批量相关的成本只有变动性进货费用和变动性储存成本。假设 A 为存货总需要量,B 为每次进货费用,C 为单位储存成本,Q 为每次进货批量,TC 为存货相关总成本。

$$相关进货费用 = 年进货次数 \times 每次进货费用 = (A/Q) \times B$$

$$相关储存成本 = 年平均库存 \times 单位储存成本 = (Q/2) \times C$$

$$存货相关总成本 = 相关进货费用 + 相关储存成本$$

$$TC = (A/Q) \times B + (Q/2) \times C$$

$$存货经济批量(Q) = \sqrt{2AB/C}$$

根据存货经济批量的计算公式，可推导出

$$经济批量的存货总成本（TC）=\sqrt{2ABC}$$

$$最佳订货次数（N）=A/Q$$

【例6-6】 某企业每年需耗用某材料10 000件，该材料的采购单价为10元，单位储存成本为2元，平均每次的进货费用为400元。试确定经济批量、订货次数和存货总成本。

【解析】 $Q=\sqrt{\dfrac{2\times10\,000\times400}{2}}=2\,000$（件）

$N=10\,000/2\,000=5$（次）

$TC=\sqrt{2\times10\,000\times400\times2}=4\,000$（元）

（二）实行数量折扣的经济批量模型

在实行数量折扣的条件下，存货的采购成本与进货数量的大小有直接联系，属于决策相关成本。企业在确定进货批量时，除了应考虑变动性进货费用和变动性储存成本外，还应考虑存货的进价成本。假设存货的采购单价为 P。

$$采购成本=年需要量\times 单价=A\times P$$

$$相关进货费用=年进货次数\times 每次进货费用=(A/Q)\times B$$

$$相关储存成本=年平均库存\times 单位储存成本=(Q/2)\times C$$

$$存货相关总成本=相关进货费用+相关储存成本+采购成本$$

【例6-7】 假设在【例6-6】中，一次性订购超过5 000件，可获得2%的商业折扣，此时应该如何做出购买决策？

【解析】（1）按【例6-6】中确定的经济批量（2 000件）采购时的存货总成本

=采购成本+经济批量下的存货总成本

=10 000×10+4 000

=104 000（元）

（2）按享受商业折扣的最低批量（5 000件）采购时的存货总成本

=采购成本+年储存成本+年进货费用

=10 000×10×(1−2%)+2×5 000/2+400×10 000/5 000

=103 800（元）

通过两种进货批量的成本计算可知，应选择商业折扣，一次性采购5 000件，这样可以节约200元的成本。

（三）再订货点分析

再订货点是订购下批货时本批存货的储存量。它的大小取决于订货提前期的长短和平均每天正常用量的多少。订货提前期是指从发出订货单到存货运抵企业验收入库所用的时间。一般情况下，企业很难做到当存货库存降到零时再立刻补足。因此，不能等到存货全部用完再去订货，而需要确定再订货点，在存货用完之前就提前订货。

$$再订货点=平均每天正常用量\times 订货提前期$$

【例6-8】 某企业每日需消耗原材料1 000件，订货提前期为3天，试求再订货点。

【解析】 再订货点＝1 000×3
           ＝3 000（件）

三、存货的日常管理

（一）存货储存期控制

从管理的有效性角度分析，当储存的存货增加时，一方面会增加企业的资金占用，另一方面还会增加相应的储存管理费。此外，如果外部经济环境发生变化，还会带来产品滞销的损失。因此，企业应尽量缩短存货的储存时间，加速存货周转，加强对存货储存期的管理与控制，从而提高存货的管理水平。

（二）存货保险储备

由于市场环境变化多端，原材料和产品的供求会受到某些不确定因素的影响，如果企业完全按照经济批量和再订货点发出订单，当存货用量突然增加或到货发生延迟时，就会带来缺货或供应中断的损失。因此，为了防止这些损失的发生，企业就需要在正常存货储备的基础上，增加一些存货储备以备应急之用，即需要建立保险储备。保险储备是指企业为防止耗用突然增加或交货延期等意外情况而进行的储备。其计算公式为

保险储备量＝（预计每天最大用量－平均每天正常用量）×订货提前期

企业有保险储备时的再订货点的计算公式为

再订货点＝平均每天正常用量×订货提前期＋保险储备量

（三）存货 ABC 分类管理

ABC 分类管理就是把存货划分成 A、B、C 三大类，其目的在于使企业分清主次、突出重点、兼顾一般，对存货占用资金进行有效的管理。其分类标准主要有两个：一个是金额标准；另一个是品种数量标准。其中金额标准是最基本的。一般，A 类存货品种数少但占用资金多，其品种数占全部存货总品种数的 5%～20%，而其金额占全部存货总金额的 60%～80%；B 类存货的品种数占全部存货总品种数的 20%～30%，其金额占全部存货总金额的 15%～30%；C 类存货的品种数占全部存货总品种数的 60%～70%，其金额占存货总金额的 5%～15%。

A 类存货：应予以重点管理。应按品种或规格分别科学地计算出各存货的经济订货批量，作为采购的重要参考。定期对库存量进行检查（通常每月检查一次），采取严格的存货控制。例如，加强交货期的控制，加强保管和盘点，实行限额发料，对存货的收、发、存应有详细记录等，既要满足生产经营的需要，又要考虑采购和存货的经济性。

B 类存货：对 B 类存货的经济批量可以每三个月、半年或一年才调整一次，其保险储备量可比 A 类存货定得低一些。可以采用中等储备、普通管理的方法给予适中的管理，即按存货大类予以控制。

C 类存货：对存货中为数众多、单位价值又很小的 C 类存货的经济批量可以每年才调整一次。可以采用一些较为简便的方法，对其进行总量控制和管理。

（四）存货归口分级管理

存货归口分级管理又称存货归口分级管理责任制，是一种集中统一领导与分级管理相结合、专业管理与全员管理相结合、责权利相结合的制度。存货归口分级管理具体包括以下内容：

（1）归口管理。它是指在存货资金统一规划使用的基础上，按照谁使用谁就管理资金的原则，将存货按类别归口，由有关使用部门管理。例如，由供应部门管理原材料、辅助材料、燃料等，由生产部门管理在产品、自制半成品，由销售部门管理产成品，由设备动力部门管理零配件、工具用具等。

（2）分级管理。它是指在存货归口管理的基础上，按照资金管理与实物管理相结合的原则，将存货资金管理指标层层分解，落实到责任单位和个人。在明确管理责任和权限的基础上，应按规定的标准合理考核并根据考核结果给予奖惩，使责权利相结合，并调动全体员工管好、用好存货资金。

企业的财务部门是管理存货资金的专职部门，在实行存货归口分级管理时，应在经营者的领导下，协助有关部门做好存货资金预算的编制工作，制定存货控制制度和相应的考核奖惩办法，以便促进企业存货资金的合理运用。

【项目小结】

本项目主要介绍了营运资金的含义及特点、现金的持有动机与成本、应收账款的信用政策、存货管理模型等知识。营运资金是流动资产与流动负债的差额，其周转具有短期性、实物形态具有易变现性、数量具有波动性、来源具有灵活多样性。现金的持有动机主要有交易动机、预防动机和投机动机；现金的成本包括管理成本、机会成本、转换成本和短缺成本；最佳现金持有量的确定可以运用现金周转模型、成本分析模型和存货模型。应收账款的信用政策包括信用标准、信用条件和收账政策。存货经济批量是指能够使一定时期存货的总成本达到最低点的进货数量；在存货经济批量的基本模型中，考虑的成本只有变动成本，包括变动性进货费用、变动性储存成本，且不允许出现缺货；存货的日常管理包括存货储存期控制、存货保险储备、存货 ABC 分类管理和存货归口分级管理。

课后自主学习空间

【职业能力训练】

一、单选题

1. 广义的现金不包括（　　）。
   A. 库存现金　　　　B. 银行存款　　　　C. 银行本票　　　　D. 长期投资
2. 企业基于现金的交易动机所持有的现金数量主要取决于（　　）。
   A. 企业的销售能力　　　　　　　　　　B. 企业的偿债能力
   C. 企业的生产能力　　　　　　　　　　D. 企业的支付能力
3. 营运资金的特点不包括（　　）。
   A. 周转时间长　　　　　　　　　　　　B. 实物形态具有易变现性
   C. 数量具有波动性　　　　　　　　　　D. 来源具有灵活性
4. 因现金持有量不足而给企业带来的损失属于（　　）。
   A. 持有成本　　　　B. 转换成本　　　　C. 短缺成本　　　　D. 管理成本

5. 现金周转速度一般用（　　）来衡量。
A. 现金周转期　　　　　　　　　B. 存货周转期
C. 应收账款周转期　　　　　　　D. 应付账款周转期
6. 下列关于现金的存货模型的说法，正确的是（　　）。
A. 不考虑短缺成本　　　　　　　B. 不考虑机会成本
C. 不考虑转换成本　　　　　　　D. 考虑管理费用
7. 应收账款的成本不包括（　　）。
A. 机会成本　　B. 管理成本　　C. 坏账成本　　D. 转换成本
8. 企业将资金占用在应收账款上而放弃的其他用途可带来的收益属于（　　）。
A. 机会成本　　B. 管理成本　　C. 资金成本　　D. 坏账成本
9. 某企业现金周转期为90天，则其现金周转率为（　　）。
A. 3次　　　　B. 4次　　　　C. 5次　　　　D. 6次
10. 在存货ABC分类管理法中，对于品种数很少、金额占比很高的存货，应将其划分为（　　）。
A. A类　　　　B. B类　　　　C. C类　　　　D. BC类

二、多选题

1. 下列属于流动资产的有（　　）。
A. 库存现金　　　　　　　　　　B. 交易性金融资产
C. 银行汇票　　　　　　　　　　D. 定期存款
2. 现金的成本包括（　　）。
A. 机会成本　　B. 管理成本　　C. 转换成本　　D. 短缺成本
3. 企业应收账款的信用政策包括（　　）。
A. 信用标准　　B. 信用条件　　C. 信用期限　　D. 收账政策
4. 存货ABC分类管理的划分标准有（　　）。
A. 存货类别　　B. 存货体积　　C. 存货金额　　D. 存货品种数量
5. 存货的功能有（　　）。
A. 防止停工待料　B. 适应市场变化　C. 降低进货成本　D. 维持均衡生产

三、判断题

1. 当流动资产不变时，流动负债增加，则营运资金减少；流动负债减少，则营运资金增加。（　　）
2. 当企业产销两旺时，流动资产会不断增加，流动负债也会相应增加；而当企业产销量不断减少时，流动资产和流动负债也会相应减少。（　　）
3. 企业因持有现金而放弃再投资收益的机会成本，属于变动成本。它与现金持有量成正比例关系。（　　）
4. 运用成本分析模型确定现金最佳持有量，只考虑因持有一定量的现金而产生的机会成本、短缺成本和管理费用，而不考虑转换成本。（　　）
5. 为了保证正常生产，企业持有的现金越多越好。（　　）
6. 信用标准是企业接受赊销客户时要求客户具备的最高财务能力。（　　）

7. 只要实施积极的收账政策，就不会产生坏账损失。　　　　　　　　　（　　）
8. 现金周转期是指将原材料转化为产成品并出售所需的时间。　　　　（　　）
9. 针对 B 类存货，企业应该重点管理。　　　　　　　　　　　　　　（　　）
10. 在年需要量一定时，每次的采购批量越大，采购次数越少。　　　　（　　）

四、名词解释

1. 营运资金　　　2. 机会成本　　　3. 转换成本　　　4. 存货经济批量

五、简答题

1. 如何实行现金的日常控制？
2. 如何进行应收账款的日常管理？
3. 存货归口分级管理主要包括哪些内容？

六、实践训练园地

1. 某企业预计年度赊销收入净额为 200 万元，应收账款周转期为 45 天，变动成本率为 60%，资金成本率为 10%。试计算该企业应收账款的机会成本。

2. 某公司有两种信用标准可供选择，有关资料如表 6-3 所示。

表 6-3　两种信用标准对照表　　　　　　　　　　　　　　　单位：元

项目	信用标准 A（坏账损失率≤10%）	信用标准 B（坏账损失率≤14%）
销售收入	100 000	120 000
变动成本	60 000	72 000
固定成本	3 000	3 000
可能的收账费用	2 000	3 000
可能的坏账损失	10 000	16 800
平均收账期/天	45	60

该公司的综合资本成本为 10%，请做出信用标准决策。

3. 某企业全年需要乙零件 1 200 件，平均每次的进货费用为 400 元。每件年储存成本为 6 元，采购价格为 10 元/件。供应商规定每次购买数量达到 600 件时给予 2% 的商业折扣，请问该企业应以多大批量订货？

【任务工单】

工单内容

项目六 营运资金管理

【课业评价及措施】

评价项目(共100分)	评价分值	整改措施
课业完成情况(40分)		
课业完成质量(60分)		
自评成绩		

项目七 项目投资管理

学习目标

※ 了解项目投资的概念、类型
※ 熟悉项目投资的程序
※ 掌握现金流量的内容及估算方法
※ 掌握项目投资决策的方法

技能目标

※ 能灵活进行现金流量的计算
※ 能运用项目投资决策方法解决实际问题

任务描述

投资是指特定经济主体为了在未来可预见的时期内获得收益或使资金增值,在一定时期向一定领域的标的物投放足够数额的资金或实物等货币等价物的经济行为。从企业角度看,投资就是企业为了收回现金并获取收益而发生的现金或现金等价物的流出。没有投资就没有发展,投资是寻找新的盈利机会的重要途径,也贯穿企业经营的始终。企业投资包括项目投资和金融投资。通过本项目的学习,让我们一起走进项目投资的管理吧!

项目导图（图 7-1）

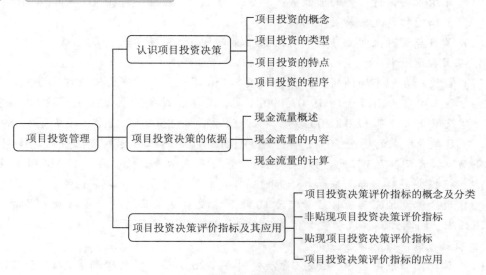

图 7-1　项目投资管理思维导图

课前自主学习空间

【案例导入】

HL 公司的项目投资方案

HL 公司是一家新能源、新光源技术综合应用的研究和相关产品的生产制造企业，总部位于深圳，主打产品为光伏照明灯，是业内首创，开拓了太阳能技术与 LED 技术综合应用的新领域，产品畅销北美市场。HL 公司于 2012 年在深交所上市，依托资本市场的优势及技术、资源等核心竞争力，近几年获得较大发展。为了推动公司快速发展，HL 公司现计划开发一个长期投资项目，投资方案已提交董事会决议，具体内容如下：

1. 项目概况

（1）项目建设地点：福建省龙岩市；项目建设期：2 年。

（2）项目完成后，将建成年产 400 万件产品的研发生产基地，能提高公司的研发能力、产品的市场份额和公司的综合竞争实力。

（3）预计项目总建筑面积 7.8 万平方米，其中厂房面积 3.6 万平方米，其余为研发办公楼和配套设施。

2. 建设背景

（1）政策背景：国家支持节能环保和新能源产业发展，重点支持开发利用新能源、新光源。

（2）解决公司产能瓶颈，提高盈利能力。

（3）公司本部生产经营场所为租赁使用，项目能消除其租赁风险。

（4）项目产品和主营业务产品的技术共享，能快速响应市场对光伏照明灯的需求。

3. 技术与市场分析

(1) 光伏市场保持旺盛的增长势头。

(2) 太阳能灯具发展前景广阔。

(3) 项目与现有主营业务的市场关联度较高,易于获得客户市场。

4. 项目投资分析

(1) 经过一年的市场调研,耗费调研成本 150 万元,确定将太阳能灯作为扩大产能的投资方案。项目拟用资金约 19 075.90 万元,其中,设备购置及安装费 2 040.90 万元,土建及附属工程费 12 040.00 万元,铺底流动资金 2 500.00 万元,预备费 1 089.26 万元。项目投资所需的资金 50% 来源于 IPO,50% 计划向银行贷款。在项目建设期间,第一年场地投资 7 267.5 万元,第二年场地、设备及流动资金投入共计 11 808.4 万元。

(2) 根据公司财务部、证券部等部门测算,确定公司资金成本为 12%。

(3) 现金流量预测。项目经营期为 10 年。需要对该项目进行产量与收入预测、成本费用预测、利润预测、流动资金估算后,才能进行现金流量预测。

5. 项目投资决策和风险分析

(1) 总资产回报率为 30.75%,资产净利率为 26.13%,销售净利率为 11.52%。

(2) 净现值为 16 862.27 万元。

(3) 内含报酬率为 24.21%,大于预计资金成本。

(4) 根据敏感性分析,在产品价格、销量分别下降 10% 的情况下,项目仍是盈利的,说明该项目具备较强的风险抵御能力。

(改编自:财政部会计资格评价中心. 高级会计实务案例 [M]. 北京:经济科学出版社,2015.)

■ 思考与讨论:

1. 通过案例学习,你对项目投资的认识如何?
2. 项目投资决策需要进行哪些分析呢?

案例解析

任务一 认识项目投资决策

关键术语

※ 项目投资(Project Investment)

※ 决策(Decision)

一、项目投资的概念

项目投资是对特定项目所进行的一种长期投资行为。项目投资是以扩大生产能力和改善生产条件为目的的资本性支出。与证券投资相比,项目投资的支出是对企业自身的投入,与其他经济实体不发生资本收支的经济往来关系,是一种对内投资。

二、项目投资的类型

（一）维持性投资和扩大生产能力投资

项目投资按其与企业未来经营活动的关系可分为维持性投资和扩大生产能力投资。维持性投资是企业为维持正常经营、保持现有生产能力而投入的财力，如固定资产的更新投资等。扩大生产能力投资是企业为扩大生产规模、提高生产能力或改变企业经营方向而投入的财力，是对企业今后的经营与发展有重大影响的各种投资，如购置新生产线、扩建厂房等。

（二）固定资产投资、无形资产投资和递延资产投资

项目投资按其投资对象可分为固定资产投资、无形资产投资和递延资产投资。固定资产投资是指对企业固定资产特别是生产经营用固定资产的投资，如对房屋及建筑物、机器设备、运输设备、工具器具等的投资。无形资产投资是指对企业长期使用但没有实物形态的资产的投资，如对专利权、商标权、非专利技术等的投资。递延资产投资是指形成递延资产的投资，主要是在新建项目上的开办费投资。

（三）战术性投资和战略性投资

项目投资按其对企业前途的影响可分为战术性投资和战略性投资。战术性投资是指不牵涉整个企业前途的投资。战略性投资是指对企业全局有重大影响的投资。

（四）扩大收入投资和降低成本投资

项目投资按其增加利润的途径可分为扩大收入投资和降低成本投资。扩大收入投资是指通过扩大企业生产经营规模，以便增加利润的投资。降低成本投资是指通过降低生产经营中的各种耗费，以便增加利润的投资。

三、项目投资的特点

（1）投资规模大，投资回收期长。项目投资尤其是新建项目投资，其规模往往较大，投资回收期较长，一般需要几年甚至几十年才能收回投资，所以项目投资是一种长期投资行为。

（2）变现能力差。项目投资所形成的资产不是为销售而持有的，一般不会在短期内变现。而且，项目投资的对象大多为长期资产，其变现能力较差。

（3）投资风险大。项目投资风险大主要是由于项目投资金额大、时间长，加上大部分项目投资中的固定资产具有"专用性"，不易变现，一旦市场发生意外的变化，往往会给企业带来较大的损失。

（4）项目投资决策必须严格遵守相应的投资程序。对于企业而言，项目投资是十分重要的，有时甚至关系到企业的生死存亡，因此必须谨慎对待，严格遵守投资各环节的程序。

四、项目投资的程序

（一）项目投资的提出

一般而言，战略性投资由企业的高层管理者提出，方案由生产、市场、财务等各方面专家组成的专门小组制订。战术性投资由企业的中层或基层管理者提出，方案由主管部门组织人员制订。

(二) 项目投资的评价

项目投资的评价主要涉及以下工作：① 对提出的项目进行分类，为分析评价做好准备；② 计算有关项目的预计收入和成本，预测项目的现金流量；③ 运用各种投资评价指标，把各个项目按优劣顺序排队；④ 写出评价报告，请上级批准。

(三) 项目投资的决策

项目投资评价工作完成后，由企业管理层做出最后的决策。对于投资额较小的项目，由企业的经理层做出决定；对于投资额特别大的项目，由企业的董事会或股东大会投票表决。项目投资决策的结果一般有三种：① 接受投资项目；② 拒绝投资项目；③ 返回项目的提出部门，重新调查后再进行处理。

(四) 项目投资的执行

决定对项目进行投资后，企业要积极筹措资金，实施项目投资。在项目投资的执行过程中，企业要对工程进度、工程质量、施工成本进行控制，以确保项目按预算规定保质如期完成。

(五) 项目投资的再评价

在项目投资的执行过程中，企业应注意原来做出的决策是否合理正确。一旦出现新的情况，就要随时根据变化的情况做出新的评价。如果情况发生重大变化，原来的投资决策已变得不合理，那么就要对是否中止项目投资做出决策，以免造成更大的损失。

> **小讨论** 在项目投资的评价中，财务评价尤为重要。那么，如果财务评价表明项目投资可行，是否就意味着企业能进行投资呢？项目投资的评价应该包含哪些评价呢？

任务二 项目投资决策的依据

关键术语

※ 现金流量（Cash Flow）
※ 现金流入量（Cash Inflow）
※ 现金流出量（Cash Outflow）
※ 现金净流量（Net Cash Flow）

现金流量是项目投资决策的依据。

一、现金流量概述

(一) 现金流量的概念

现金流量是对项目投资所引起的现金流入量和现金流出量的统称。这里的"现金"是一个广义的现金概念，它不仅包括各种货币资金，而且还包括项目投资所需投入的企业所拥有的非货币资源的变现价值。

在项目投资决策时，为什么使用现金流量而不是利润指标呢？现金流量与利润有什么区别呢？下面一起来看一看两者区别的主要表现。

1. 两者的计算基础不同

现金流量是以收付实现制为基础计算的，而利润是以权责发生制为基础计算的。

2. 两者包含的内容不同

现金流量的内容除了包括购买和销售商品、投资或回收投资等利润外，还包括购建或出售固定资产、向银行借款或偿还债务等部分；而利润一般包括营业利润、投资净收益、补贴收入、营业外收支等部分。

3. 两者的经济内涵不同

现金流量的多少能清楚表明企业经营周转是否顺畅、资金是否紧缺、支付偿债能力的大小及是否过度扩大经营规模、对外投资是否恰当、资本经营是否有效等，从而为投资者、债权人和企业管理者提供非常有用的信息。而利润的大小一般表明企业每一会计期间最终的经营成果，经济内涵相对较少。

（二）确定现金流量的假设

现金流量是计算项目投资决策评价指标的主要依据和重要信息。为了方便项目投资现金流量的确定，首先需要做出以下假设：

（1）财务可行性分析假设。假设项目投资决策从企业投资者的立场出发，只考虑该项目是否具有财务可行性，而不考虑该项目是否具有国民经济可行性和技术可行性。

（2）全投资假设。假设在确定投资项目的现金流量时，只考虑全部投资的运动情况，而不具体考虑和区分哪些是自有资金，哪些是借入资金，即使是借入资金也将其视为自有资金处理。

（3）建设期投入全部资金假设。假设项目投资的资金都是在建设期投入的，在经营期没有投资。

（4）经营期和折旧年限一致假设。假设项目的主要固定资产的折旧年限或使用年限与经营期相同。

（5）时点指标假设。为了便于利用资金时间价值的形式，将项目投资决策所涉及的价值指标都作为时点指标处理。其中，建设投资在建设期内有关年度的年初或年末发生；流动资金投资则在建设期的期末发生；经营期内各年的收入、成本、摊销、利润、税金等项目的确认均在年末发生；新建项目最终报废或清理所产生的现金流量均在终结点发生。

（三）现金流量的作用

（1）现金流量对整个项目投资期间的现实货币资金收支情况进行了全面揭示，序时动态地反映项目投资的流向与收回之间的投入产出关系，能完整、准确、全面地评价投资项目的经济效益。

（2）采用现金流量的考核方法有利于科学地考虑资金的时间价值因素。由于项目投资的时间较长，采用现金流量的考核方法可以确定每次支出款项和收入款项的具体时间，有利于准确评价投资项目的财务可行性。

（3）采用现金流量指标作为评价项目投资经济效益的信息，可以规避在执行财务会计的权责发生制时必然面临的困难。如不同的投资项目采用不同的固定资产折旧方法、存货估价方法或费用摊销方法，导致不同方案的利润相关性差、可比性差。

（4）采用现金流量信息，排除了非现金收付内部周转的资本运动形式，从而简化了有关投资决策评价指标的计算过程。

二、现金流量的内容

现金流量一般包括现金流入量、现金流出量和现金净流量三个部分。

（一）现金流入量

现金流入量简称现金流入，是指由投资项目产生的企业的现实货币资金的增加额，具体包括以下几个方面：

（1）营业收入，是指项目投产后每年实现的全部营业收入。为了简化核算，假设正常经营年度内，每期发生的赊销额与回收的应收账款额大致相等。营业收入是经营期主要的现金流入量。

（2）回收固定资产余值，是指投资项目的固定资产在终结点报废清理时的残值收入，或在中途转让时的变价收入。

（3）回收流动资金，是指投资项目在项目计算期结束时，收回原来投放在各种流动资产上的流动资金。

回收固定资产余值和回收流动资金统称回收额。

（二）现金流出量

现金流出量简称现金流出，是指由投资项目引起的企业的现实货币资金的减少额，具体包括以下几个方面：

（1）建设投资。固定资产投资和无形资产投资在建设期发生，统称建设投资。

（2）流动资金投资，是指项目投产后为开展正常的生产经营活动而投放在流动资产（存货、应收账款等）上的资金，由于在项目结束时可收回，所以又称为垫支的流动资金。

（3）付现成本（经营成本），是指在经营期内为满足正常生产经营的需要而用现金支付的成本。它是经营期内最主要的现金流出量。其计算公式为

$$付现成本 = 变动成本 + 付现的固定成本 = 总成本 - 折旧额及摊销额$$

（4）所得税额，是指经营期各年应交的所得税额。

（5）其他现金流出量，是指没有包括在以上内容中的现金流出量。

（三）现金净流量

现金净流量是指投资项目在项目计算期内现金流入量和现金流出量的净差额。

$$项目计算期（n）= 建设期 + 经营期$$

由于投资项目计算期超过一年，所以本项目所述的现金净流量按年计算。

$$现金净流量（NCF）= 年现金流入量 - 年现金流出量$$

（1）建设期现金净流量，即企业在建设期所发生的现金流入量和现金流出量。

$$现金净流量（NCF）= -该年投资额$$

由于建设期没有现金流入量，所以现金净流量为负数。另外，建设期现金净流量还与投资额的投入方式相关，如果投资额是在建设期一次性投入，则该年投资额为原始总投资额。

(2) 经营期营业现金净流量,即项目投产后,在经营期内由生产经营活动产生的现金净流量。

现金净流量（NCF）= 营业收入-付现成本-所得税额
　　　　　　　　 = 营业利润+非付现成本-所得税额
　　　　　　　　 = 营业收入-（总成本-折旧额及摊销额）-所得税额
　　　　　　　　 = 净利润+折旧额及摊销额

(3) 经营期终结现金净流量,即投资项目在项目计算期结束时所发生的现金净流量。

现金净流量（NCF）= 营业现金净流量+回收额

三、现金流量的计算

现金流量的计算可以从现金流量的构成入手,具体通过下面的案例进行说明

【例 7-1】 某企业准备投资一个新项目,有关资料如下：

(1) 固定资产投资额为 420 000 元,分别于第 1 年年初和第 2 年年初各投资 210 000 元。2 年建成投产,生产寿命期为 8 年。

(2) 无形资产投资额为 120 000 元,于第 2 年年末投资。

(3) 投产前（第 2 年年末）需要垫支流动资金 100 000 元。

(4) 无形资产的摊销年限为 8 年,在有关年限内平均摊销；固定资产的折旧年限也为 8 年,按直线法计提折旧,期满残值为 20 000 元。

(5) 前 2 年的年销售收入为 600 000 元,年付现成本为 380 000 元,年销售税金及附加为 43 750 元；后 6 年的年销售收入为 900 000 元,年付现成本为 600 000 元,年销售税金及附加为 71 250 元。

(6) 企业适用的所得税税率为 20%。

计算：(1) 项目计算期；(2) 固定资产折旧额、无形资产摊销额；(3) 经营期年净利润；(4) 建设期、经营期的每年现金净流量。

【解析】 (1) 项目计算期=2+8=10（年）

(2) 固定资产年折旧额=(420 000-20 000)/8=50 000（元）
　　　无形资产年摊销额=120 000/8=15 000（元）

(3) 经营期年净利润：

经营期第 1—2 年净利润=(600 000-380 000-50 000-15 000-43 750)×(1-20%)=89 000（元）

经营期第 3—8 年净利润=(900 000-600 000-50 000-15 000-71 250)×(1-20%)=131 000（元）

(4) 建设期各年的现金净流量：

NCF_0 = -210 000（元）

NCF_1 = -210 000（元）

NCF_2 = -(120 000+100 000) = -220 000（元）

经营期各年的现金净流量：

NCF_{3-4} = 89 000+50 000+15 000 = 154 000（元）

NCF_{5-9} = 131 000+50 000+15 000 = 196 000（元）

NCF_{10} = 131 000+50 000+15 000+20 000+100 000 = 316 000（元）

> 小讨论 通过本任务的学习，大家对项目投资的现金流量有了一定的认识。那么，项目投资的现金流量与会计中的现金流量有什么区别呢？

任务三　项目投资决策评价指标及其应用

关键术语

※ 投资回收期（Pay Back Period）
※ 投资利润率（Return On Investment）
※ 净现值（Net Present Value，简称 NPV）
※ 净现值率（Net Present Value Rate，简称 NPVR）
※ 现值指数（Present Value Index，简称 PVI）
※ 内含报酬率（Internal Rate of Return，简称 IRR）

一、项目投资决策评价指标的概念及分类

（一）项目投资决策评价指标的概念

项目投资决策评价指标是衡量和比较投资项目可行性并据以进行方案决策的定量化标准和尺度，它由一系列综合反映投资效益、投入产出关系的量化指标构成，包括投资回收期、净现值、现值指数、内含报酬率等。

（二）项目投资决策评价指标的分类

1. 按是否考虑资金时间价值分类

项目投资决策评价指标可按是否考虑资金时间价值分为非贴现评价指标和贴现指标。非贴现指标又称为静态指标，是指在计算过程中不考虑资金时间价值因素的指标，包括静态投资回收期、投资利润率等；贴现指标又称动态指标，是指在计算过程中考虑资金时间价值因素的指标，包括贴现投资回收期、净现值、现值指数、内含报酬率等。

2. 按指标性质分类

项目投资决策评价指标可按指标性质分为正指标（在一定范围内越大越好）和反指标（越小越好）。正指标包括投资利润率、净现值、净现值率、现值指数和内含报酬率；反指标包括静态投资回收期和贴现投资回收期。

3. 按指标数量特征分类

项目投资决策评价指标可按指标数量特征分为绝对指标和相对指标。绝对指标包括以时间为计量单位的静态投资回收期、贴现投资回收期指标和以价值量为计量单位的净现值指标；相对指标包括净现值率、现值指数、内含报酬率等指标。

4. 按指标重要性分类

项目投资决策评价指标可按指标重要性分为主要指标、次要指标和辅助指标。主要指标有净现值、内含报酬率等；次要指标有静态投资回收期；辅助指标有投资利润率。

5. 按指标计算的难易程度分类

项目投资决策评价指标可按指标计算的难易程度分为简单指标和复杂指标。简单指标有投资利润率、静态投资回收期、贴现投资回收期、净现值、净现值率、现值指数等；复杂指标有内含报酬率。

二、非贴现项目投资决策评价指标

（一）静态投资回收期

静态投资回收期是指在不考虑资金时间价值的情况下，收回全部投资所需要的时间。它有两种形式：① 包括建设期的投资回收期（记作 PP）；② 不包括建设期的投资回收期（记作 PP'）。

包括建设期的投资回收期＝建设期＋不包括建设期的投资回收期

$$PP = S + PP'$$

1. 决策规则

应用静态投资回收期进行决策时，投资回收期越短的项目越好，表明投资回收的速度越快，项目的经济效益越好。

2. 计算方法

（1）公式法。

当项目投产后若干年每年的现金净流量相等，且这些年的现金净流量之和大于或等于原始投资额时，就可用以下公式计算静态投资回收期。

$$\text{不包括建设期的投资回收期}(PP') = \frac{\text{原始投资额}}{\text{每年相等的现金净流量}(NCF)}$$

【例 7-2】 某企业拟投资建设一项固定资产，原始投资为 150 万元，建设期为 0，经营期为 10 年，投产后每年净现金流量相等，均为 30 万元。请计算该项目的静态投资回收期。

【解析】 PP'＝原始投资额/每年的现金净流量＝150/30＝5（年）

$PP = S + PP' = 0 + 5 = 5$（年）

因此，该项目的静态投资回收期为 5 年。

（2）列表法。

当项目投产后若干年每年的现金净流量不相等时，则须计算逐年累计的现金净流量和各年尚未回收的投资额，然后用插值法计算静态投资回收期。

$$PP = (\text{累计的现金净流量第一次出现正值的年份} - 1) + \frac{|\text{上一年累计的现金净流量}|}{\text{出现正值年份的现金净流量}}$$

【例 7-3】 某企业拟开展一项投资，各年现金净流量和累计现金净流量如表 7-1 所示。请计算该项目的静态投资回收期。

表 7-1 项目现金净流量表　　　　　　　　单位：万元

年次	0	1	2	3	4	5
现金净流量	-100	30	35	39	43	48
累计现金净流量	-100	-70	-35	4	47	95

【解析】 $PP=(3-1)+\dfrac{|-35|}{39}x=2.9$（年）

3. 优缺点

优点：① 计算简单，便于理解；② 能够直观反映原始投资的回收期限。

缺点：① 没有考虑资金的时间价值；② 没有考虑投资回收期满后现金净流量的情况，如有战略意义的投资往往后期收益较高，这可能导致决策者优先考虑短期即可获利的投资项目。

（二）投资利润率

投资利润率又称投资报酬率，是指在不考虑资金时间价值的情况下，投资项目经营期的年平均净利润与原始投资额的比率，一般用百分比表示。

1. 决策规则

投资项目的投资利润率越高越好，如果投资利润率大于或等于期望报酬率，则项目可行；反之，项目不可行。多个项目的互斥性决策，则以投资利润率最高者为优。

2. 计算方法

投资利润率的计算公式为

$$投资利润率=\dfrac{年平均净利润}{原始投资额}\times 100\%$$

$$ROI=\dfrac{P}{I}\times 100\%$$

式中：P——年平均净利润；
　　　I——原始投资额。

【例 7-4】 某公司拟建一条生产线，各年净利润如表 7-2 所示，市场平均无风险投资利润率为 15%。请问该项目的投资利润率是多少？该投资方案是否可行？

表 7-2 投资情况表　　　　　　　　单位：万元

年次	0	1	2	3	4
年净利润	-100	10	15	20	25

【解析】 投资利润率（ROI）= $P/I\times 100\%$

$$=\dfrac{(10+15+20+25)/4}{100}\times 100\%$$

$$=17.5\%>15\%$$

因为该项目投资利润率大于市场平均无风险投资利润率（期望报酬率），所以该项目可行。

3. 优缺点

优点：① 计算简单，易于掌握；② 不受建设期长短、投资方式、有无回收额等因素的影响。

缺点：① 没有考虑资金的时间价值；② 该公式的分子和分母的时间特征不同，分子是时期指标，分母是时点指标，计算口径不一致，缺乏可比性；③ 无法直接利用现金净流量信息。

三、贴现项目投资决策评价指标

（一）贴现投资回收期

贴现投资回收期是指考虑资金时间价值的投资回收期，它是将投资引起的未来现金流量进行贴现，计算未来现金流量的现值之和等于原始投资额现值所需的年限。

其决策规则与静态投资回收期一致。

【例 7-5】 根据【例 7-3】资料，假设贴现率为 10%，请计算该项目的贴现投资回收期。

【解析】 根据【例 7-3】资料计算的项目贴现现金净流量如表 7-3 所示。

表 7-3 项目贴现现金净流量表　　　　　　　　　　单位：万元

年次	现金净流量	复利现值系数	贴现现金净流量	累计贴现现金净流量
0	−100	1.000	−100	−100
1	30	0.909	27.27	−72.73
2	35	0.826	28.91	−43.82
3	39	0.751	29.29	−14.53
4	43	0.683	29.37	14.84
5	48	0.621	29.81	44.65

$$PP = (4-1) + \frac{|-14.53|}{29.37} \approx 3.49 \text{（年）}$$

小讨论 请对静态投资回收期和贴现投资回收期进行比较，总结一下贴现投资回收期的优缺点。

（二）净现值

净现值是指在项目计算期内按行业基准收益率或企业设定的贴现率计算的投资项目未来各年现金净流量现值的代数和。

1. 决策规则

净现值≥0，说明投资利润率大于资金成本，投资方案可行；净现值<0，说明投资利润率小于资金成本，投资方案不可行。

当对多个投资方案进行选择时，如果各方案的原始投资额相等，净现值最大的方案为最优方案；如果各方案的原始投资额不相等，则不能采用净现值法，应采用其他方法进行分析和评价。

2. 计算方法

净现值的计算公式为

$$NPV = \left[\frac{NCF_1}{(1+k)^1} + \frac{NCF_2}{(1+k)^2} + \cdots + \frac{NCF_n}{(1+k)^n}\right] - C$$

$$= \sum_{t=1}^{n} \frac{NCF_t}{(1+k)^t} - C$$

式中：NPV——净现值；

　　　NCF——现金净流量；

　　　k——贴现率或折现率；

　　　C——原始投资额；

　　　t——期数。

（1）经营期各年现金净流量相等，建设期为零。

净现值＝经营期每年相等的现金净流量×年金现值系数－原始投资额

【例7-6】 某公司购入设备一台，价值50 000元，使用寿命5年，期末无残值，按直线法计提折旧。预计投产后每年可获得利润6 000元，假设贴现率为10%。请计算该项目的净现值。

【解析】 该设备年折旧额=（50 000-0）÷5=10 000（元）

$NCF_0 = -50\ 000$（元）

$NCF_{1-5} = 6\ 000 + 10\ 000 = 16\ 000$（元）

$NPV = 16\ 000 \times (P/A, 10\%, 5) - 50\ 000$

　　　$= 16\ 000 \times 3.790\ 8 - 50\ 000$

　　　$= 10\ 652.8$（元）

因为该项目的净现值大于0，所以该项目可行。

（2）经营期各年现金净流量不相等。

净现值 = $\sum$（经营期各年的现金净流量 × 各年的现值系数）- 原始投资现值

【例7-7】 某公司拟建设一项生产设备，预计建设期为1年，原始投资为300万元，投资在建设起点一次性投入。该设备预计使用年限为5年，期末无残值，按直线法计提折旧。该设备投产后每年增加净利润50万元，假设适用的行业基准折现率为10%。请计算该项目的净现值。

【解析】 该设备年折旧额=（300-0）÷5=60（万元）

$NCF_0 = -300$（万元）

$NCF_1 = 0$（万元）

$NCF_{2-6} = 50 + 60 = 110$（万元）

$NPV = 110 \times [(P/A, 10\%, 6) - (P/A, 10\%, 1)] - 300$

　　　$= 110 \times (4.355\ 3 - 0.909\ 1) - 300$

　　　$= 79.082$（万元）

因为该项目的净现值大于0，所以该项目可行。

3. 优缺点

优点：① 考虑了资金的时间价值；② 能够利用项目计算期内的现金净流量信息；③ 考虑了投资风险。

缺点：① 不能直接反映投资项目的实际收益率；② 计算比较复杂。

▶ 小讨论　净现值是一个折现的绝对量正指标，是项目评价中最重要的指标之一。计算净现值所依据的贴现率是事先知道的，我们根据方案的净现值是否大于0，可以判断该方案的实际报酬率是否大于贴现率。那么，我们如何应用净现值指标来控制项目的投资风险呢？

（三）净现值率

净现值率是指投资项目的净现值与原始投资现值合计的比值。

1. 决策规则

只有净现值率大于或等于零的投资项目，才具有财务可行性。

2. 计算方法

净现值率的计算公式为　　净现值率 = $\dfrac{净现值}{原始投资现值合计}$

【例 7-8】 根据【例 7-6】资料，计算净现值率。

【解析】 净现值率 = $\dfrac{10\ 652.8}{50\ 000} \approx 0.213 > 0$

因为该项目的净现值率大于0，所以该项目具有财务可行性。

3. 优缺点

优点：① 计算简单；② 可以从动态角度反映投资项目的资金投入与净产出之间的关系。

缺点：不能直接反映投资项目的实际收益率。

（四）现值指数

现值指数又称获利指数，是指项目投产后按一定的贴现率计算的在经营期内各年现金净流量的现值合计与原始投资现值合计的比值。一般用以说明每一单位的现金流出可以获得的现金流入量的现值是多少的一种投资方案的评价方法。

1. 决策规则

对于单一项目来说，现值指数 ≥ 1，表明项目的报酬率高于或等于贴现率，说明收益可以补抵资金成本或存在收益，所以该项目可行；反之，则项目不可行。在有多个项目可供选择的情况下，现值指数最大者为最优可行性方案。

2. 计算方法

现值指数的计算公式为

$$现值指数 = \dfrac{投产后各年现金净流量的现值合计}{原始投资现值合计}$$

$$PI = \left[\dfrac{NCF_1}{(1+k)^1} + \dfrac{NCF_2}{(1+k)^2} + \cdots + \dfrac{NCF_n}{(1+k)^n}\right] / C$$

$$= \dfrac{\sum\limits_{t=1}^{n} \dfrac{NCF_t}{(1+k)^t}}{C}$$

式中：PI——现值指数；

NCF——现金净流量；

k——贴现率或折现率；

C——原始投资额；

t——期数。

根据净现值率和现值指数的定义，可知两者存在以下关系：

$$现值指数 = 净现值率 + 1$$

【例7-9】 根据【例7-6】和【例7-8】资料，计算现值指数。

【解析】 现值指数 $= \dfrac{16\,000 \times (P/A, 10\%, 5)}{50\,000} \approx 1.213$

现值指数 = 净现值率 + 1 = 0.213 + 1 = 1.213

3. 优缺点

优点：① 考虑了资金的时间价值；② 能够真实地反映投资项目的盈亏程度；③ 有利于在原始投资额不同的投资方案之间进行对比。

缺点：① 概念不便于理解；② 仍存在着要预先确定最低报酬率或资金成本率的问题。

（五）内含报酬率

内含报酬率是投资项目的实际报酬率。从计算的角度来说，内含报酬率就是净现值为零时的贴现率。

内含报酬率法就是通过计算使投资项目的净现值等于零时的贴现率来评价投资项目的一种方法。即

$$NPV = \sum_{t=0}^{n} \dfrac{NCF_t}{(1+IRR)^t} = 0$$

式中：NPV——净现值；

NCF——现金净流量；

IRR——内含报酬率；

t——期数。

1. 决策规则

对于单一项目来说，只有内含报酬率大于或等于企业的资金成本或必要报酬率的项目才具有财务可行性，可予以采纳；反之，则应拒绝。在有多个项目可供选择的情况下，选择内含报酬率超过资金成本或必要报酬率最多的投资项目。

2. 计算方法

（1）建设期为零，全部投资于建设起点一次投入，经营期各年现金净流量相等。

第一步：计算年金现值系数 $(P/A, IRR, n)$。

$$年金现值系数 = \dfrac{原始投资额}{每年相等的现金净流量（NCF）}$$

第二步：查年金现值系数表，在相同的期数内，找出与上述年金现值系数相邻的两个贴现率。

第三步：根据上述两个相邻的贴现率和已求得的年金现值系数，采用插值法计算出该投资项目的内含报酬率。

【例7-10】 根据【例7-6】资料，计算内含报酬率。

【解析】 $(P/A, IRR, 5) = 50\,000 \div 16\,000 = 3.125$

查年金现值系数表得知：

$(P/A, 18\%, 5) = 3.127$

$(P/A, 19\%, 5) = 3.058$

即 IRR 在18%和19%之间，用插值法计算如下：

贴现率　　　　　　　　　　　　　　年金现值系数

$\left.\begin{matrix} 18\% \\ ?\% \\ 19\% \end{matrix}\right\} \left. x\% \right\} 1\%$　　　　　　$\left.\begin{matrix} 3.127 \\ 3.125 \\ 3.058 \end{matrix}\right\} \left. 0.002 \right\} 0.069$

$$\frac{18\% - IRR}{18\% - 19\%} = \frac{3.127 - 3.125}{3.127 - 3.058}$$

$$x\% \div 1\% = 0.002 \div 0.069$$

$$x\% = 0.03\%$$

$$18\% - IRR = x\%$$

$$IRR = 18.03\%$$

（2）经营期各年现金净流量不相等，可用试误法逐次测试。

第一步：先估计一个贴现率，并用其计算投资项目的净现值。如果净现值大于0，则说明贴现率太低，提高贴现率再进行测试；如果净现值小于0，则说明贴现率太高，降低贴现率再进行测试；依此类推，直到找出净现值最接近0的一个正数和负数。

第二步：根据上述两个净现值最接近0的贴现率和已求出的年金现值系数，采用插值法计算该投资项目的内含报酬率。

【例7-11】 某投资项目固定资产投资为36 000万元，使用寿命为5年，采用直线法计提折旧，预计净残值为6 000万元；此外还垫支了流动资金4 000万元，项目结束后收回。假设所得税税率为25%，该投资项目的资金成本率为15%，请判断该投资项目的可行性。

【解析】 计算该投资项目各年的现金净流量，如表7-4所示。

表7-4　投资项目现金净流量表　　　　　　　　　　　　单位：万元

年次	0	1	2	3	4	5
NCF_t	-40 000	9 800	9 640	9 480	9 320	19 160

用试错法，寻找净现值最接近0的两个贴现率，相关计算结果如表7-5所示。

表 7-5　投资项目现金流量现值计算表　　　　　　　　　　单位：万元

年次	NCF_t	测试 1（16%）		测试 2（18%）		测试 3（19%）	
		复利现值系数	现值	复利现值系数	现值	复利现值系数	现值
0	-40 000	1.000 0	-40 000	1.000 0	-40 000	1.000 0	-40 000
1	9 800	0.862 1	10 172.78	0.847 5	10 000.5	0.840 3	9 915.54
2	9 640	0.743 2	8 650.848	0.718 2	8 359.848	0.706 2	8 220.168
3	9 480	0.640 7	7 355.236	0.608 6	6 986.728	0.593 4	6 812.232
4	9 320	0.552 8	6 252.036	0.515 8	5 838.856	0.498 7	5 645.284
5	19 160	0.476 1	10 074.276	0.437 1	9 249.036	0.419 0	8 866.04
净现值			2 505.18		434.97		-540.74

说明该投资项目的内涵报酬率在18%和19%之间，用内插法计算如下：

$$\frac{18\%-IRR}{18\%-19\%}=\frac{434.97-0}{434.97-(-540.74)}$$

$$18\%-IRR=(434.97\div 975.71)\times -1\%$$

$$18\%-IRR=-0.45\%$$

$$IRR=18.45\%$$

因为 $IRR=18.45\%>15\%$，所以该投资项目可行。

3. 优缺点

优点：① 考虑了资金的时间价值；② 能从动态的角度直接反映投资项目的实际收益率，即真实报酬率；③ 概念易于理解。

缺点：计算过程比较复杂，特别是对于各年现金净流量不相等的投资项目，一般要经过多次测算才能算出其结果。

（六）贴现项目投资决策评价指标之间的关系

净现值（NPV）、净现值率（NPVR）、现值指数（PI）和内含报酬率（IRR）之间的关系如下：

(1) 当 $NPV>0$ 时，$NPVR>0$，$PI>1$，$IRR>k$。

(2) 当 $NPV=0$ 时，$NPVR=0$，$PI=1$，$IRR=k$。

(3) 当 $NPV<0$ 时，$NPVR<0$，$PI<1$，$IRR<k$。

以上评价指标的计算结果受建设期和经营期长短、投资金额及方式、各年现金净流量的影响。

▶小讨论　通过以上内容的学习，我们看到了净现值、净现值率、现值指数和内含报酬率之间的关系，请大家思考一下它们之间的不同之处。

四、项目投资决策评价指标的应用

通过以上内容的学习，我们发现只有具有财务可行性的项目才可以作为投资的对象,那么企业如果面临多个具有财务可行性的项目,应该如何做出最优选择呢?在进行项目投资方案的对比和优选时,我们可以运用项目投资决策评价指标进行量化的比较和分析,为决策者提供决策依据。项目投资方案可按方案之间的相互关系分为独立方案和互斥方案,项目投资决策方法因项目投资方案的不同而有所区别。

（一）独立方案的对比与优选

独立方案是指两个以上的投资项目互不依赖,可以并存。因此,当企业资源充足时,可以考虑同时采纳多个独立方案;但当企业资源有限时,就出现独立方案的排序问题。一般是按照对企业的贡献来排序,因此选择能够综合反映项目获利能力的内含报酬率指标,即按照内含报酬率由大到小依次选择。

【例7-12】 A公司现有甲、乙两个独立方案可供选择,相关评价指标如表7-6所示,贴现率为15%。如果A公司资源有限,请做出投资决策。

表7-6 甲、乙两个独立投资方案相关评价指标表

项目	甲方案	乙方案
原始投资额/元	200 000	180 000
项目计算期/年	5	5
净现值（NPV）/元	88 000	50 000
现值指数（PI）	1.54	1.33
内含报酬率（IRR）	36%	23.5%

【解析】 从表7-6可以看到,甲、乙两个方案 $NPV>0$, $PI>1$, $IRR>k$,两个方案具有财务可行性。而甲方案的内含报酬率>乙方案的内含报酬率,所以A公司在资源有限的情况下,可优先选择甲方案。

（二）互斥方案的对比与优选

互斥方案是指两个以上的投资项目不能并存,它们之间存在替代性,即各方案之间是相互关联、相互排斥的。例如,以旧设备换取新设备进行更新,保留旧设备就不能购入新设备,购入新设备就必须出售或报废旧设备,它们是互斥的。互斥方案决策的过程就是在每个备选方案已具有可行性的前提下,利用具体决策方法比较各备选方案的优劣,利用评价指标从各备选方案中选出一个最优方案的过程。

互斥方案决策的方法主要有净现值法、净现值率法、差额投资内含报酬率法、年等额净回收额法等。

1. 净现值法和净现值率法

净现值法和净现值率法适用于原始投资相等且项目计算期相同的多方案决策。净现值或净现值率最大的方案为最优方案。

【例7-13】 某固定资产投资项目需要原始投资2 000万元,有甲、乙、丙三个互斥方案,三个方案的净现值分别为360.50万元、580.75万元、420.89万元。请对这三个方案进行优选。

【解析】 甲、乙、丙三个方案的净现值均大于零,故三个方案均具有财务可行性。

又因为 580.75 万元>420.89 万元>360.50 万元，所以乙方案最优，其次是丙方案，最差的是甲方案。

【例 7-14】 甲企业目前使用一台旧设备，原始成本为 100 000 元，使用年限为 10 年，已使用 5 年，已计提折旧 50 000 元，使用期满后无残值。若现在出售可得收入 50 000 元，若继续使用，每年可得收入 104 000 元，每年付现成本为 62 000 元；若采用新设备，购置成本为 190 000 元，使用年限为 5 年，使用期满后残值为 10 000 元，每年可得收入 180 000 元，每年付现成本为 84 000 元。假设甲企业的资本成本为 12%，所得税税率为 25%，新旧设备均采用直线法计提折旧，请做出是继续使用旧设备，还是出售旧设备并购置新设备的决策。

【解析】 首先，计算两个方案的年营业现金净流量，如表 7-7 所示。

使用旧设备方案固定资产年折旧额＝50 000÷5＝10 000（元）

更新设备方案固定资产年折旧额＝(190 000−10 000)÷5＝36 000（元）

表 7-7 两个方案年营业现金净流量表　　　　　　　　　　单位：元

项目	使用旧设备方案	更新设备方案
销售收入	104 000	180 000
付现成本	62 000	84 000
年折旧额	10 000	36 000
税前净利	32 000	60 000
所得税额	8 000	15 000
税后净利	24 000	45 000
年营业现金净流量	34 000	81 000

其次，列出两个方案的现金流量，如表 7-8 所示。

表 7-8 现金流量表　　　　　　　　　　单位：元

年次	0	1	2	3	4	5
使用旧设备方案						
原始投资	−50 000					
年营业现金净流量		34 000	34 000	34 000	34 000	34 000
现金流量合计	−50 000	34 000	34 000	34 000	34 000	34 000
更新设备方案						
原始投资	−190 000					
年营业现金净流量		81 000	81 000	81 000	81 000	81 000
固定资产残值						10 000
现金流量合计	−190 000	81 000	81 000	81 000	81 000	91 000

最后，计算两个方案的净现值。

使用旧设备方案的净现值 = 34 000×(P/A,12%,5) - 50 000
                    = 34 000×3.605 - 50 000
                    = 72 570（元）

更新设备方案的净现值 = 81 000×(P/A,12%,5) + 10 000×(P/F,12%,5) - 190 000
                    = 81 000×3.605 + 10 000×0.567 - 190 000
                    = 107 675（元）

∵ 107 675 - 72 570 = 35 105（元）>0

∴ 选择更新设备方案。

2. 差额投资内含报酬率法

差额投资内含报酬率法是指在计算出两个原始投资额不相等的投资项目的差量现金净流量的基础上，计算出差额内含报酬率，并据以判断这两个投资项目孰优孰劣的方法。差额投资内含报酬率法适用于原始投资不相等且项目计算期不同的多项目决策。

当差额内含报酬率大于或等于行业基准收益率或企业设定的贴现率时，原始投资额大的项目较优；反之，则原始投资额小的项目较优。该方法还经常被用于更新改造项目的投资决策，当项目的差额内含报酬率大于或等于行业基准收益率或企业设定的贴现率时，应当进行更新改造；反之，就不应当进行更新改造。

【例7-15】 A公司有甲、乙两个可供选择的投资项目，两个项目的差量现金净流量如表7-9所示。

表7-9　甲、乙两个项目差量现金净流量表　　　　　　　　　　　单位：万元

年次	0	1	2	3	4	5
甲项目的现金净流量	-200	126.03	126.03	126.03	126.03	126.03
乙项目的现金净流量	-100	100.53	100.53	100.53	100.53	100.53
ΔNCF	-100	25.5	25.5	25.5	25.5	25.5

假设行业基准收益率为10%，请就以下两种不相关情况选择投资项目：
（1）行业基准收益率为8%。
（2）行业基准收益率为12%。

【解析】 根据以上资料，差量现金净流量为

$$\Delta NCF_0 = -100（万元），\Delta NCF_{1-5} = 25.5（万元）$$

经过计算，甲、乙项目的差额内含报酬率为8.69%。

在第（1）种情况下，由于差额内含报酬率大于8%，所以选择甲方案。

在第（2）种情况下，由于差额内含报酬率小于12%，所以选择乙方案。

3. 年等额净回收额法

年等额净回收额法是指根据所有项目的年等额净回收额的大小来选择最优项目的投资决策方法。

年等额净回收额的计算公式为

$$A = NPV \times (A/P, i, n)$$
$$= (NPV \div (P/A, i, n)$$

式中：A——年等额净回收额；

$(A/P, i, n)$——n 年折现率为 i 的资金回收系数；

$(P/A, i, n)$——n 年折现率为 i 的年金现值系数。

决策规则是：以年等额净回收额最大的项目为最优项目。

【例 7-16】 B 企业拟新建一条生产线，现有三个方案可供选择：甲方案原始投资为 260 万元，项目计算期为 5 年，净现值为 130 万元；乙方案原始投资为 200 万元，项目计算期为 6 年，净现值为 120 万元；丙方案原始投资为 300 万元，项目计算期为 8 年，净现值为 -2.5 万元。行业基准收益率为 10%。请按年等额净回收额法进行决策分析。

【解析】 因为甲方案和乙方案的净现值均大于 0，所以这两个方案具有财务可行性；而丙方案的净现值小于 0，所以丙方案不具有财务可行性。进行决策分析时只需要在甲方案和乙方案之间做出选择。

甲方案的年等额净回收额 $= NPV_甲 \div (P/A, 10\%, 5)$

$= 130 \div 3.791 \approx 34.29$（万元）

乙方案的年等额净回收额 $= NPV_乙 \div (P/A, 10\%, 6)$

$= 120 \div 4.355 \approx 27.55$（万元）

∵ 34.29 万元 > 27.55 万元

∴ 甲方案优于乙方案，B 企业应选择甲方案。

【项目小结】

本项目主要介绍了项目投资的概念、类型和特点，项目投资的程序、现金流量的内容和估算方法、项目投资决策评价指标及其应用等知识。首先，项目投资是对特定项目所进行的一种长期投资行为，主要包括新建项目投资和更新改造项目投资。其次，项目投资的特点主要是投资规模大而次数少，投资回收期长而风险大，因此项目投资决策必须严格遵守相应的投资程序。再次，现金流量是对项目投资所引起的现金流入量和现金流出量的统称。它是评价投资方案是否可行的一个基础性指标。现金流量包括现金流入量、现金流出量和现金净流量三个部分。最后，项目投资决策评价指标主要分为非贴现指标和贴现指标。非贴现指标包括静态投资回收期和投资利润率，贴现指标包括贴现投资回收期、净现值、净现值率、现值指数和内含报酬率。在项目投资决策评价指标的应用中，重点介绍了独立方案和互斥方案的对比与优选。

课后自主学习空间

【职业能力训练】

一、单选题

1. 内含报酬率法是根据投资方案本身内含报酬率来评价方案优劣的方法。它是指能够使未来现金流入量现值等于未来现金流出量现值的贴现率，或者说是使投资方案净现值（　　）的贴现率。

A. 大于 1　　　　B. 小于 1　　　　C. 等于 1　　　　D. 等于 0

2. 在项目投资决策中，完整的项目计算期是指（　　）。
   A. 建设期　　　　　　　　　　　　B. 经营期
   C. 建设期+达产期　　　　　　　　D. 建设期+经营期

3. 下列项目投资决策评价指标，不受建设期长短、投资回收时间先后及现金流量大小影响的是（　　）。
   A. 投资回收期　B. 投资利润率　C. 净现值率　D. 内含报酬率

4. 原始投资额不相等，特别是项目计算期不同的多方案决策，最适合采用的评价方法是（　　）。
   A. 获利指数法　　　　　　　　　　B. 内含报酬率法
   C. 差额投资内含报酬率法　　　　　D. 年等额净回收额法

5. 固定资产投资与固定资产原值的数量关系是（　　）。
   A. 固定资产投资=固定资产原值
   B. 固定资产投资=固定资产原值+建设期资本化利息
   C. 固定资产投资=固定资产原值−建设期资本化利息
   D. 固定资产投资=固定资产原值−建设期资本化利息−设备安装费用

6. 经营成本不包括（　　）。
   A. 年折旧费　B. 工资及福利费　C. 外购动力费　D. 修理费

7. 项目投资现金流量表（全部投资现金流量表）中不包括（　　）。
   A. 所得税前现金净流量　　　　　　B. 累计所得税前现金净流量
   C. 借款本金偿还　　　　　　　　　D. 所得税后现金净流量

8. 某投资项目，当折现率为10%时，净现值为500元；当折现率为15%时，净现值为−480元，则该项目的内含报酬率为（　　）。
   A. 13.15%　　B. 12.75%　　C. 12.55%　　D. 12.25%

9. 计算静态投资回收期时，不涉及（　　）。
   A. 建设期资本化利息　　　　　　　B. 流动资金投资
   C. 无形资产投资　　　　　　　　　D. 开办费投资

10. 企业在分析投资方案时，有关所得税的数据应根据（　　）来确定。
    A. 过去的平均税率　　　　　　　　B. 当前的税率
    C. 未来可能的税率　　　　　　　　D. 全国的平均税率

二、多选题

1. 考虑了资金时间价值的贴现法主要包括（　　）。
   A. 净现值法　　　　　　　　　　　B. 现值指数法
   C. 内含报酬率法　　　　　　　　　D. 平均投资报酬率法

2. 项目投资的特点是（　　）。
   A. 投资规模较大，投资回收期较长
   B. 投资风险较大
   C. 变现能力差
   D. 项目投资决策必须严格遵守相应的投资程序

3. 确定现金流量的假设是（　　）。
   A. 财务可行性分析假设　　　　　　B. 全投资假设
   C. 建设期投入全部资金假设　　　　D. 经营期和折旧年限一致假设
   E. 时点指标假设
4. 净现值是一个折现的绝对量正指标，其主要优点有（　　）。
   A. 考虑了资金的时间价值
   B. 系统考虑了项目计算期内的全部现金流量
   C. 考虑了投资风险
   D. 考虑了利润构成
5. 互斥方案决策的方法主要有（　　）。
   A. 年等额净回收额法　　　　　　　B. 肯定当量法
   C. 差额投资内含报酬率法　　　　　D. 净现值法
6. 项目投资决策中的现金流量，一般包括（　　）。
   A. 初始现金流量　　　　　　　　　B. 现金净流量
   C. 营业现金流量　　　　　　　　　D. 终结现金流量
7. 影响内含报酬率的因素有（　　）。
   A. 投资项目的有效年限　　　　　　B. 投资项目的现金流量
   C. 企业要求的最低投资报酬率　　　D. 银行贷款利率
8. 净现值法的优点有（　　）。
   A. 考虑了资金的时间价值
   B. 能够利用项目计算期内的全部现金净流量
   C. 用公式法计算比较简单
   D. 可从动态上反映投资项目的实际收益率水平
9. 在存在所得税的情况下，以"利润＋折旧"估计经营期现金净流量时，"利润"不是指（　　）。
   A. 利润总额　　　B. 净利润　　　C. 营业利润　　　D. 息税前利润
10. 如果一个投资方案的净现值等于0，则表明（　　）。
    A. 该投资方案的现值指数等于1
    B. 该投资方案不具有财务可行性
    C. 该投资方案的净现值率大于0
    D. 该投资方案的内含报酬率等于企业设定的折现率或行业基准收益率

三、判断题

1. 在整个经营期内，利润总计与现金流量总计是相等的，所以现金净流量可以代替利润作为评价净收益的指标。（　　）
2. 投资方案的投资回收期越长，表明其风险越小。（　　）
3. 在项目计算期内，任何一年的现金净流量，都可以通过"利润＋折旧"的简化公式确定。（　　）
4. 某一项目的净现值大于或等于0，则该项目的内含报酬率一定大于或等于基准的

折现率。 (　　)

5. 当评价固定资产投资项目时，投资回收期越短越好，而现值指数、内含报酬率等则越大越好。 (　　)

6. 当评价两个互斥投资方案时，应该重点比较其内含报酬率，净现值指标则应放在次要地位。 (　　)

7. 在实际工作中，可以将投资项目的内含报酬率作为净现值、现值指数的折现率。 (　　)

8. 在采用现值指数法进行互斥投资方案的选择时，应选择现值指数最大的方案。 (　　)

9. 如果已知项目的风险程度与无风险报酬率，就可以运用公式算出风险调整贴现率。 (　　)

10. 根据项目投资决策的全投资假设，在计算经营期的现金流量时，与投资项目有关的利息支出应当作为现金流量处理。 (　　)

四、名词解释

1. 项目投资　　2. 现金流量　　3. 净现值
4. 净现值率　　5. 现值指数　　6. 内含报酬率
7. 投资利润率

五、简答题

1. 什么是项目投资？简述项目投资的特点。
2. 现金流量的作用表现在哪些方面？
3. 净现值法与净现值率法的优缺点有哪些？
4. 简述现值指数法和内含报酬率法的异同。

六、实践训练园地

1. 某公司有 A、B 两个投资方案，其年现金净流量如表 7-10 所示。

表 7-10　A、B 两个方案年现金净流量　　　　　　　　单位：万元

年次	1	2	3	4	5
A 方案年现金净流量	5 100	5 100	5 100	5 100	5 100
B 方案年现金净流量	6 150	5 730	5 310	4 890	4 470

要求：计算 A、B 两个方案的投资利润率。

2. 某固定资产投资项目有关资料如表 7-11 所示。

表 7-11　某固定资产投资项目有关资料表　　　　　　单位：万元

年次	现金净流量	复利现值系数	累计现金净流量	折现的现金净流量
0	−500	1.000 0		
1	200	0.892 9		
2	100	0.797 2		

续表

年次	现金净流量	复利现值系数	累计现金净流量	折现的现金净流量
3	100	0.711 8		
4	200	0.635 5		
5	100	0.567 3		
合计	200			

要求：(1) 填充上表空白处；(2) 计算该项目的静态投资回收期；(3) 计算该项目的原始投资额、项目计算期、净现值。

3. 某公司拟投资一个新项目，现有甲、乙两个方案可供选择。甲方案需要投资15 000元，使用寿命为5年，采用直线法计提折旧，期满无残值，5年中每年可实现销售收入8 000元，每年付现成本为3 000元。乙方案需要投资25 000元，使用寿命为5年，采用直线法计提折旧，期满有残值5 000元，5年中每年可实现销售收入10 000元，付现成本第一年为4 000元，以后逐年增加修理费200元，另外，在建设期初需要垫支流动资金2 000元。假设所得税税率为25%。要求：计算甲、乙两个方案的现金流量。

4. 某公司拟投资一个新项目，该项目需要投资固定资产12 000元，使用寿命为5年，采用直线法计提折旧，期满有残值2 000元。另外，在建设期初需要垫支流动资金3 000元。投产后每年可实现销售收入8 000元，付现成本第一年为3 000元，以后逐年增加修理费400元。假设所得税税率为25%，该项目的资金成本为10%。要求：分别用静态投资回收期法、净现值法、现值指数法、内含报酬率法分析评价该项目。

5. 某企业有A、B、C、D、E 5个投资项目，有关原始投资额、净现值、净现值率和内含报酬率指标如表7-12所示。

表7-12 项目投资决策评价指标表　　　　　　　　　　　　　单位：万元

项目	原始投资额	净现值	净现值率	内含报酬率
A	300	120	40%	18%
B	200	40	20%	21%
C	200	100	50%	40%
D	100	22	22%	19%
E	100	30	30%	35%

要求：

(1) 5个投资方案为互斥方案，企业准备投资其中一个，假设资金成本为15%，企业应该如何选择投资方案？

(2) 当企业投资总额不受限制时，企业应该如何安排投资？

(3) 当企业投资总额限制在200万元、300万元、400万元时，企业应该如何安排投资？

【任务工单】

工单内容

【课业评价及措施】

评价项目（共100分）	评价分值	整改措施
课业完成情况（40分）		
课业完成质量（60分）		
自评成绩		

项目八 金融投资管理

学习目标

※ 理解证券投资的风险与收益
※ 了解债券投资、股票投资
※ 掌握债券和股票的估价方法
※ 了解基金投资的特点与分类

技能目标

※ 能进行债券投资分析
※ 能进行股票投资分析
※ 能进行基金投资操作

任务描述

你听说过股票、债券吗？你买过股票吗？相信大家对股票和债券并不陌生。那么，你知道股票的价值是如何确定的吗？本项目将对股票和债券的估价、收益率计算进行介绍。通过本项目的学习，相信你会对证券投资有更进一步的理解。

项目导图（图8-1）

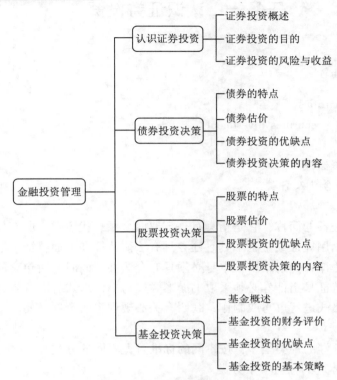

图8-1　金融投资管理思维导图

课前自主学习空间

【案例导入】

未来投资机会的选择

某公司主要进行房地产投资，现正考虑在郊区建一栋写字楼。经测算，买地和建造大楼的成本为5 000万元，公司有银行存款可以支付。预计明年写字楼的售价为5 300万元。现假设明年写字楼的售价为5 300万元是确定的，投资一年期国债的收益率为7%也是确定的。当然，公司还可以把5 000万元用于其他投资方式，比如购买股票，但是股票投资的风险是不确定的。因此，为了简化分析，我们只对相同风险的两种投资方式进行比较分析。

■ 思考与讨论：
1. 如果你是决策者，你会选择哪种投资方式？为什么？
2. 什么是债券投资？短期债券投资的收益率如何计算？

案例解析

任务一　认识证券投资

关键术语

※ 证券（Securities）
※ 证券投资（Securities Investment）

一、证券投资概述

（一）证券的含义及种类

1. 证券的含义

证券是有价证券的简称，它是指具有一定票面金额、代表财产所有权或债权、可以有偿转让的一种信用凭证或金融工具。证券具有法律特征和书面特征。法律特征是指证券反映的是某种法律行为的结果，本身必须具有合法性，同时它所包含的特定内容具有法律效力；书面特征是指证券必须采取书面形式或与书面形式有同等效力的形式，并且必须按照特定的格式进行书写或制作，载明有关法规规定的全部必要事项。

2. 证券的种类

金融市场上证券的种类很多，按不同的标准可做不同的分类。

（1）按证券体现的权益关系分类。

证券按其体现的权益关系分类，可分为所有权证券和债权证券。所有权证券又称权益证券，是体现证券持有人和证券发行单位所有权关系的证券。它是一种既不定期支付利息，也无固定偿还期的有价证券。股票是典型的所有权证券，股东就是发行股票企业的所有者。债权证券是体现证券持有人和证券发行单位债权关系的证券。它是一种必须定期支付利息，并要按期偿还本金的有价证券。国库券、企业债券、金融债券都是债权证券。

（2）按证券的发行主体分类。

证券按其发行主体分类，可分为政府证券、金融证券和公司证券。政府证券是指中央或地方政府为筹集资金而发行的证券，如国库券。金融证券是指银行或其他金融机构为筹集资金而发行的证券，如短期融资券。公司证券又称企业证券，是指工商企业为筹集资金而发行的证券。对于投资者而言，政府证券的风险较小，金融证券的风险次之，公司证券的风险则视企业的规模、财务状况和其他情况而定。

（3）按证券的收益状况分类。

证券按其收益状况分类，可分为固定收益证券和变动收益证券。固定收益证券是指在证券票面上规定有固定收益率，投资者可定期获得稳定收益的证券，如优先股股票、债券。变动收益证券是指在证券票面上无固定收益率，其收益情况随着企业经营状况而变动的证券，如普通股股票。一般而言，固定收益证券的风险较小，但报酬不高；而变动收益证券的风险较大，但报酬较高。

（4）按证券的募集方式分类。

证券按其募集方式分类，可分为公募证券和私募证券。公募证券又称公开发行证券，是指发行人向不特定的社会公众广泛发售的证券。在公募发行的情况下，所有合法的社会投资者都可以参加认购。私募证券又称不公开发行证券或内部发行证券，是指发行人仅向少数特定投资者发行的证券。

（5）按证券到期日的长短分类。

证券按其到期日的长短分类，可分为短期证券和长期证券。短期证券是指到期日不超过1年的证券，如国库券、商业票据、银行承兑汇票等。长期证券是指到期日超过1年的证券，如股票、债券等。

（二）证券投资的含义及种类

1. 证券投资的含义

证券投资是指投资者（法人或自然人）买卖股票、债券、基金等有价证券及这些有价证券的衍生品，以获取差价、利息及资本利得的投资行为和投资过程，它是间接投资的重要形式。

2. 证券投资的种类

根据证券投资的对象不同，可将证券投资分为债券投资、股票投资、组合投资和基金投资。

（1）债券投资是指企业将资金投向各种各样的债券，如购买国库券、企业债券和金融债券。由于债券的发行要经过有关部门的严格审查，只有信誉较高的筹资人才能获得发行债券的资格，所以与股票相比，债券投资的风险较低、安全性较高。

（2）股票投资是指企业将资金投向股票市场，购买优先股和普通股。相对来说，投资股票的风险更高，但收益也可能更高。

（3）组合投资即证券投资组合，是指企业将资金同时投向多种证券，如既购买政府债券，又购买股票。通过组合投资，可以分散投资风险。组合投资是企业常用的投资方式。

（4）基金投资是由专门的基金管理人进行管理，将众多投资者分散的资金集合起来，分散投资于股票、债券或其他金融资产，向投资者发售基金份额，并将投资收益分配给基金份额持有人的集合投资方式。

二、证券投资的目的

（一）有效利用闲置资金

企业在正常的生产经营过程中，由于各种原因，会出现暂时闲置的资金。为了提高资金的利用效率，企业可以用闲置资金购入随时可变现的证券或资产，从而取得一定的收益。企业一般都持有一定数量的有价证券，当现金流出大于现金流入时，便可以卖出有价证券，以增加现金；反之，则可以买入有价证券，以减少现金。

（二）获得相关企业控制权

企业可以通过对外投资，购买相关企业的股票，以获得股权的方式去影响或控制相关企业的营运政策。

(三) 满足未来的财务需要

企业将现有的现金投资于有价证券，可在未来需要时卖出转换成现金，从而满足未来对现金的需要。

三、证券投资的风险与收益

(一) 证券投资的风险

证券投资的风险是指证券投资者预期收益的不确定性，按其来源可分为以下几种。

1. 流动性风险

证券持有人想要出售有价证券而不能立即出售的风险，叫作流动性风险。能在短期内按市价大量出售的证券，流动性风险小；反之，则流动性风险大。一般而言，政府证券的流动性风险小，而企业证券的流动性风险大；大企业证券的流动性风险小，而小企业证券的流动性风险大。

2. 违约风险

企业不能按照证券发行契约或发行承诺支付投资者债息、股息、红利及偿还债券本金而使投资者遭受损失的风险，叫作违约风险。导致发行人违约的原因主要有以下几个方面：① 政治、经济形势发生重大变动；② 发生自然灾害，如水灾、火灾等；③ 企业经营管理不善、成本高、浪费大；④ 企业在市场竞争中失败，主要客户消失；⑤ 企业财务管理失误，不能及时清偿到期债务。

3. 利率风险

投资者因利率变动引起的金融资产价格波动而遭受损失的风险，叫作利率风险。证券的价格，一般随利率的变动而变动。利率是国家调整国民经济运行的主要手段。当经济发展过快时，国家就会上调利率，证券的价格就会下降；当经济发展过慢时，国家就会下调利率，证券的价格就会上升。一般而言，不同期限的证券，利率风险不同，期限越长，风险越大。

4. 购买力风险

由通货膨胀引起的投资者实际收益水平下降的风险，叫作购买力风险。当发生通货膨胀时，企业的制造成本、管理成本、融资成本会提高，如果企业无法通过产品提价或内部消化加以弥补，就会使企业的经营状况和财务状况恶化，投资者就会丧失对证券投资的信心，证券价格随之跌落。一般而言，随着通货膨胀的发生，变动收益证券比固定收益证券要好。因此，通常认为，普通股股票比公司债券和其他固定收入的证券能更好地避免购买力风险。

5. 期限性风险

由于证券的期限长、不确定性因素多而给投资者带来的风险，叫作期限性风险。一项投资的时间越长，到期日越远，投资者受到不确定性因素影响的可能性越大，风险越大。

(二) 证券投资的收益

证券投资的收益是指通过投资证券所获得的全部净收入，包括证券交易现价与原价的差额及定期股利或利息收益，它既可以用绝对数表示，也可以用相对数表示。在财务管理中，通常用相对数表示，即用投资收益率表示。

投资收益率是指投资收益与投资额的比率。证券投资的目的是获得更高的报酬,因此收益的高低是影响证券投资的重要因素。此外,企业在投资决策时还应考虑经济发展状况、通货膨胀状况、金融市场利率水平、被投资企业所处的行业特征、企业生产管理水平等方面的因素。

1. 短期证券投资收益率

短期证券投资收益率的计算相对比较简单,不用考虑资金时间价值,其计算公式为

$$K=\frac{S_1-S_0+P}{S_0}\times 100\%$$

式中:K——证券投资收益率;

S_0——证券购买价格;

S_1——证券卖出价格;

P——证券投资报酬。

【例8-1】 某公司于2021年2月15日以100元的价格购买1股某股票,2022年1月每股获得5.5元的股利。该公司于2022年2月15日以120元的价格卖出该股票。试计算该公司的投资收益率。

【解析】 $K=\dfrac{120-100+5.5}{100}\times 100\%=25.5\%$

2. 长期证券投资收益率

长期证券投资收益率由于涉及资金时间价值,所以计算相对复杂。

(1) 债券投资收益率。

企业进行债券投资,一方面每年会有固定的利息收益,另一方面在债券到期或中途卖出时可以收回本金。债券投资收益率的计算公式为

$$V=\frac{I}{(1+i)^1}+\frac{I}{(1+i)^2}+\cdots+\frac{I}{(1+i)^n}+\frac{F}{(1+i)^n}$$

$$V=I(P/A,i,n)+F(P/F,i,n)$$

式中:V——债券购买价格;

I——每年获得的固定利息;

F——债券到期收回的本金或中途出售收回的资金;

i——债券投资收益率;

n——投资期限。

【例8-2】 某公司于2017年2月1日以924.16元的价格购买一张面值为1 000元的债券,票面利率为8%,每年1月31日计算并支付一次利息。该债券于2022年1月31日到期,按面值收回本金。试计算该债券的投资收益率。

【解析】 按逐步测试法来进行计算,假设投资收益率为9%,则其现值为

$V=1\ 000\times 8\%\times(P/A,9\%,5)+1\ 000\times(P/F,9\%,5)$

$=80\times 3.889\ 7+1\ 000\times 0.649\ 9$

≈ 961.08(元)

由于961.08元大于924.16元,说明投资收益率大于9%,因此再假设投资收益率

为 10%，则其现值为

$$V = 1\,000 \times 8\% \times (P/A, 10\%, 5) + 1\,000 \times (P/F, 10\%, 5)$$
$$= 80 \times 3.790\,8 + 1\,000 \times 0.620\,9$$
$$\approx 924.16 \text{（元）}$$

此时，现值正好为当时买入的价格 924.16 元，所以该债券的投资收益率为 10%。

(2) 股票投资收益率。

当企业进行股票投资时，每年可获得的股利经常是变动的，当卖出股票时，也可收回一定的本金。股票投资收益率的计算公式为

$$V = \sum_{j=1}^{n} \frac{D_j}{(1+i)^j} + \frac{F}{(1+i)^n}$$

式中：V——股票购买价格；

F——股票出售价格；

D_j——股票投资报酬（每年获得的股利）；

n——投资期限；

i——股票投资收益率。

 证券投资的风险有哪些？

任务二 债券投资决策

关键术语

※ 债券估价（Bond Valuation）

债券投资是企业通过购入债券成为债券发行单位的债权人，并获取债券利息的投资行为。企业的债券投资分为短期投资和长期投资。企业进行短期债券投资的主要目的是配合企业的资金需求，起到调节企业现金余额的作用。当企业的现金余额过多时，企业增加短期债券投资，减少现金余额；当企业的现金余额过少时，企业减少短期债券投资，收回现金，从而使企业的现金余额达到合理的水平。企业进行长期债券投资的主要目的是获得稳定的收益。

一、债券的特点

债券作为一种金融工具，主要具有以下几个特点。

（一）偿还性

债券是按照法定程序发行的、要求发行人按约定的时间和方式向债权人支付利息和偿还本金的一种债务凭证。因此，债券的发行人必须在规定的时间还本付息，债券具有偿还性。

（二）收益性

债券能为投资者带来一定的收益，其主要表现为三种形式：一是投资者定期取得的利息收入；二是投资者在二级市场上买卖债券赚取的差价；三是持有债券期间所获利息的再投资收益。

（三）流动性

流动性主要是指债券以其理论值或接近理论值的价格进行变现的能力。当债券持有人需要资金时，可以在金融市场上卖出债券，收回资金。不同债券的流动性不同，当债券发行人的资信好或债券期限短时，该债券的流动性就比较强，但是一般情况下，流动性强的债券，其收益性会差一点。

（四）安全性

由于债券的发行要经过有关部门的严格审查，债券的到期还本付息有较为可靠的保证，并且债券的流动性相对比较强，债券持有人需要资金时，可以卖出债券收回资金，因此债券投资相对来说风险低、安全性高。此外，在企业破产时，债券持有人可以优先于股票持有人对企业剩余资产进行索赔。

二、债券估价

进行债券估价的目的是确定债券的内在价值，并为企业进行债券投资决策提供依据。

（一）债券估价通用模型

$$P = \sum_{t=1}^{n} \frac{iF}{(1+k)^t} + \frac{F}{(1+k)^n}$$

$$= \sum_{t=1}^{n} \frac{I}{(1+k)^t} + \frac{F}{(1+k)^n}$$

$$= I(P/A,k,n) + F(P/F,k,n)$$

式中：P——债券价格；

i——债券票面利率；

F——债券面值；

I——每年利息；

k——市场利率或投资人要求的必要报酬率；

n——付息总期数。

这类债券持有人未来能够获得的现金流入包括两部分：一是每期期末的利息，它属于年金形式；二是到期一次偿还的本金。

【例8-3】 某债券面值为1 000元，票面利率为10%，期限为5年，每年年末付息一次，到期还本，当前市场利率为12%。请问债券价格为多少时才值得投资？

【解析】 $P = 1\,000 \times (P/F,12\%,5) + 1\,000 \times 10\% \times (P/A,12\%,5)$

$= 1\,000 \times 0.567\,4 + 100 \times 3.604\,8 = 927.88$（元）

即当这种债券的价格低于927.88元时才值得投资。

（二）到期一次还本付息且不计复利的债券估价模型

我国很多债券属于一次还本付息且不计复利的债券，其估价计算公式为

$$P=\frac{F+Fin}{(1+k)^n}=F(1+in)\times(P/F,k,n)$$

【例 8-4】 某债券面值为 1 000 元,票面利率为 10%,期限为 5 年,按单利计息,当前市场利率为 8%。请问债券价格为多少时才值得投资?

【解析】 $P=\dfrac{1\,000+1\,000\times10\%\times5}{(1+8\%)^5}\approx 1\,020.87$（元）

即当这种债券的价格低于 1 020.87 元时才值得投资。

(三) 贴现发行的债券估价模型

有些债券以低于面值发行且没有票面利率,到期按面值偿还,这类债券被称为贴现债券。购买这类债券所获的收益体现在偿还金额与发行价格的差价上,并无利息收入。

$$P=\frac{F}{(1+k)^n}=F(P/F,k,n)$$

【例 8-5】 某债券面值为 1 000 元,期限为 5 年,以折价方式发行,到期按面值偿还,当前市场利率为 8%。请问债券价格为多少时才值得投资?

【解析】 $P=1\,000\times(P/F,8\%,5)=1\,000\times0.680\,6=680.6$（元）

即当这种债券的价格低于 680.6 元时才值得投资。

三、债券投资的优缺点

(一) 债券投资的优点

1. 本金的安全性高

与股票投资相比,债券投资的风险较小。政府发行的债券有国家财力做后盾,其本金的安全性相当高,通常被看作无风险债券。企业债券的持有人拥有优先求偿权,即当企业破产时,债券持有人优先于股东分得企业资产,因此其本金损失的可能性也较小。

2. 收入的稳定性强

债券一般都有固定的票面利率,债券的发行人必须按规定的时间支付利息,因此债券持有人有较稳定的利息收入。

3. 市场的流动性好

大多数债券都有较强的流动性,可在金融市场上进行买卖交易,变现比较容易。

(二) 债券投资的缺点

1. 购买力风险较大

由于债券的面值和票面利率在发行时就已经确定,不随市场利率的变化而变化,因此若在投资期间发生通货膨胀,则债券持有人的本金和利息的购买力都会下降,从而不利于投资者。

2. 没有经营管理权

与股票投资不同,债券投资只是获得收益的一种方式,债券持有人无权对债券发行单位施加影响和控制。

四、债券投资决策的内容

债券投资决策主要考虑以下几个方面。

（一）是否进行债券投资的决策

当拥有可支配的闲置资金时，企业必然会产生投资的欲望，这时的问题就在于这部分资金是投资于企业内部（如购置固定资产、无形资产等），还是投资于企业外部（如购买股票、债券等）。在确定是否进行债券投资时，企业主要考虑的因素有债券投资的可靠性、债券投资收益率的高低和债券投资其他的效果。

（二）债券投资对象的决策

债券投资对象是指购买债券的具体种类。可供选择的债券种类很多，企业应结合债券发行单位的资信状况和企业可利用资金的期限长短两个方面的具体情况做出分析、判断和选择。

（三）债券投资结构的决策

债券投资结构是指多种债券品种安排问题。合理的债券投资结构可以降低债券投资的风险，增强债券投资的流动性，同时实现债券投资收益的最大化。

> 小讨论　如何对债券进行估价？

任务三　股票投资决策

关键术语

※ 股票估价（Stock Valuation）

股票是股份制公司发给股东的所有权凭证，是股东据以定期取得股息、红利的一种有价证券。股票投资分为普通股投资和优先股投资。企业进行股票投资的目的主要有两个：一是获利，即作为一般的证券投资，获取股利收入及股票买卖差价；二是控股，即通过购买某一企业的大量股票达到控制该企业的目的。

一、股票的特点

（一）参与性

股票持有人作为股东，有权参与企业重大决策，可以通过行使股东权力来参与企业经营管理。股东权力的大小，取决于其所持有股份的多少。

（二）收益性

股东凭其所持有的股份，有权获得股息和红利，取得投资收益，还可以通过买卖股票获得价差收益。

（三）风险性

股票投资的收益具有不确定性，因此买入股票就要承担一定的风险。股票的风险主要表现在：一是当股份制公司的经营业绩不确定时，股票的股息和红利也是不确定的；二是二级市场上股票的价格波动比较大，当股票价格下跌时，投资者会遭受损失。

(四) 流通性

流通性是指股票在不同投资者之间的可交易性。流通性通常以可流通的股票数量、股票成交量及股价对交易量的敏感程度来衡量。股票的流通，使投资者可以在金融市场上买卖股票。

(五) 永久性

股票所载有权利的有效性是始终不变的，因为它是一种无限期的法律凭证。股票的有效期与股份制公司的存续期间相联系，两者是并存的关系。

二、股票估价

(一) 股票估价的基本模型

$$V = \sum_{t=1}^{n} \frac{D_t}{(1+k)^t} + \frac{V_n}{(1+k)^n}$$

式中：V——股票的价值；

V_n——预计未来出售时的股票价格；

k——投资者要求的投资收益率；

D_t——第 t 期的预期股利；

n——预计持有股票的期数。

股票估价的基本模型要求无限期地预计每年的股利，如果持有期是个未知数，上述模型实际上很难计算。因此，实际应用的股票估价模型都是假设股利零增长或以固定比例增长的价值模型。

(二) 股利零增长、长期持有的股票估价模型

如果某股票每年股利稳定不变，即其支付过程相当于一个永续年金。此时，股票价值的计算公式可简化为

$$V = \frac{D}{k}$$

式中：V——股票的价值；

D——每年固定股利；

k——投资者要求的投资收益率。

(三) 股利固定增长、长期持有的股票估价模型

如果一个企业的股利不断增长，投资者的投资期限又非常长，则股票的估价就更困难了，只能计算近似数。此时，股票价值的计算公式为

$$V = \frac{D_0(1+g)}{k-g} = \frac{D_1}{k-g}$$

式中：V——股票的价值；

D_0——上年股利；

D_1——第 1 年的股利；

K——投资者要求的投资收益率；

g——每年股利的增长率。

【例 8-6】 某股票上年股利为 2 元，预计以后每年按 4% 的增长率增长，若想获得

10%的投资收益率，则在股票价格为多少时才值得投资？

【解析】 $V=2\times(1+4\%)/(10\%-4\%)\approx 34.67$（元）

即当这种股票的价格低于34.67元时才值得投资。

（四）市盈率

市盈率是普通股每股市价与每股收益之比。市盈率是一种粗略衡量股票价值的方法。其计算公式为

$$市盈率=普通股每股市价/普通股每股收益$$

$$股票价格=该股票市盈率\times 该股票每股收益$$

$$股票价值=行业平均市盈率\times 该股票每股收益$$

同行业或同类股票过去若干年的平均市盈率，可以根据证券机构或期刊提供的资料确定。

三、股票投资的优缺点

（一）股票投资的优点

1. 能获得较高的投资收益

虽然普通股的价格变动频繁，但从长期看，只要选择得当，可以获得比较丰厚的回报。

2. 能适当降低购买力风险

普通股的股利是不固定的，在发生通货膨胀时，由于物价普遍上涨，股份制公司的盈利增加，支付的股利也随之增加。

3. 拥有一定的经营控制权

普通股股东有权监督和控制企业的生产经营，因此可以通过收购股权的方式来控制企业。

（二）股票投资的缺点

1. 求偿权居后

普通股对企业资产和盈利的求偿权均居于最后。当企业破产时，股东的投资可能得不到全额补偿，从而带来较大的损失。

2. 股票价格不稳定

通股的价格受很多因素的影响，波动比较频繁，因此投资股票的风险也比较大。

3. 股利收入不稳定

普通股的股利与企业的经营状况和财务状况有关，其收益的不确定性远远大于固定收益证券。

四、股票投资决策的内容

股票投资决策主要考虑以下几个方面。

（一）是否进行股票投资的决策

利用上述股票估价模型计算出股票的价值与股票的市场价格进行比较，以及使用投资收益有关公式计算出一定时期内股票的收益率，将其与预期的其他投资收益率相比较，做出是否购买股票的初步选择。此外，还应了解股票发行企业的经营状况与财务状况。

(二) 股票投资对象的决策

股票投资分为普通股投资和优先股投资，这两种投资的收益和权利有着显著差别。企业要对不同股票投资的收益、风险和权利进行比较分析、权衡利弊做出选择。

(三) 股票投资结构的决策

股票投资结构决策的基本要求是分散投资，包括分散投资股票的种类、分散投资股票的行业和分散投资期限，从而可以分散股票投资的风险。

▶小讨论 如何对股票进行估价？

任务四 基金投资决策

关键术语

※ 基金单位净值（Net Asset Value）

一、基金概述

(一) 基金的含义

基金是指通过发售基金份额，将众多投资者分散的资金集中起来，由基金托管人托管，由基金管理人分散投资于股票、债券或其他金融资产，并将投资收益分配给基金份额持有人的集合投资方式。基金投资者既享受证券投资的收益，也承担证券投资亏损的风险，因此基金是一种利益共享、风险共担的集合投资方式。

(二) 基金的组织与运作

（1）由基金的发起人设计、组织各种类型的投资基金。

（2）基金份额用"基金单位"来表示，基金单位也称受益权单位，它是确定投资者在某一投资基金中所持份额的尺度。

（3）由指定的信托机构保管和处分基金财产，专款存储以防止基金财产被挪为他用。

（4）由指定的基金管理公司负责基金的投资运作。

(三) 基金的特点

1. 集合理财，专业管理

基金将众多投资者的资金集中起来，委托基金管理人进行共同投资，表现出一种集合理财的特点。基金通过规模经营降低交易成本，从而获得规模收益的好处。基金管理人一般具有良好的专业背景、丰富的投资经验，能更好地利用各种金融工具，抓住投资机会，从而提高投资收益率。

2. 组合投资，分散风险

为降低投资风险，《中华人民共和国证券投资基金法》规定，基金管理人运用基金财产进行证券投资，应当采用资产组合的方式，从而使"组合投资，分散风险"成为基金的一大特色。基金管理人通过将基金财产分别配置到股票、债券等多种资产上，可以有效降低资产组合的投资风险。

3. 利益共享，风险共担

基金投资者是基金的所有者，基金的投资收益扣除由基金承担的费用后的盈余全部归基金投资者所有，并依据投资者所持有的份额进行分配，因此基金的收益是共享的；基金管理人一般不承担投资损失，投资风险由基金投资者根据持有的份额承担，因此基金的风险是由基金份额持有人共担的。

4. 严格监管，信息透明

为切实保护投资者的利益，增强投资者对基金投资的信心，中国证监会对基金业实行比较严格的监管，对各种有损投资者利益的行为进行严厉的打击，并强制基金定期进行较为充分的信息披露。

5. 独立托管，保障安全

基金管理人负责基金的投资操作，本身并不经手基金财产的保管。基金财产的保管由独立于基金管理人的基金托管人负责。这种相互制约、相互监督的制衡机制对投资者的利益提供了重要的保护。

（四）基金的分类

1. 按基金的组织形态分类

根据组织形态的不同，基金可分为契约型基金和公司型基金。

（1）契约型基金又称单位信托基金，是指把受益人（投资者）、管理人、托管人三者作为基金的当事人，由管理人与信托人通过签订信托契约的形式发行受益凭证而设立的一种基金。

（2）公司型基金是按照《公司法》以公司形态组成的，该基金公司以发行股份的方式募集资金，一般投资者购买该公司的股份即为认购基金，也就成为该公司的股东，凭其持有的基金份额依法享有投资收益。

2. 按基金的变现方式分类

根据变现方式的不同，基金可分为封闭式基金和开放式基金。

（1）封闭式基金是指基金的发起人在设立基金时，限定了基金单位的发行总额，筹集到这个总额后，基金即宣告成立，并进行封闭，在一定时期内不再接受新的投资。

（2）开放式基金是指基金的发起人在设立基金时，未限定基金单位的发行总额，可视经营策略和发展需要追加发行。基金份额可以在基金合同约定的时间和场所申购和赎回。

3. 按基金的投资标的分类

根据投资标的不同，基金可分为股票基金、债券基金、货币基金、期货基金、期权基金、认股权证基金、专门基金等。

二、基金投资的财务评价

（一）基金估价

基金估价涉及三个概念：基金价值、基金单位净值和基金报价。

1. 基金的价值

基金也是一种有价证券，其内含价值也是指在基金投资上所能带来的现金净流量。但是，基金内含价值的具体确定依据与股票、债券等其他有价证券又有很大的区别。

股票和债券的价值由未来的现金流量决定，而基金的价值取决于目前能给投资者带来的现金流量，这种目前的现金流量一般用基金的净资产价值来表示。

2. 基金单位净值

基金单位净值也称单位净资产值或单位资产净值是指在某一时点每一基金单位（基金份额）所具有的市场价值。它是评价基金价值最基本和最直观的指标，也是确定开放型基金的申购价格、赎回价格及封闭型基金上市交易的交易价格的重要依据。其计算公式为

$$基金单位净值 = \frac{总资产 - 总负债}{基金单位总份数}$$

$$基金赎回价 = 基金单位净值 - 基金赎回费$$

3. 基金的报价

从理论上说，基金的价值决定基金的价格，基金的交易价格是以基金单位净值为基础的，基金单位净值越高，基金的交易价格也越高。

（二）基金收益率

基金收益率用来反映基金增值的情况，它通过基金净资产的价值变化来衡量。基金净资产的价值是以市价计量的，基金资产的市场价值增加，意味着基金的投资收益增加，基金投资者的权益也随之增加。其计算公式为

$$基金收益率 = \frac{年末持有份数 \times 年末基金单位净值 - 年初持有份数 \times 年初基金单位净值}{年初持有份数 \times 年初基金单位净值}$$

三、基金投资的优缺点

（一）基金投资的优点

1. 基金投资具有专家理财优势

基金是由具有良好的专业背景及丰富投资经验的基金管理人进行管理的，基金管理人能更好地利用各种金融工具，因此基金具有专家理财优势。

2. 基金投资具有资金规模优势

基金将众多投资者的资金集中起来，委托基金管理人进行共同投资，表现出一种集合理财的特点，可以通过规模经营，降低交易成本。

（二）基金投资的缺点

1. 无法获得很高的投资收益

在分散风险的过程中，基金投资的收益率也在下降，与股票投资相比，基金投资的收益率较低。

2. 承担的风险较大

在大盘整体大幅度下跌的情况下，特别是当基金的资产组合中股票占比较高时，进行基金投资可能会遭受较大的损失，投资者承担的风险较大。

四、基金投资的基本策略

在考虑进行基金投资时，选定基金前一定要缜密地考察与评估拟投资基金的绩效表

现与风险特征，并且要合理辨析和评估基金的内在价值与价格，灵活选择恰当的基金投资策略。

（一）平均成本投资策略

平均成本投资策略是指在均衡的时间间隔内按固定的金额分次投资于同一种证券。

（二）固定比重投资策略

固定比重投资策略要求将资金按比例分配投资于各类证券，使持有的各类证券市价总额达到设置的比重。

（三）分级定量投资策略

分级定量投资策略的基本做法是：设定投资对象的价格涨跌等级，价格每上升一个等级就抛售，每下降一个等级就购进，每次抛售或购进的数量是相等的。

【项目小结】

本项目主要介绍了证券投资的含义及目的、证券投资的风险与收益等知识，对债券投资、股票投资和基金投资进行了分析。证券投资是指投资者（法人或自然人）买卖股票、债券、基金等有价证券及这些有价证券的衍生品，以获取差价、利息及资本利得的投资行为和投资过程，它是间接投资的重要形式。证券投资的风险主要有流动性风险、违约风险、利率风险、购买力风险和期限性风险。在进行证券投资时，要对债券的估价、股票的估价和基金的估价有一个基本的认识，从而选择合适的基金投资策略。

课后自主学习空间

【职业能力训练】

一、单选题

1. 下列有价证券，预期收益率最高的是（　　）。
   A. 企业债券　　　B. 金融债券　　　C. 政府债券　　　D. 企业股票
2. 证券按其发行主体分类，不包括（　　）。
   A. 政府证券　　　B. 金融证券　　　C. 公司证券　　　D. 企业股票
3. 债券的特点不包括（　　）。
   A. 偿还性　　　　B. 收益性　　　　C. 周期性　　　　D. 流动性
4. 债券投资的优点不包括（　　）。
   A. 安全性高　　　　　　　　　　　B. 风险性高
   C. 收入稳定性强　　　　　　　　　D. 市场流动性好
5. 某国债，5年期，平价发行，票面利率为12%，按单利计息，到期一次还本付息，其收益率为（　　）。
   A. 9%　　　　　B. 10%　　　　　C. 11%　　　　　D. 12%
6. 投资者想要出售证券获取现金而不能立即出售的风险是（　　）。
   A. 流动性风险　　　　　　　　　　B. 期限性分析
   C. 违约风险　　　　　　　　　　　D. 利率风险

7. 基金投资的优点有（　　）。
   A. 专家理财　　　B. 风险高　　　C. 收益高　　　D. 期限短
8. 股票投资的缺点是（　　）。
   A. 收益低　　　B. 风险低　　　C. 收益高　　　D. 风险大
9. 证券投资的目的不包括（　　）。
   A. 暂时存放闲置资金　　　　　　B. 满足未来的财务需求
   C. 获得相关企业的控制权　　　　D. 与筹集短期资金相配合
10. 经济发生通货膨胀，给证券投资带来的风险属于（　　）。
    A. 利率风险　　　B. 违约风险　　　C. 期限性风险　　　D. 购买力风险

二、多选题

1. 根据证券投资的对象不同，将证券投资可分为（　　）。
   A. 债券投资　　　B. 股票投资　　　C. 组合投资　　　D. 基金投资
2. 债券投资的缺点有（　　）。
   A. 购买力风险大　　　　　　　　B. 市场流动性小
   C. 本金安全性低　　　　　　　　D. 没有经营管理权
3. 股票投资的优点有（　　）。
   A. 投资收益高　　　　　　　　　B. 购买力风险低
   C. 拥有经营控制权　　　　　　　D. 收益稳定性高
4. 下列证券中，属于固定收益证券的是（　　）。
   A. 政府债券　　　B. 企业债券　　　C. 普通股股票　　　D. 优先股股票
5. 下列风险中，固定利率债券比浮动利率债券大的有（　　）。
   A. 违约风险　　　B. 利率风险　　　C. 购买力风险　　　D. 流动性风险

三、判断题

1. 一般情况下，长期投资的风险大于短期投资。　　　　　　　　　　　　（　　）
2. 股票收益更高，所以应该多买股票，少买债券。　　　　　　　　　　　（　　）
3. 一般情况下，随着通货膨胀的发生，固定利率证券的购买力风险要小于浮动利率证券。　　　　　　　　　　　　　　　　　　　　　　　　　　　　（　　）
4. 公司股票不存在违约风险。　　　　　　　　　　　　　　　　　　　　（　　）
5. 任何债券投资的风险都比股票投资的风险小。　　　　　　　　　　　　（　　）
6. 股票投资的市场风险是无法避免的，不能通过多元化投资的方式来回避。
   　　　　　　　　　　　　　　　　　　　　　　　　　　　　　　　　（　　）
7. 基金的托管人和管理人是同一人。　　　　　　　　　　　　　　　　　（　　）
8. 基金投资收益稳定，基本没有风险。　　　　　　　　　　　　　　　　（　　）
9. 在选择公司股票时，公司的盈利水平是考虑的一个方面。　　　　　　　（　　）
10. 通过股票投资的方式，可以获得企业的控制权。　　　　　　　　　　（　　）

四、名词解释

1. 证券　　2. 证券投资　　3. 市盈率　　4. 基金投资

五、简答题

1. 简述证券投资的风险。
2. 债券投资的优缺点有哪些？

六、实践训练园地

A 企业于 2019 年 1 月 5 日以每张 1 020 元的价格购买 B 企业发行的利随本清的企业债券。该债券的面值为 1 000 元，期限为 3 年，票面年利率为 10%，不计复利，购买时市场年利率为 8%。不考虑所得税。要求：（1）利用债券估计模型评价 A 企业购买此债券是否合算。（2）如果 A 企业于 2020 年 1 月 5 日将债券以 1 130 元的市价出售，计算该债券的投资收益率。

【任务工单】

工单内容

【课业评价及措施】

评价项目（共100分）	评价分值	整改措施
课业完成情况（40分）		
课业完成质量（60分）		
自评成绩		

项目九 收益分配管理

学习目标

※ 了解收益分配的内容、原则、程序
※ 熟悉常见收益分配政策
※ 理解股票分割和股票回购对公司股东权益的影响

技能目标

※ 能按合法的流程分配企业收益
※ 能根据企业的实际情况，选择适合的收益分配政策
※ 掌握公司股票分割和股票回购的原理和方法

任务描述

相声讲究四门功课"说、学、逗、唱"，企业的基本活动也包括四个环节——筹资、投资、运营、分配，财务管理基于此包括了五个主要知识点——筹资、投资、资金营运、成本、收益分配管理，让我们进入最后一个环节——收益分配管理。

项目导图（图9-1）

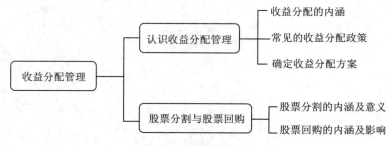

图9-1　收益分配管理思维导图

课前自主学习空间

【案例导入】

旷达科技集团股份有限公司关于2022年度利润分配方案的公告

一、2022年度利润分配方案

旷达科技母公司2022年度实现净利润376 500 970.15元。依据《公司法》《公司章程》等规定，按2022年度母公司实现净利润的10%提取法定盈余公积金37 650 097.02元。2022年度母公司扣除提取法定盈余公积金及支付本期股东股利72 303 109.10元后的未分配利润，加上2021年年末未分配利润73 992 188.18元，母公司2022年年末可供股东分配的利润为340 539 952.21元。

在符合公司利润分配政策、充分考虑广大投资者的利益和合理诉求并与公司财务状况及未来发展相匹配的前提下，公司拟实施2022年度利润分配方案如下：

公司2022年度拟以未来实施分配方案时股权登记日扣除回购专户上已回购股份后的总股本为基数，向全体股东每10股派发现金红利2.00元（含税），不送红股，也不以资本公积金转增股本。

若在本利润分配方案披露至实施期间，公司总股本由于可转债转股、股份回购、股权激励行权等原因发生变化，公司将按照分配比例不变的原则对分配总额进行调整。

二、本次利润分配方案的决策程序

1. 董事会审议情况及意见

公司第五届董事会第十八次会议以9票同意、0票反对、0票弃权审议通过《关于公司2022年度利润分配的议案》，并同意将该议案提交公司2022年度股东大会审议。

董事会意见：2022年度利润分配方案在保证公司正常经营和长远发展的前提下，充分考虑了广大投资者的利益和合理诉求，不会造成公司流动资金短缺或其他不良影响。该方案符合相关法律、法规及公司章程的规定，具备合法性、合规性、合理性。

2. 监事会审议情况及意见

公司第五届监事会第十四次会议以3票同意、0票反对、0票弃权审议通过《关于公司2022年度利润分配的议案》。

监事会认为：公司2022年度利润分配方案符合《公司法》《证券法》《上市公司监管指引第3号——上市公司现金分红》等法律法规和《公司章程》的相关规定，审议程序合法合规。有关现金分红政策及其执行情况的信息披露真实、准确、完整，同意公司董事会的本次分配方案，并提请公司股东大会审议。

3. 独立董事意见

本次分配方案符合《公司法》《证券法》《企业会计准则》、中国证监会《关于进一步落实上市公司现金分红有关事项的通知》、《上市公司监管指引第3号——上市公司现金分红》《公司章程》等规定和要求，不会造成公司流动资金短缺，不存在损害中小股东利益的情形。因此，我们同意公司在保障公司发展资金的前提下实施本次利润分配的方案，并提交公司2022年度股东大会审议。

三、其他事项说明

（1）本次利润分配方案的提议人为公司董事会，公司近年业务稳健，财务状况良好，本方案在保证公司正常经营和持续发展的前提下，充分考虑广大投资者特别是中小投资者的利益和合理诉求，兼顾股东的即期利益和长远利益。公司目前现金流充足，本次分配方案的实施不会影响公司现有业务运转及未来各项业务拓展所需的资金支持。公司在过去12个月内未使用过募集资金补充流动资金，以及未来12个月内没有计划使用募集资金补充流动资金。

（2）本次利润分配方案须经公司股东大会审议通过后方可实施，敬请广大投资者理性投资，注意投资风险。

■ 思考与讨论：

1. 从上述案例内容中，你能否推断出公司收益分配是以什么为基础的？
2. 你认为收益分配的意义何在？

案例解析

任务一　认识收益分配管理

关键术语

※ 收益分配（Income Distribution）
※ 收益分配政策（Income Distribution Policy）

一、收益分配的内涵

（一）收益分配的概念

收益分配管理是对企业收益分配的主要活动及其形成的财务关系的组织与调节，是企业将一定时期内所创造的经营成果合理地在企业内、外部各利益相关者之间进行有效分配的过程。

企业的收益分配有广义和狭义两种概念。广义的收益分配是指对企业的收入和净利润进行分配，包含两个层次的内容：第一层次是对企业收入的分配；第二层次是对企业净利润的分配。狭义的收益分配则仅指对企业净利润的分配。本项目所讨论的收益分配是狭义概念。

企业通过经营活动取得收入后，要按照补偿成本、缴纳所得税、提取公积金、向投资者分配利润等顺序进行收益分配。对于企业来说，收益分配不但是资产保值、保证简单再生产的手段，也是资产增值、实现扩大再生产的工具。收益分配可以满足国家政治职能与组织经济职能的需要，是处理所有者、经营者等各方面物质利益关系的基本手段。

(二) 收益分配的原则

作为一项重要的财务活动,企业的收益分配应当遵循以下原则。

1. 依法分配原则

企业的收益分配涉及多方面的切身利益。正确处理各方面的利益关系、协调各方面的利益矛盾是进行收益分配的重要内容。为了规范企业的收益分配行为,国家颁布了相关法律法规。这些法律法规规定了企业收益分配的一般程序和重要比例,企业应当认真执行,不得违反。这是正确处理企业各项财务关系的关键。

2. 兼顾各方面利益原则

企业除了按税法规定依法纳税外,其投资者作为资本投入者和企业所有者,依法享有净收益的分配权。企业的债权人在向企业投入资金的同时,也相应承担了一定的风险,企业的收益分配中应当体现出对债权人利益的充分保护,不能损害债权人的利益。另外,企业的职工直接创造了企业的收益,企业的收益分配应当考虑到职工的合法切身利益。因此,企业进行收益分配时,应当统筹兼顾,维护各利益团体的合法权益。

3. 分配与积累并重原则

企业的收益分配要正确处理长期利益和近期利益两者的关系,坚持分配与积累并重。企业赚取的净收益,一部分要向投资者进行分配,另一部分应形成企业的积累。企业积累起来的留存收益仍归企业所有者,只是暂时未做分配。积累的留存收益不但为企业扩大再生产筹措了资金,也增强了企业抵御风险的能力,提高了企业经营的稳定性和安全性,有利于企业所有者的长远利益。正确处理分配与积累之间的关系,留存一部分净收益以供未来分配之需,还可以起到以丰补歉、平抑收益分配数额波动的效果。因此,企业在进行收益分配时,应当正确处理分配与积累之间的关系。

4. 投资与收益对等原则

企业进行收益分配应当体现"谁投资,谁收益"、收益大小与投资比例相适应的原则。投资与收益对等原则是正确处理投资者利益关系的立足点和关键。企业在向投资者分配收益时,应本着平等一致的原则,按照投资者投入资本的比例进行分配,不允许发生任何一方随意多分多占的现象。这样才能从根本上实现收益分配中的公开、公平、公正,保护投资者的利益,提高投资者的积极性。根据《公司法》的规定,有限责任公司的股东按照实缴的出资比例分取红利(全体股东约定不按照出资比例分取红利的除外);股份有限公司按照股东持有的股份比例分配股利(股份有限公司章程规定不按持股比例分配的除外)。

(三) 收益分配的程序

企业的利润总额按照税法规定做相应的调整后,依法计算缴纳企业所得税。缴纳企业所得税后的当年净利润,根据《公司法》等有关法律法规的规定,一般应当按照图 9-2 中所列的顺序进行分配。

收益分配的程序

图 9-2 收益分配流程图

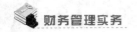

1. 计算可供分配的利润

可供分配的利润是将本年净利润（亏损）与年初未分配利润（亏损）合并计算的，如果可供分配的利润为负数（亏损），则不能进行后续分配；如果可供分配的利润为正数（本年累计盈利），则进行后续分配。

2. 计提法定公积金

公司分配当年税后利润时，应当按照抵减年初累计亏损后的本年净利润的10%计提法定公积金，用于弥补公司亏损、扩大公司生产经营或转增公司资本。当法定公积金累计额达到公司注册资本的50%时，可不再提取。

公司在计提法定公积金之前，应当先抵减年初累计亏损。所以，计提法定公积金的基数不一定是可供分配的利润，也不一定是当年的税后利润。只有不存在年初累计亏损时，才能按当年税后利润计算应提取数。

3. 支付优先股股利

公司如果发行了优先股，则应当在提取法定公积金之后按照约定的票面股息率向优先股股东支付股利。

4. 计提任意公积金

公司从税后利润中计提法定公积金后，经股东会或股东大会决议，还可以从税后利润中计提任意公积金，提取比例一般为当年实现净利润的5%~10%。

法定公积金和任意公积金都是公司从税后利润中计提的积累资金，主要用于弥补亏损、转增资本和扩大生产经营。所以，盈余公积是公司用于防范和抵御风险、提高经营能力的重要资金来源。法定盈余公积和任意盈余公积计提的依据不同，前者以国家的法律法规为依据计提，后者则由企业自行决定计提。

5. 向普通股股东分配利润

可供分配的利润减去计提的盈余公积后的余额，即为可供投资者分配的利润。公司可根据股利政策向股东分配股利，这也是利润分配中最重要的内容。股利（利润）的分配应以各股东（投资者）持有的股份数（投资额）为依据，每一股东取得的股利（分得的利润）与其持有的股份数成正比。股份有限公司原则上应从累计盈利中分派股利，无盈利不得支付股利，即所谓"无利不分"的原则。但公司若用公积金抵补亏损以后，为维护其股票信誉，经股东大会特别决议，也可用公积金支付股利。

公司股东大会或董事会违反上述利润分配顺序，即在公司抵补亏损和提取法定公积金之前向股东分配利润的，股东必须将违反规定分配的利润退还公司。

【例9-1】 某股份有限公司2021年有关资料如下：2021年度实现利润总额6 000万元，企业所得税税率为25%；公司前两年累计亏损1 000万元；法定公积金提取比例为10%，任意公积金提取比例为10%；支付2 000万股普通股股利，每股0.8元。请简述该公司利润分配的程序。

【解析】 根据上述资料，该公司利润分配的程序如下：

(1) 弥补亏损、计缴所得税后的净利润 = (6 000 - 1 000) × (1 - 25%) = 3 750（万元）

(2) 提取法定公积金 = 3 750 × 10% = 375（万元）

(3) 提取任意公积金 = 3 750 × 10% = 375（万元）

(4) 可用于支付股利的利润=3 750-375-375=3 000（万元）
(5) 实际支付普通股股利=2 000×0.8=1 600（万元）
(6) 年末未分配利润=3 000-1 600=1 400（万元）

二、常见的收益分配政策

股利政策是指公司对利润分配的有关事项及分配活动所采取的方针政策。公司在盈利后，从其税后利润中应提取多少任意盈余公积，应向股东分配多少普通股股利，这是财务决策中一个十分重要的问题。公司股利政策的制定应考虑公司的实际情况，立足于公司价值最大化的财务管理目标。股利政策是公司筹资政策的重要组成部分，不同的股利政策会影响公司当期的现金流量和内部筹资水平，并影响筹资方式的选择。

由于股利政策受多方面因素的影响，因此不同的公司在不同的时期结合自身的具体情况所制定的股利政策是各不相同的。一般来说，股利政策主要有以下几种。

（一）剩余股利政策

剩余股利政策是指当公司有良好的投资机会时，根据一定的目标资金结构（最佳资金结构），算出投资所需的权益资金，先从盈余当中留用，然后将剩余的盈余作为股利予以分配。采用这一政策时，应遵循以下四个步骤：

(1) 设立目标资金结构，在此资金结构下，公司的加权平均资金成本将达到最低水平。

(2) 确定公司最佳的资金预算，并根据公司的目标资金结构预计资金需求中所需增加的权益资金数额。

(3) 最大限度地利用留存利润来满足资金需求中所需增加的权益资金数额。

(4) 留存利润在满足公司权益资金增加需求后，若还有剩余，再用来发放股利。

实施剩余股利政策意味着公司只能将剩余的盈余用于发放股利，这样做的优点是保持最优的资金结构，使综合资金成本最低。其缺点是股利发放额每年随投资机会和盈利水平的波动而波动，不利于投资者安排收入和支出，也不利于公司树立良好的形象。剩余股利政策一般适用于公司初创阶段。

【例9-2】 某公司当年全部可用于分配股利的盈余为900万元，第二年的投资计划所需的资金为1 000万元，公司的目标资金结构为权益资金占60%、债务资金占40%，该公司当年流通在外的普通股为400万股。根据剩余股利政策，该公司当年可发放的每股股利是多少？

【解析】 投资方案中所需的权益资金=1 000×60%=600（万元）
当年可用于发放的股利额=900-600=300（万元）
每股股利=300÷400=0.75（元）

（二）固定或稳定增长的股利政策

固定或稳定增长的股利政策是指公司将每年发放的股利固定在某一特定的水平或在此基础上维持某一固定比率逐年增长。公司只有在确信未来盈利增长不会发生逆转时，才会宣布实施固定或稳定增长的股利政策。

这种政策的优点在于：连续不断地向投资者发放股利，有利于投资者合理安排收入和支出，可向投资者传递公司正常发展的良好信息，增强投资者对公司的信任。其缺点在于：股利的支付与盈利脱节，当公司盈利下降时，还要支付固定的股利，可能会导致公司资金短缺，财务状况恶化，并加大资金成本。

固定或稳定增长的股利政策一般用于经营比较稳定或正处于成长期的公司，但该政策很难被长期采用。

【例9-3】 假设某公司执行的是固定或稳定增长的股利政策，2022年税后利润为2 000万元，现金股利分配额为500万元。

问题：（1）公司如果执行固定股利政策，那么2023年可分配现金股利额是多少？

（2）公司如果执行稳定增长股利政策，固定股利增长率为10%，那么2023年可分配现金股利额是多少？

【解析】（1）根据固定股利政策得知，公司2023年可分配现金股利额为500万元。

（2）根据稳定增长股利政策得知，公司2023年可分配现金股利额为
$$500×(1+10\%)=550（万元）$$

（三）固定股利支付率政策

固定股利支付率政策是指公司确定一个股利占盈余的比率，长期按此比率支付股利。在这种政策下，股东的股利收入随公司经营业绩的好坏而上下波动，获得盈余多的年份股利高，获得盈余少的年份股利低。"多盈多分、少盈少分、不盈不分"的原则体现了风险投资与风险利润的对等关系。但在这种政策下，各年的股利变动较大，容易使投资者认为公司经营不稳定，会对股票价格产生不利影响。

固定股利支付率政策只适用于稳定发展的公司和公司财务状况较稳定的阶段。

【例9-4】 某公司长期以来采用固定股利支付率政策进行股利分配，确定的股利支付率为40%。2022年税后利润为1 000万元，公司仍然执行固定股利支付率政策。请确定该公司2022年度应支付的股利。

【解析】 2022年度应支付的股利=1 000×40%=400（万元）

（四）低正常股利加额外股利政策

低正常股利加额外股利政策是指公司在一般情况下，每年只支付固定的数额较低的股利，然后根据公司的经营情况，决定在年末是否追加一笔额外分红。这一政策既可以使公司具有较大的灵活性，又可以使投资者的最低股利收入得到保证。这是因为当公司盈余有较大幅度增长时，适当增发股利，可以增强投资者的信心，有利于稳定股票价格；而当公司盈余较小或公司有较好的投资项目需要较多的资金时，也能使股东得到比较稳定的收入，从而吸引住这部分股东。

【例9-5】 某公司成立于2019年1月1日，2019年实现净利润800万元，分配现金股利300万元，提取盈余公积250万元。2020年实现净利润1 000万元，假定公司目标资金结构为自有资金占60%、借入资金占40%。在不考虑目标资金结构的前提下，如果该公司执行低正常股利加额外股利政策，规定当年实现的净利润增加的部分中，20%作为额外股利进行分配。请计算该公司2020年分配的现金股利。

【解析】 2020年分配的现金股利=300+200×20%=340（万元）

固定或稳定增长的股利政策和低正常股利加额外股利政策是被企业普遍采用并为广大投资者所认可的两种基本政策。

以上各种股利政策各有所长，公司在分配股利时应在综合分析、权衡利弊的基础上，制定适合自己具体实际情况的股利政策。

三、确定收益分配方案

（一）选择股利政策

股利政策不但会影响股东的利益，也会影响公司的正常运营及未来的发展，因此制定恰当的股利政策尤为重要。由于各种股利政策各有利弊，所以公司在进行股利政策决策时，要综合考虑公司面临的各种具体影响因素，适当遵循收益分配的各项原则，以保证不偏离公司目标。另外，每家公司都有自己的发展历程，就规模和盈利来讲，都会有初创阶段、快速成长阶段、稳定增长阶段、成熟阶段、衰退阶段等。在不同的发展阶段，公司所面临的财务、经营等问题也会有所不同，所以公司制定的股利政策还要与其所处的发展阶段相适应。

公司在不同发展阶段适用的股利政策可用表 9-1 来描述。

表 9-1　公司在不同发展阶段适用的股利政策

发展阶段	特点	适用的股利政策
初创阶段	公司经营风险高，有投资需求，但融资能力差	剩余股利政策
快速成长阶段	公司快速发展，投资需求大	低正常股利加额外股利政策
稳定增长阶段	公司业务稳定增长，投资需求减少，净现金流入量增加，每股净收益呈上升趋势	固定或稳定增长的股利政策
成熟阶段	公司盈利水平稳定，通常已经积累了一定的留存收益和现金	固定股利支付率政策
衰退阶段	公司业务锐减，获利能力和现金获得能力下降	剩余股利政策

（二）确定股利支付水平

股利支付水平通常用股利支付率来衡量。股利支付率是当年发放股利与当年净利润之比，或每股股利除以每股收益。低股利支付率政策有利于公司对收益的留存，有利于公司扩大投资规模和未来持续发展，但在资本市场上对投资者的吸引力会大大降低，从而影响公司未来的增资扩股；而高股利支付率政策有利于增强公司股票的吸引力，有助于公司在公开市场上筹措资金，但由于留存收益的减少，又会给公司资金周转带来影响，加重公司财务负担。因此，公司应对各种因素进行权衡，以确定是否对股东派发股利及股利支付率的高低。

（三）确定股利支付形式

按照股份有限公司对其股东支付股利的不同方式，股利可以分为不同的种类。其中，常见的有以下四类。

1. 现金股利

现金股利是指以现金形式支付的股利，它是股利支付的主要形式。发放现金股利将同时减少公司的留存收益和现金,所以公司选择发放现金股利时,除了要有足够的累计盈余(特殊情况下可用弥补亏损后的盈余公积金支付)外,还要有足够的现金。而充足的现金往往成为公司发放现金股利的主要制约因素。

2. 财产股利

财产股利是指以现金以外的其他资产支付的股利,主要是将公司所拥有的其他企业的有价证券,如债券、股票等,作为股利发放给股东。

3. 负债股利

负债股利是指以负债方式支付的股利,通常将公司的应付票据作为股利支付给股东,在不得已的情况下也有以发行公司债券的方式抵付股利的。

财产股利和负债股利实际上都是现金股利的替代方式,目前这两种股利支付形式在我国公司实务中极少使用,但并非法律禁止。

4. 股票股利

股票股利是指公司以增发股票方式支付的股利,我国实务中也称其为"红股"。对于公司来说,发放股票股利没有现金流出公司,也不会导致公司资产的流出或负债的增加,但会增加流通在外的股票数量,同时降低股票的每股价值。它不会改变公司所有者权益总额,但会引起所有者权益各项目的结构发生变化。

【例9-6】 某上市公司在2022年发放股票股利前,其资产负债表上的股东权益账户情况如下(单位:万元)。

股东权益:
普通股(面值1元,流通在外1 000万股)　　　　　1 000
资本公积　　　　　　　　　　　　　　　　　　　4 000
盈余公积　　　　　　　　　　　　　　　　　　　2 000
未分配利润　　　　　　　　　　　　　　　　　　3 000
股东权益合计　　　　　　　　　　　　　　　　　10 000

假设该公司宣布发放10%的股票股利,现有股东每持有10股普通股,即可获得赠送的1股普通股。

要求:

(1) 假设该股票当时的市价为8元,请说明该公司发放股票股利后的股东权益账户情况。

(2) 假设一位股东在公司发放普通股利前持有公司普通股3 000股,请说明该股东在公司发放普通股利前的股份比例和在公司发放普通股利后的股份数量与股份比例。

【解析】 (1) 该公司发放的股票股利为100万股。若该股票当时的市价为8元,随着股票股利的发放,需要从未分配利润中划转出的资金为:8×1 000×10%=800(万元)。

由于股票面值不变,发放100万股普通股只应增加股本项目100万元,其余的700(800−100)万元应作为股票溢价转至资本公积项目,而公司股东权益总额保持不变。股票股利发放后的资产负债表上的股东权益部分如下。

股东权益:
普通股(面值1元,流通在外1 100万股)　　　　　1 100

资本公积	4 700
盈余公积	2 000
未分配利润	2 200
股东权益合计	10 000

（2）该股东在公司发放股票股利前的股份比例为：3 000÷(1 000×10 000)×100% = 0.03%。

该股东在公司发放股票股利后的股票数量和股份比例分别为：3 000+300 = 3 300（股）和3 300÷(1 100×10 000)×100% = 0.03%。

从【例9-6】可以看出，由于公司的净资产不变，并且股票股利派发前后每一位股东的持股比例也不发生变化，所以他们各自持股所代表的净资产也不会改变。可见，发放股票股利，不会对公司股东权益总额产生影响，但会发生资金在各股东权益项目间的再分配。应当指出的是，【例9-6】中按市价计算股票股利价格的做法，是很多西方国家通行的；除此之外，也有的国家按面值计算股票股利价格，我国目前即采用这种做法。

对于公司来讲，发放股票股利的优点主要包括：

（1）发放股票股利可使股东分享公司的盈余而无须分配现金，这使公司留存了大量现金，便于进行再投资，有利于公司长远发展。

（2）在现金股利和盈余不变的情况下，发放股票股利可以降低每股价值，从而吸引更多的投资者。

（3）发放股票股利往往会向社会传递公司将会继续发展的信息，从而增强投资者对公司的信心，在一定程度上稳定股票价格。

（4）发放股票股利在降低每股价值的同时，会吸引更多的投资者成为公司的股东，从而可以使股权更为分散，有效地防止公司被恶意控制。

在实际业务中，发放股票股利的费用比发放现金股利的费用大，因此会增加公司的负担。

任务二　股票分割与股票回购

※ 股票分割（Stock Split）
※ 股票回购（Stock Repurchase）

一、股票分割的内涵及意义

（一）股票分割的内涵

股票分割又称拆股，是指股份制公司用某一特定数额的新股按一定比例交换一定数额的流通在外的股份的行为。例如，5股换1股的股票分割，是指用5股新股换1股旧股的行为。股票分割不是任何一种股利支付形式，但其所产生的效果与发放股票股利相似。

从会计的角度看，股票分割对公司的资金结构、资产的账面价值、股东权益的各账户（普通股、资本公积、留存收益等）都不产生影响，只是使公司发行在外的股票总数增加，每股股票代表的账面价值降低。股票分割的原理与发放股票股利类似，两者都能够在不增加股东权益的情况下增加公司股份的数量。所不同的是，股票分割股东权益总额和内部结构都不会发生变化，变化的只有股票面值；而发放股票股利仅能保持股东权益总额不变，股东权益的内部结构会发生相应的变化。股票分割和发放股票股利的比较如表9-2所示。

表9-2 股票分割和发放股票股利的比较

项目	发放股票股利	股票分割
股东的现金流	不增加	不增加
普通股数量	增加	增加
股票市场价格	下降	下降
股东权益总额	不变	不变
股东权益结构	变动	不变
收益限制	有限制	无限制

股票分割就是将一张较大面值的股票拆分成几张较小面值的股票。例如，某公司拥有股票100股，每股市价50元，市值5 000（50×100）元。现该公司拟进行股票分割，1分为2（2-for-1），即1股为2股。股票分割后，该公司将拥有股票200股，每股市价25元，市值仍然是5 000（25×200）元。拆分比率1分2（2-for-1）、1分3（3-for-1）和2分3（3-for-2）是最常见的形式，3分4（4-for-3）、2分5（5-for-2）和4分5（5-for-4）也是常有的形式。

【例9-7】 某公司有流通股145 000股，每股市价28元。该公司宣布了10%的股息分红，则每股市价是多少元？

【解析】 每股市价=28-(28×10%)=25.20（元）

【例9-8】 某公司有流通股40 000股，每股面值1元，每股市价32元。该公司宣布了2分3的股票分割政策，则股票分割后公司有多少流通股？

【解析】 流通股=40 000×(3/2)=60 000（股）

【例9-9】 某公司有流通股25 000股，每股市价36元，可供股东分配的利润为54 000元。该公司宣布了2分3的股票分割政策，则股票分割后的每股盈利是多少元？

【解析】 每股盈利=54 000/(25 000×3/2)=1.44（元）

【例9-10】 王小飞拥有某公司股票400股，该股票每股现价32.5元。该公司现进行股票分割，由3变4，则现在的投资价值是多少元？

【解析】 股价=[400×(4/3)]×[32.5×(3/4)]=13 000（元）

【例9-11】 某人现有某公司股票200股，市值3 000元。该公司现进行反向股票分割，由5变4，如果其他条件不变，则股票分割后持股数和每股市价分别是多少？

【解析】 持股数=200/(5/4)=160（股）

每股市价=(3 000/200)/(4/5)=18.75（元）

（二）股票分割的意义

1. 降低公司股票价格

由于股票分割是在不增加股东权益的情况下增加流通中的股票数量，分割后每股股票所代表的股东权益的价值将降低，每股股票的市场价格也会相应降低。当股票的市场价格过高时，股票交易会因每手交易所需的资金量太大而受到影响，特别是许多小户、散户因资金实力有限而难以入市交易，从而使这类股票的流通性降低，股东人数减少。因此，许多公司在其股价过高时会采用股票分割的方法来降低股票的交易价格，提高公司股票的流通性，使公司的股东更为广泛。

2. 传递远期良好信号

一般而言，股票分割往往是成长中的公司的行为，因此公司进行股票分割往往被视为一种利好消息而影响其股票价格。这样，公司股东就能从股份数量和股票价格中获得相对收益。

3. 增加股东的现金股利

股票分割在有些情况下也会增加股东的现金股利。尽管股票分割后各股东持股数量增加，但持股比例不变，持股总价值也不变。不过，只要股票分割后每股现金股利的下降幅度小于股票分割幅度，股东仍能多获现金股利。

4. 有助于公司购并的实施

在购并另一家公司之前，首先将自己的股票分割，可以提高对被购并方股东的吸引力。

5. 为新股发行做准备

在新股发行之前利用股票分割降低股价，有利于提高股票的可转让性和促进市场交易活动，由此增加投资者对股票的兴趣，促进新发行股票的畅销。

尽管股票分割与发放股票股利都能达到降低公司股价的目的，但一般来讲，只有在公司股价剧涨且预期难以下降时，才采用股票分割的办法来降低股价，而在公司股价上涨幅度不大时，往往通过发放股票股利将股价维持在理想的范围之内。

【例9-12】 某公司本年实现的净利润为500万元，资产合计5 600万元，当前每股市价10元。年终利润分配前的股东权益项目资料如表9-3所示。

表9-3 利润分配前的股东权益项目表　　　　　　　　　　单位：万元

项目	金额
股本——普通股（面值4元，流通在外200万股）	800
资本公积	320
未分配利润	1 680
股东权益合计	2 800

要求：

（1）若计划按每10股送1股的方案发放股票股利，股票股利的金额按市价计算，计算完成这一分配方案后的股东权益各项目数额，以及每股收益和每股净资产。

(2) 若计划将每 1 股分割为 4 股,计算完成这一分配方案后的股东权益各项目数额,以及每股收益和每股净资产。

【解析】 (1) 发放股票股利后的普通股数量=200×(1+10%)=220(万股)

发放股票股利后的普通股股本=4×220=880(万元)

发放股票股利后的未分配利润=1 680-20×10=1 480(万元)

发放股票股利后的资本公积=320+20×(10-4)=440(万元)

发放股票股利后的所有者权益总额=2 800(万元)

每股收益=500÷220≈2.27(元)

每股净资产=2 800÷220≈12.73(元)

(2) 分割后的股数为 800 万股,股东权益各项目数额不变。

每股收益=500÷800≈0.63(元)

每股净资产=2 800÷800≈3.5(元)

二、股票回购的内涵及影响

(一) 股票回购的内涵

股票回购是指上市公司利用支付现金等方式,从股票市场上购回本公司发行在外的一定数额的股票的行为。公司在股票回购完成后可以将所回购的股票注销。但在绝大多数情况下,公司将回购的股票作为"库存股"保留,这些股票仍属于发行在外的股票,但不参与每股收益的计算和收益分配。库存股日后可移作他用,如职工福利计划、发行可转换债券等,或在需要资金时将其出售。

(二) 股票回购的意义

1. 稳定公司股价

过低的股价无疑将对公司经营造成严重影响。股价过低,使人们对公司的信心下降,使消费者对公司产品产生怀疑,从而削弱公司出售产品、开拓市场的能力。在这种情况下,公司回购本公司股票以支撑公司股价,有利于改善公司形象。在股价上升过程中,投资者又重新关注公司的运营情况,消费者对公司产品的信任增加,公司也有了进一步配股融资的可能。因此,在股价过低时回购股票,是维护公司形象的有力途径。

2. 分配公司超额现金

如果公司持有的现金超过其投资机会所需要的现金,但又没有较好的投资机会可以使用该笔现金,最好是分配现金股利。但出于股东避税、控股等多种因素的考虑,公司可能通过股票回购而发放非现金股利的方式进行分配。这是因为股票回购会带来每股收益和每股市价的上升。假定市盈率不变,则股东所持有股份的总价值将会随之增加,从而起到了分配超额现金的作用。

3. 反收购措施

股票回购在国外经常被作为一种重要的反收购措施,此举有助于公司管理者避开竞争对手企图收购的威胁。股票回购导致股价上升和公司流通在外的股票数量减少,从而使收购方要获得控制公司的法定股份比例变得更为困难。股票回购后,公司流通在外的股份少了,可以防止浮动股票落入进攻企业手中。在反收购战中,目标公司通常在股价上升后实施股票回购,此举使目标公司流动资金减少,财务状况恶化,从而减弱公司被作为收购目标的吸引力。

4. 改善资本结构，追求财务杠杆利益

当公司管理层认为，其权益资本在整个资本结构中所占的比例过大，资产负债率过小时，就有可能利用留存收益或通过对外举债来回购公司发行在外的普通股。实践证明，这是一种迅速提高资产负债率的好方法。

无论是用现金回购还是通过增加负债回购股份，都会改变公司的资本结构，提高财务杠杆比率。在现金回购方式下，假定公司中长期负债规模不变，则伴随股票回购而来的是在公司资本结构中股权资本的比重下降，公司财务杠杆比率提高；在负债回购方式下，一方面是公司中长期负债增加，另一方面是股权资本的比重下降，公司财务杠杆比率提高。

【例 9-13】 天地公司的市值等于其账面价值。目前，公司有剩余现金 600 元，其他资产 5 400 元，权益 6 000 元。公司有 500 股流通股，净利润 900 元。如果公司用全部剩余现金回购股票，则回购后的每股盈利是多少？

【解析】 每股价格 = 6 000/500 = 12（元）

回购股票数 = 600/12 = 50（股）

每股盈利 = 900/(500-50) = 2（元）

【例 9-14】 宏兴公司的市值等于其账面价值。目前，公司有剩余现金 500 元，其他资产 7 500 元，权益 8 000 元。公司有 250 股流通股，净利润 1 120 元。如果公司用全部剩余现金回购股票，则回购后的每股价格是多少？

【解析】 每股现行价格 = 8 000/250 = 32（元）

回购股票数 = 500/32 ≈ 15.63（股）

流通股股数（新）= 250-15.63 = 234.37（股）

权益（新）= 8 000-500 = 7 500（元）

每股价格（新）= 7 500/234.37 ≈ 32（元）

【例 9-15】 康顺公司的市值等于其账面价值。目前，公司有剩余现金 800 元，其他资产 5 200 元，权益 6 000 元。公司有流通股 600 股，净利润 700 元。公司决定将所有剩余现金用于股票回购，则回购后有多少流通股？

【解析】 每股股价 = 6 000/600 = 10（元）

购买股票数量 = 800/10 = 80（股）

流通股（新）= 600-80 = 520（股）

拓展阅读

股份回购热潮涌动为哪般

作为资本市场的基础性制度安排，股份回购向来被视为能够帮助上市公司和投资者良性互动的有效手段，可向投资者传达业绩稳健、现金流充裕、发展向好等多重信息。

2021 年以来，上市公司回购热情高涨，有的用于股权激励，有的旨在提振股价，还有的为了回报普通投资者。不过，与此同时，"作秀式""忽悠式"回购及"边回购，边减持"等现象依然存在。专家提醒，投资者不可盲目将回购作为投资标准，应理性看待上市公司回购行为。

亮明发展信心

市场机构统计数据显示，2021年以来，上市公司回购热度提升。根据同花顺iFinD的数据，截至10月14日，年内共有329家上市公司发布346单回购计划，同比增长逾90%；从进度来看，137单已经实施完成，完成金额逾460亿元。

不少公司发布公告，将回购用于实施股权激励或员工持股计划。例如，青岛城市传媒股份有限公司近日发布公告称，将以集中竞价交易方式回购公司股份，回购金额上限4亿元，用于实施股权激励计划等；上海大名城企业股份有限公司近日发布公告称，拟回购股份用于员工持股计划或股权激励计划，回购金额不低于1亿元、不超过2亿元。

"回购股票是企业肯定自身价值、亮明发展信心的表现。企业或通过回购进行股权激励，提振员工积极性，将员工利益和企业利益绑定，挖掘企业新潜力；或通过回购注销，实现分红，以带动投资者的热情。"中南财经政法大学数字经济研究院执行院长盘和林表示。

"拯救"持续下跌的股价是上市公司进行回购的另一主因。例如，山鹰国际控股股份公司8月发布公告表示，山鹰国际股票收盘价格低于最近一期每股净资产，当前股价已不能正确反映公司价值，为保持经营发展和股价稳定，保护投资者的长远利益，拟使用自有资金以集中竞价的交易方式回购公司股份。

南开大学金融发展研究院院长田利辉认为，在公司个股股价走势不振，部分股价甚至低于其公允价值之际，回购股票是公司向市场释放正面信号，表明公司看好自身发展前景，以此提升投资者对公司的信心，使公司投资价值得到合理回归。

此外，在实施回购计划的上市公司数量增多的同时，回购规模也在不断增大，不少公司回购金额超过百亿元，主要集中在家用电器、计算机、医药生物等行业。比如，格力电器已完成2021年启动的第三期回购方案，成交总金额达150亿元；截至8月底，美的集团2021年已完成两轮回购计划，共支付逾130亿元。"这些公司多处于比较成熟的发展阶段，现金流较为充沛，能够保证经营的可持续性。良好的业绩、较多的现金流叠加合理的估值，造就了较高金额的回购计划。"盘和林分析说。

严防"忽悠式"回购

上市公司实施回购，可展示对自身发展的信心，还可回馈投资者、提升交投活跃度等，可谓一举多得。然而，从以往案例来看，也不乏上市公司将回购作为抵消公司负面新闻的手段，在公司爆出利空消息，比如业绩爆雷、公司实际控制人涉嫌内幕交易被立案调查等导致股价大跌时，火速推出回购方案"救急"。

专家认为，上市公司将回购作为稳定股价的应急措施，本身无可厚非，但须遵守法定程序和信息披露要求。"回购并不是'万能灵药'，如果公司内在质量不佳，利润增长不足，这样操作起来的股价也难以长期稳定。且一旦公司内部消息拥有者率先离场，导致普通投资者财富受损，最终反而将引发投资者用脚投票。"田利辉表示，相比于贸然推出回购计划，公司更应该在改善经营、提升质量上下功夫，从根本上消除投资者的疑虑。

还有一些上市公司回购"雷声大、雨点小"，实际回购金额与预案相差较大，存在"作秀式""忽悠式"回购之嫌。"比如有公司在股价60元时表示，将以不高于100元的价格回购，二者价格差距太大，明显带有忽悠投资者的性质。"中国社会科学院金融研究所研究员尹中立说。

"股份回购应该是公司基于相信自身发展前景进行的市场行为，而不应成为公司控制人进行市值管理的手段。"田利辉表示，但有部分上市公司借助回购进行市值管理，通过非专业媒体或股市黑嘴，刻意向市场释放虚假的向好信号，引发市场"羊群行为"。

为防止"忽悠式"回购等行为的发生，近年来，监管部门多措并举，不断完善监管措施。2019年1月，沪深交易所发布实施《上市公司回购股份实施细则》，明确股份回购实操，并强化信息披露刚性约束；2019年实施的新《证券法》更是大幅提高了信息披露违法违规的行政处罚力度。近年来，监管机构加大对相关行为的监管力度，上市公司如果大搞"突击式""作秀式"回购，涉嫌程序违规、操纵股价，不但会失去投资者信任，还可能面临监管部门的制裁。

跟风买入不可取

尽管股份回购有诸多好处，但也并非适用于所有上市公司，实施回购与否，上市公司还得量力而行。"成熟期的上市公司，流动性充沛，且缺乏更好的投资目标，此时回购是合理的，能够防止资金闲置。而初创期、成长期的企业，急需大量流动资金进行研发和扩大产能，此时回购并不适合企业长期发展，也不是解决价值低估的最佳方式。"盘和林表示。

同时，回购往往对上市公司的现金流有一定要求，如果上市公司实力不允许，因为各种原因未能充分履行承诺，不但会引发投资者信任危机，还可能受到监管部门的"特别关注"，为公司发展带来负面影响。2021年以来，已有多家公司因未完成原定回购计划而收到监管函。例如，2021年2月，某上市公司就因回购期满，实际回购完成金额仅占回购计划金额下限的15%，被监管部门出具警示函，并被记入诚信档案。

面对上市公司的回购热潮，投资者更加关心的是，这是不是入场的好时机？专家认为，上市公司回购并非股价上涨的必然信号，投资者应冷静分析公司回购利弊，做出理性判断。

"要从目标企业实际经营状况出发，研究企业发展阶段，看分红是否适合企业发展。成熟期企业如果股价低迷，回购则有利于企业长期发展；对于成长期企业，则应考虑其是否具备持续的现金流支撑。"盘和林表示。

尹中立认为，投资者还要警惕上市公司拿出真金白银回购的同时，大股东却在偷偷减持，这种行为存在违规嫌疑。比如，2021年8月，某公司公告称拟回购公司股份，资金总额不超过1.2亿元，仅过了几天，该公司又发布一份减持公告，其大股东拟减持公司股份，这不禁引起投资者质疑，公司回购是为了抬高股价好让股东出清？

"为更好保护投资者权益，杜绝此类现象的发生，未来监管部门还需进一步完善回购标准，严格信披要求，加大对'忽悠式'回购、'边回购，边减持'、内幕交易等行为的处罚力度，督促上市公司遵纪守法，促进资本市场健康发展。"田利辉表示。

(资料来源：《经济日报》)

(三) 股票回购的负面效应

股票回购是一把双刃剑，我们在正确认识股票回购的积极意义的同时，也必须对股票回购可能带来的负面效应保持清醒的头脑。

1. 财务风险效应

一般来说，股票回购由于减少了流通在外的股票数量，在预期利润不变的情况下，可以增加每股利润，从而使股价上升。但具体到某一公司，如果利用债务资金回购股票，会使资产负债率提高，企业债务负担加重，财务风险加大。所以，一般情况下，公司不应仅仅为了追求财务杠杆效应而进行股票回购，特别是高资产负债率的公司更应注意。

2. 支付风险效应

由于股票回购需要大量的现金，因此不可避免地会对公司形成很大的支付压力。在股票回购中，一次性支付巨额资金，将不可避免地对公司的正常运营带来一定的影响，使公司面临严峻的支付风险。

3. 容易导致内幕操纵股价

公司可能利用股票回购操纵股价，误导投资者，从而导致证券市场的管理混乱，损害股东的利益。

总之，虽然从各种法规上看，股票回购不一定可行，但是从理论上讲，它确实是股份制公司可以采用的一种支付股利、调整资本结构、筹集资金、兼并和掌握控制权的有效方法。

拓展阅读

公司分红方案中股票的派、转、送、配的解析

在上市公司宣布的分红方案中，如果遇到10派1转5送5，这是什么意思呢？

派：指派息，上市公司直接用未分配利润发放现金，这种分配方式需要缴纳个人所得税。每10股派1元的意思就是每10股派发现金股利1元，在这种分配方式下，现金股利可以自动进入股东账户，当然是已经扣除所得税后的余额。

转：指转增股本，上市公司将资本公积转为股本，转增股本并没有改变股东权益总额，但改变了股东权益各项目的构成，扩大了股本规模，实际结果和送股类似。每10股转5股的意思就是股东以前有10股股票，转增之后变成15股，股东权益的总额并没有发生变化，只是结构上部分资本公积转成了股本。

送：指送股，上市公司将未分配利润以红股的方式分配给股东，使股东所持股份增加而获得投资收益。每10股送5股的意思就是股东以前有10股变成了15股，股东权益的总额也没有发生变化，只是结构上未分配利润转入了股本。

转增股和送股的区别：转增是从资本公积转到股本中，可以不受公司本年度可供分配利润的多少和时间的限制，只需减少部分资本公积转增股本，从某种意义上说，转增股本并不是对股东的分红回报。送股是从未分配利润转到股本中，只有在公司有盈余的情况下，才能实施送股。对于股东来说，转增股和送股本质上都是无偿获得上市公司的股票，两种情况下股东权益总额都没有发生变化。

配：指配股。配股不是分红。上市公司根据经营发展的需要，依据有关规定和相应程序，向现有股东发行新股，属于筹集资金的行为。股东要按配股价格和配股数量缴纳配股款，它完全不同于公司对股东的分红。按照惯例，公司配股时，新股的认购权按照原有股权比例在原股东之间分配，即原股东拥有优先认购权。配股操作如同平时买股票，只要按照配股价和应配股数，填写买单即可。如果某股票既分红又配股，股东可以只取红利，而不配股，只要在配股缴款期不买入，配股权就被放弃。

【项目小结】

本项目主要介绍了收益分配管理的基本内容，包括收益分配的内涵、常见的收益分配政策、收益分配方案、股票分割和股票回购等相关知识；明确了收益分配的原则、收益分配的顺序，公司在不同发展阶段运用的股利政策；演示了对股票分割和股票回购后的股数、权益、每股价格的计算。

课后自主学习空间

【职业能力训练】

一、单选题

1. 在收益分配应遵循的原则中，（　　）是正确处理投资者利益关系的关键。
   A. 依法分配原则　　　　　　　　　　B. 兼顾各方面收益原则
   C. 分配与积累并重原则　　　　　　　D. 投资与收益对等原则
2. 《公司法》规定，公司应按照当年税后净利润的（　　）提取法定公积金。
   A. 15%　　　　B. 10%　　　　C. 5%～10%　　　　D. 5%
3. 主要依靠股利维持生活的股东最不赞成的公司股利政策是（　　）。
   A. 剩余股利政策　　　　　　　　　　B. 固定或稳定增长的股利政策
   C. 固定股利支付率政策　　　　　　　D. 低正常股利加额外股利政策
4. 股份有限公司实行股票分割的主要目的在于通过（　　），从而增加流动性。
   A. 减少股票股数来降低每股市价　　　B. 减少股票股数来提高每股市价
   C. 增加股票股数来提高每股市价　　　D. 增加股票股数来降低每股市价
5. 能使股利与公司盈余紧密配合，体现"多盈多分、少盈少分、无盈不分"的股利政策是（　　）。
   A. 剩余股利政策　　　　　　　　　　B. 固定或稳定增长的股利政策
   C. 固定股利支付率政策　　　　　　　D. 低正常股利加额外股利政策
6. 公司业务稳定增长，投资需求减少，净现金流入量增加，每股净收益呈上升趋势，此时选择的股利政策是（　　）。
   A. 剩余股利政策　　　　　　　　　　B. 固定或稳定增长的股利政策
   C. 固定股利支付率政策　　　　　　　D. 低正常股利加额外股利政策
7. 某公司现有发行在外的普通股100万股，每股面值1元，资本公积30万元，未分配利润200万元，每股市价8元。若按10%的比例发放股票股利并按市价计算，则资本公积将变为（　　）。
   A. 80万元　　　　B. 70万元　　　　C. 100万元　　　　D. 30万元
8. 某公司净利润为60万元，目前资本结构为权益资本与债务资本各占50%，假设第2年投资计划需要资金60万元，当年流通在外的普通股为10万股。若采用剩余股利政策，则该年度股东可获得的每股股利为（　　）。
   A. 2元　　　　B. 1元　　　　C. 3元　　　　D. 4元
9. 某公司有流通股20 000股，股价36元，可供股东分配的利润60 000元。该公司宣布了2分3的股票分割政策，则分割后的每股盈利是（　　）。
   A. 2元　　　　B. 4元　　　　C. 6元　　　　D. 3元
10. 某公司的市值等于其账面价值。目前，公司有剩余现金600元，其他资产5 400元，权益6 000元。公司有600股流通股，净利润1 080元。如果公司用全部剩余现金回购股票，则新的每股盈利是（　　）。
    A. 1元　　　　B. 2元　　　　C. 3元　　　　D. 4元

二、多选题

1. 股票回购的意义有（　　）。
   A. 稳定公司股价　　　　　　　　　　B. 分配公司超额现金
   C. 反收购措施　　　　　　　　　　　D. 改善资本结构，追求财务杠杆利益
2. 股票分割的意义有（　　）。
   A. 提高公司股票价格　　　　　　　　B. 传递远期良好信号
   C. 增加股东的现金股利　　　　　　　D. 有助于公司购并的实施
3. 常见的股利支付形式有（　　）。
   A. 现金股利　　　B. 财产股利　　　C. 负债股利　　　D. 股票股利
4. 发放股票股利与股票分割的共同点在于（　　）。
   A. 普通股股数增加
   B. 资产总额、负债总额、股东权益总额不变
   C. 作为股利支付形式之一
   D. 股东权益结构不变
5. 要进行股利分配，就必须确定股利分配方案，主要考虑的是（　　）。
   A. 选择股利政策的类型　　　　　　　B. 确定股利支付的水平
   C. 确定股利支付的方式　　　　　　　D. 确定股利发放的时间

三、判断题

1. 企业进行收益分配应当体现"谁投资，谁收益"、收益大小与投资比例相适应的原则。（　　）
2. 公司如果发行了优先股，则应当在提取法定公积金之后按照约定的票面股息率向优先股股东支付股利。（　　）
3. 当公司处于快速成长阶段，投资需求大时，应采用低正常股利加额外股利政策。（　　）
4. 股利政策不会影响股东的利益，也不会影响公司的正常运营及未来的发展。（　　）
5. 在新股发行之前利用股票分割降低股价，不利于提高股票的可转让性和促进市场交易活动。（　　）

四、名词解释

1. 收益分配　　　2. 股票股利　　　3. 股票分割　　　4. 股票回购

五、简答题

1. 常见的股利政策有哪些？
2. 股票股利有哪些优点？
3. 股票分割会对公司产生哪些影响？

六、实践训练园地

某公司在2022年年末资产负债表上的股东权益项目情况如表9-4所示。

表9-4 2022年年末股东权益项目表 单位：万元

项目	金额
普通股（面值5元，流通在外400万股）	2 000
资本公积	2 000
盈余公积	2 000
未分配利润	1 000
股东权益合计	7 000

要求：

（1）假设股票市价为10元，该公司宣布发放10%的股票股利，即现有股东每持有10股即可获赠1股普通股。发放股票股利后，股东权益有何变化？每股净资产是多少？

（2）假设该公司按照1∶2的比例进行股票分割。股票分割后，股东权益有何变化？每股净资产是多少？

【任务工单】

工单内容

【课业评价及措施】

评价项目（共100分）	评价分值	整改措施
课业完成情况（40分）		
课业完成质量（60分）		
自评成绩		

项目十　财务分析与评价

学习目标

※ 理解财务分析的含义
※ 熟悉财务分析方法的内容、特点
※ 掌握财务指标分析方法
※ 掌握财务综合分析方法

技能目标

※ 能进行企业业绩分析与评价
※ 能进行企业财务分析

任务描述

　　财务分析的最终目的是全方位地了解企业财务状况，并对企业经济效益的优劣做出系统、合理的评价。我们不是企业成员，应该怎么去了解企业的财务状况呢？我们如何利用自己的专业知识收集企业的财务数据资料呢？面对收集到的财务数据资料，我们应该采用什么方法才能全方位地分析企业的财务状况呢？我们又应该选取哪些角度去评价才是系统、合理的呢？面对这一系列的疑问，我们发现财务分析与评价这个项目很重要，也具有一定的难度。你准备好了吗？

项目导图（图10-1）

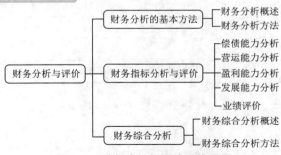

图 10-1　财务分析与评价思维导图

课前自主学习空间

【案例导入】

安琪酵母的财务数据和财务指标

安琪酵母股份有限公司（以下简称"安琪酵母"）始创于1986年，是国家高精尖企业、国家技术创新示范企业，是经营酵母及酵母衍生产品的上市公司。安琪酵母的主导产品酵母及深加工产品经过30多年的开发，已被广泛应用于烘焙与发酵面食、食品调味、酿造、人类营养健康及动物、植物、微生物营养等领域。安琪酵母在国内11个城市及埃及、俄罗斯建有工厂，发酵总产能34.4万吨，在国内市场占比55.2%，在全球市场占比超过17.3%，酵母系列产品规模已居全球第二。

安琪酵母2019—2020年的相关财务数据和财务指标如表10-1所示。

表10-1 安琪酵母2019—2020年相关财务数据和财务指标表   单位：亿元

项目	2019年	2020年
流动资产	38.66	44.45
长期投资	0.29	0.25
固定资产	51.95	52.04
无形资产	2.92	3.68
其他资产	5.25	7.65
总资产	99.07	108.07
营业收入	76.53	89.33
成本费用总额	62.62	70.37
营业成本	65.96	74.25
净利润	9.40	14.22
利润总额	11.09	16.27
每股收益/元	1.09	1.66
毛利	26.7	30.3
销售毛利率	35%	34%
营业净利率	12.28%	15.92%
成本费用利润率	17.71%	23.12%
净资产收益率	19.3%	22.4%
总资产周转率/次	0.81	0.86
资产负债率	46.53%	42.74%

部分食品制造企业2020年度财务数据对比如表10-2所示。

表 10-2　部分食品制造企业 2020 年度财务数据对比表　　　　单位：亿元

项目	伊利股份	海天味业	安琪酵母
总资产	711.54	295.34	108.07
固定资产	287.68	42.83	52.04
固定资产占总资产的比重	40.42%	14.5%	48.15%
资产负债率	48.05%	31.72%	42.74%
营业收入总额	968.86	227.92	89.33
毛利率	35.37%	42.17%	34%
净资产收益率	23.30%	13.77%	22.4%
总资产周转率/次	1.47	0.22	0.86

■ 思考与讨论：

1. 你认为上述给出的数据是否充分？是否能够据此评价安琪酵母的财务状况和经营成果？

2. 这些数据和指标反映了安琪酵母的哪些能力？财务数据使用者更关注哪些指标？

3. 食品制造行业不是一个重资产行业，但安琪酵母固定资产（不含在建工程）的比重高达 48.15%，总资产周转率低于 1，这是否说明安琪酵母在资产管理上存在问题？

案例解析

任务一　财务分析的基本方法

关键术语

※ 财务分析（Financial Analysis）

一、财务分析概述

财务分析是指以企业财务报告反映的财务指标为主要依据，采用专门方法，对企业过去的财务状况和经营成果及未来前景所进行的剖析与评价。财务分析是财务管理的一种重要方法，也是财务管理循环中的重要一环。

财务分析的主要目的是评价企业过去的经营业绩，反映企业在运营过程中的利弊得失，衡量企业现在的财务状况，预测企业未来的发展趋势，为财务报表使用者做出相关决策提供可靠的依据。

二、财务分析方法

财务分析的方法灵活多样，需要根据企业实际情况和具体分析目标进行选择。通常，财务分析的基本方法有比较分析法、比率分析法、趋势分析法和因素分析法四种。

（一）比较分析法

比较分析法是通过财务指标对比确定数量差异，据以鉴别和判断的一种财务分析方法。比较分析法的形式主要有以下三种：

（1）实际指标与计划（定额）指标比较。

（2）本期指标与上期指标（历史最高水平）比较。

（3）本单位指标与国内外先进单位指标比较。

使用比较分析法的核心问题在于解释原因，寻找最直接的影响因素。因此，企业应用比较分析法时，指标设计、指标计算方法、时间尺度等比较口径应具有可比性。

（二）比率分析法

比率分析法是将影响财务状况的两个相关因素联系起来，通过计算比率，反映它们之间的关系，借以评价企业财务状况和经营成果的一种财务分析方法。比率分析法的形式主要有以下三种。

1. 构成比率分析法

构成比率分析法又称结构比率分析法，是指通过计算某项财务指标的各组成部分数值占总体数值的百分比来分析其结构或其构成变化的一种财务分析方法。通过构成比率分析，可以发现有显著问题的项目，从而揭示进一步分析的方向。

2. 效率比率分析法

效率比率分析法又称投入产出比率分析法，是指通过计算某项财务活动中所费与所得的比率来反映投入与产出关系的一种财务分析方法。如成本费用利润率，就反映了企业为了获取利润而付出的代价的大小。所以，这个方法不是用于衡量生产经营速度快慢的，而是用于评价投入与产出之间关系的。

3. 相关比率分析法

相关比率分析法是指通过计算两个性质不同但又相互联系的指标的比率来反映有关经济活动中财务指标间的相关关系的一种财务分析方法。如将流动资产和流动负债进行对比，据以判断企业的短期偿债能力。

（三）趋势分析法

趋势分析法又称水平分析法，是通过对比两期或连续数期财务报告中的相同指标，确定其增减变动的方向、数额和幅度，以说明企业财务状况和经营成果变动趋势的一种财务分析方法。趋势分析法的形式主要有以下两种。

1. 绝对数趋势分析法

绝对数趋势分析法又称会计报表项目直接比较法，它是将连续数期会计报表的金额并列起来，比较相同指标的增减变动金额和幅度，据以判断企业财务状况和经营成果发展变化的一种财务分析方法。

2. 相对数趋势分析法

相对数趋势分析法又称会计报表项目构成比较法，它是将会计报表中的某个总体指标作为100%，再计算出其各组成项目占该总体指标的百分比，从而比较各个项目百分比的增减变动，以此判断企业有关财务活动变化趋势的一种财务分析方法。

(四) 因素分析法

因素分析法是指依据分析指标和影响因素的关系，从数量上确定各因素对指标的影响程度的一种财务分析方法。因素分析法的主要形式有以下两种。

1. 连环替代法

连环替代法是指从数量上确定一个综合经济指标所包含的各个相互联系因素的变动对该指标总体变动的影响程度和方向的一种财务分析方法。

连环替代法的计算程序如下：

(1) 确定某经济指标由哪几个因素组成。
(2) 确定各个因素与该经济指标的关系，如加减关系、乘除关系等。
(3) 按照经济指标的因素，以一定的顺序将各个因素加以替代，具体测算各个因素对该经济指标变动的影响程度和方向。

各个因素替代的顺序一般是：先替代数量因素，后替代质量因素；先替代用实物量、劳动量表示的因素，后替代用货币表示的价值因素；先替代主要因素、原始因素，后替代次要因素、派生因素；在除式关系中，先替代分子，后替代分母。

【例 10-1】 某企业 2022 年 3 月 N 材料费用的实际数是 3 000 元，而其计划数是 2 240 元，实际数比计划数增加 760 元。由于材料费用是由产品产量、单位产品材料消耗量和材料单价三个因素的乘积构成的，因此可以把材料费用这一总指标分解为三个因素，逐个分析它们对材料费用的影响程度。现假定这三个因素的数值如表 10-3 所示。

表 10-3　材料费用构成表

项目	单位	计划数	实际数
产品产量	件	80	100
单位产品材料消耗量	千克	7	6
材料单价	元	4	5
材料费用	元	2 240	3 000

根据表 10-3 中的资料，材料费用的实际数较计划数增加 760 元，这是分析对象。各因素之间的关系是：材料费用＝产品产量×单位产品材料消耗量×材料单价。

运用连环替代法，可以计算各因素变动对材料费用的影响程度：

计划指标：　　　80×7×4＝2 240（元）　　　①
第一次替代：　　100×7×4＝2 800（元）　　　②
第二次替代：　　100×6×4＝2 400（元）　　　③
第三次替代：　　100×6×5＝3 000（元）　　　④

所以

产量增加对材料费用的影响：②－①＝560（元）
材料节约对材料费用的影响：③－②＝－400（元）
单价提高对材料费用的影响：④－③＝600（元）
各因素变动对材料费用的总影响：560－400＋600＝760（元）

2. 差额计算法

差额计算法是连环替代法的一种简化形式,它是根据各个因素的实际数与基数的差额来计算各个因素的变动对综合经济指标的影响程度和方向的一种财务分析方法。

【例10-2】 根据【例10-1】中的数据资料,采用差额分析法确定各个因素变动对材料费用的影响。

产量增加对材料费用的影响:(100−80)×7×4=560(元)

材料节约对材料费用的影响:100×(6−7)×4=−400(元)

单价提高对材料费用的影响:100×6×(5−4)=600(元)

综上所述,因素分析法既可以单独分析某个因素对某一经济指标的影响,也可以全面分析各个因素对某一经济指标的影响,在财务分析中运用广泛。

小讨论 学习了以上四种财务分析方法,在面对一家企业的财务报表数据时,你能运用这些方法准确分析出企业的财务状况和经营成果的变化趋势吗?哪些指标能反映企业的偿债能力、盈利能力呢?

任务二 财务指标分析与评价

关键术语

※ 财务指标分析(Financial Index Analysis)
※ 偿债能力分析(Analysis of Debt-paying Capacity)
※ 营运能力分析(Analysis of Operating Capacity)
※ 盈利能力分析(Profitability Analysis)
※ 发展能力分析(Analysis of Development Capacity)

企业在进行财务状况和经营成果的总结与评价,以及财务预测、财务决策时,需要使用一系列的指标,即偿债能力指标、营运能力指标、盈利能力指标和发展能力指标。

一、偿债能力分析

偿债能力是指企业对各种到期债务偿付的能力。偿债能力的强弱是衡量一个企业财务状况好坏的重要标志。偿债能力分析包括短期偿债能力分析和长期偿债能力分析。

(一)短期偿债能力分析

短期偿债能力是指企业流动资产对流动负债及时足额偿还的保证程度。短期偿债能力分析主要借助于短期偿债能力比率进行。短期偿债能力比率是衡量企业当前财务能力特别是流动资产变现能力的重要标志。反映企业短期偿债能力的指标主要有流动比率、速动比率、现金比率等。

1. 流动比率

流动比率是衡量企业短期偿债能力最常用的指标,是将流动资产与流动负债相比而

得出的比值，即用变现能力较强的流动资产来偿还企业短期债务。其计算公式为

$$流动比率 = 流动资产 / 流动负债$$

一般情况下，流动比率越高，反映企业短期偿债能力越强；但过高的流动比率也不一定是好现象。从理论上说，流动比率维持在 2∶1 比较合理。由于行业性质不同，流动比率的实际标准也不同。所以，在分析流动比率时，应将其与同行业平均流动比率、本企业历史流动比率进行比较，只有这样才能得出合理的结论。

【例 10-3】 红岭公司 2020 年资产负债表及利润表情况，如表 10-4、表 10-5 所示。

表 10-4　　资产负债表

编制单位：红岭公司　　　　　　　　2020 年 12 月 31 日　　　　　　　　单位：万元

资产	年初数	年末数	负债和所有者权益（或股东权益）	年初数	年末数
流动资产：			流动负债：		
货币资金	440	470	短期借款	140	190
交易性金融资产			交易性金融负债		
衍生金融资产			衍生金融负债		
应收票据			应付票据		
应收账款	800	840	应付账款		
预付款项			预收款项	520	625
其他应收款	120	300	合同负债		
存货	1 290	1 270	应付职工薪酬		
合同资产			应交税费		
持有待售资产			其他应付款		
一年内到期的非流动资产			持有待售负债		
其他流动资产			一年内到期的非流动负债		
流动资产合计	2 650	2 880	其他非流动负债	185	220
非流动资产：			流动负债合计	845	1 035
债券投资			非流动负债：		
其他债券投资			长期借款	960	820
长期应收款			应付债券		
长期股权投资	250	280	其中：优先股		
其他权益工具投资			永续债		
其他非流动金融资产			长期应付款		
投资性房地产			预计负债		
固定资产	250	350	递延收益		

续表

资产	年初数	年末数	负债和所有者权益（或股东权益）	年初数	年末数
在建工程			递延所得税负债		
生产性生物资产			其他非流动负债		
油气资产			非流动负债合计	960	820
无形资产	490	630	负债合计	1 805	1 855
开发支出			所有者权益（或股东权益）		
商誉			实收资本（或股本）	880	880
长期待摊费用			其他权益工具		
递延所得税资产			其中：优先股		
其他非流动资产			永续债		
			资本公积	210	290
			减：库存股		
			其他综合收益		
			专项储备		
			盈余公积	200	300
			未分配利润	545	815
非流动资产合计	990	1 260	所有权益（或股东权益）合计	1 835	2 285
资产总计	3 640	4 140	负债和所有者权益（或股东权益）总计	3 640	4 140

表 10-5 利润表

编制单位：红岭公司　　　　　　　　2020 年度　　　　　　　　单位：万元

项目	年初数	年末数
一、营业收入	3 000	3 400
减：营业成本	1 600	1 700
税金及附加	560	580
销售费用	200	250
管理费用	200	250
财务费用	100	110
资产减值损失		
加：其他收益		
投资收益		

续表

项目	年初数	年末数
其中：对联营企业和合营企业的投资收益		
公允价值变动收益		
资产处置收益		
二、营业利润	340	510
加：营业外收入	180	100
减：营业外成本	80	50
三、利润总额	440	560
减：所得税费用	126	154
四、净利润	314	406
（一）持续经营净利润		
（二）终止经营净利润		
五、其他综合收益的税后净额		
（一）不能重分类进损益的其他综合收益		
（二）将重分类进损益的其他综合收益		
六、综合收益总额		
七、每股收益		
（一）基本每股收益		
（二）稀释每股收益		

根据表10-4的数据，计算红岭公司2019年和2020年的流动比率，并做简要分析。

【解析】 2019年流动比率=2 650/845≈3.14

2020年流动比率=2 880/1 035≈2.78

通过两年流动比率的比较可以发现，2020年红岭公司的流动比率有所下降，但这并不一定说明红岭公司的短期偿债能力在减弱，还需结合行业特点加以分析。

▶小知识 对流动比率的判断需要参考所在行业的平均标准、流动资产的结构和其他相关因素。一般而言，商品流通业的流动比率较高，而制造业、电力行业等的流动比率较低。我国近年部分行业的流动比率参考值为：汽车行业1.1、房地产业1.2、建材行业1.25、化工业1.2、家电业1.5、计算机行业2、电子行业1.45、机械行业1.8。

2. 速动比率

速动比率是速动资产与流动负债的比值。速动资产是指货币资金、交易性金融资产、应收票据、应收账款等随时可变现的资产，一般以"流动资产-存货"计算。速动资产不包括存货，是因为存货变现能力较差，且存在残次报废等不稳定因素。其计算公式为

$$速动比率 = 速动资产 / 流动负债$$

如果速动比率过低,则企业的短期偿债风险较大;如果速动比率过高,则企业在速动资产上占用的资金过多,会增加企业投资的机会成本。传统经验认为,速动比率为1:1较为正常。但不同行业经营特点不同,速动比率会有较大差异,故没有统一的标准。

【例10-4】 根据【例10-3】中表10-4的数据,计算红岭公司2019年和2020年的速动比率,并做简要分析。

【解析】 2019年速动比率:

速动资产=440+800+120=2 650−1 290=1 360(万元)

速动比率=1 360/845≈1.61

2020年速动比率:

速动资产=470+840+300=2 880−1 270=1 610(万元)

速动比率=1 610/1 035≈1.56

从上述数据可以看到,红岭公司2020年的速动比率较2019年下降了0.05,分析其原因,2020年速动资产比2019年增长了18.38%,而2020年流动负债比2019年增长了22.49%,因此速动比率下滑是由流动负债增长速度超过速动资产增长速度造成的。另外,两年的速动比率均大于1,在不考虑行业水平的情况下,可初步判断红岭公司有能力偿还短期债务。

3. 现金比率

现金比率又称超速动比率,是企业的现金类资产与流动负债的比值。其计算公式为

$$现金比率 = (货币资金 + 交易性金融资产) / 流动负债$$

对于债权人来说,现金比率越高越好;但对于企业来说,现金是盈利能力最差的资产,不应保持过高的现金比率。现金比率没有一个较为接近的、公认合理的标准,各企业可按各自的实际债务情况而定。

除了上述指标外,还有一些财务报表资料中没有反映出来的因素,也会影响企业的短期偿债能力。例如,可动用的银行贷款指标、准备很快变现的长期资产、偿债能力的声誉等属于增强短期偿债能力的因素;未作记录的或有负债、担保责任引起的或有负债等属于减弱短期偿债能力的因素。

企业进行短期偿债能力分析时,不能孤立地根据某一指标分析就下结论,而应根据分析的目的和要求,结合企业的实际情况和所在行业的标准,将各项指标结合起来,从动态和静态两个方面综合分析,只有这样才能得出正确的分析结论。

(二)长期偿债能力分析

长期偿债能力分析主要借助于长期偿债能力比率进行。长期偿债能力比率是衡量企业偿还长期债务能力的指标,它与企业的盈利能力、资金结构有十分密切的关系。反映企业长期偿债能力的主要指标有资产负债率、产权比率、利息保障倍数等。

1. 资产负债率

资产负债率又称负债比率,是企业负债总额与资产总额的比率。它用于衡量企业利用债权人提供的资金进行经营活动的能力,反映了企业资产对债权人权益的保障程度。

其计算公式为

$$资产负债率 = 负债总额/资产总额 \times 100\%$$

资产负债率的高低对企业的债权人和所有者有着不同的意义。债权人希望资产负债率越低越好，此时其债权的保障程度就越高；而所有者关心的则是投入资本的收益率，他们希望资产负债率越高越好，即只要企业的总资产收益率高于借款的利息率，举债越多，所有者的投资收益越大。

一般情况下，企业的负债经营规模应控制在一个合理的水平，负债比率应控制在一定的范围内，但不同行业、不同类型的企业有较大的差异。对于财务管理者而言，在确定企业的负债比率时，一定要审时度势，充分考虑企业内部各种因素和外部的市场环境，在收益和风险之间权衡利弊得失，然后做出正确的财务决策。

【例 10-5】 根据【例 10-3】中表 10-4 的数据，计算红岭公司 2019 年和 2020 年的资产负债率，并做简要分析。

【解析】 2019 年资产负债率 = 1 805/3 640 × 100% ≈ 49.59%

2020 年资产负债率 = 1 855/4 140 × 100% ≈ 44.81%

从上述数据可以看出，红岭公司 2020 年的资产负债率较 2019 年有所下降。从资产总额上看，2020 年比 2019 年增加了 500 万元，同比增长 13.74%；从负债总额上看，2020 年比 2019 年增加了 50 万元，同比增长 2.77%。因此，负债的增长幅度小于资产的增长幅度，导致红岭公司的资产负债率下降，长期偿债能力增强。

2. 产权比率

产权比率又称资本负债率，是负债总额与所有者权益总额的比率。它是衡量企业财务结构稳健与否的重要标志。其计算公式为

$$产权比率 = 负债总额/所有者权益总额 \times 100\%$$
$$= 负债总额/(资产总额 - 负债总额) \times 100\%$$

该指标反映企业在偿还债务时对债权人的保障程度。产权比率越低，说明企业偿债能力越强，债权人越有安全感。但从投资者的角度来说，如果企业经营状况良好，过低的产权比率会影响其每股利润的扩增能力。因此，企业在评价产权比率适度与否时，应从获利能力和偿债能力两个方面综合进行，即在保障债务偿还安全的前提下，尽可能提高产权比率。

【例 10-6】 根据【例 10-3】中表 10-4 的数据，计算红岭公司 2019 年和 2020 年的产权比率，并做简要分析。

【解析】 2019 年产权比率 = 1 805/1 835 × 100% ≈ 98.37%

2020 年产权比率 = 1 855/2 285 × 100% ≈ 81.18%

从上述数据可以看出，红岭公司 2020 年的产权比率较 2019 年有所下降。从所有者权益总额上看，2020 年比 2019 年增加了 450 万元，同比增长 24.52%；从负债总额上看，2020 年比 2019 年增加了 50 万元，同比增长 2.77%。因此，负债的增长幅度小于所有者权益的增长幅度，导致红岭公司的产权比率下降，长期偿债能力增强。

▶ 小知识 产权比率高，说明企业的财务结构是高风险、高报酬的；产权比率低，说明企业的财务结构是低风险、低报酬的。

 请根据【例 10-3】至【例 10-6】计算出的结果，简要分析红岭公司 2019 年和 2020 年的偿债能力。

3. 利息保障倍数

利息保障倍数又称已获利息倍数，是息税前利润与利息费用的比率。它是衡量企业偿付借款利息的承担能力和保障程度的重要指标，同时也能反映债权人投资的风险程度。其计算公式为

$$利息保障倍数 = 息税前利润 / 利息费用 \times 100\%$$
$$= (利润总额 + 利息费用) / 利息费用 \times 100\%$$

二、营运能力分析

营运能力是指通过企业生产经营资金周转速度的有关指标所反映的企业资金利用的效率，它表明企业管理人员经营管理、运用资金的能力。反映企业营运能力的指标主要有应收账款周转率、存货周转率、流动资产周转率、总资产周转率等。

（一）应收账款周转率

应收账款周转率是营业收入与应收账款平均余额的比值。该指标反映企业应收账款的流动程度，即应收账款周转的快慢程度。其计算公式为

$$应收账款周转率 = 营业收入 / 应收账款平均余额$$
$$应收账款周转天数 = 360 / 应收账款周转率$$

其中，营业收入是利润表中营业收入扣除现销收入、销售退回、现金折扣和折让后的余额。应收账款平均余额是因销售商品或提供劳务等应向购货单位或接受劳务单位收取的款项，以及收到的商业汇票，它是资产负债表中"应收账款"和"应收票据"期初、期末金额的平均数。

该指标反映了企业应收账款变现速度的快慢及管理效率的高低。应收账款周转率越高，说明：① 收账迅速，账龄较短；② 资产流动性强，短期偿债能力强；③ 减少了收账费用和坏账损失，相对增加了流动资产的投资收益。另外，借助于应收账款周转期和企业信用期的比较，还可以评价购买单位的信用程度，判断企业实施的信用条件是否合理。但在评价一个企业的应收账款周转率是否合理时，需要结合同行业的平均水平进行分析。

【例 10-7】 根据【例 10-3】中表 10-4、表 10-5 的数据，计算红岭公司 2020 年的应收账款周转率，并做简要分析。

【解析】 应收账款周转率 = 3 400 / [(800+840)/2] ≈ 4.15（次）

应收账款周转天数 = 360 / 4.15 ≈ 86.75（天）

从以上数据可以看出，红岭公司的应收账款周转一次需要约 87 天。该指标是否合理，需要与行业平均水平进行比较。

（二）存货周转率

存货周转率是指一定时期内营业成本与存货平均余额的比值。该指标用于衡量企业在一定时期内存货周转的次数，即存货周转的快慢程度。其计算公式为

$$存货周转率 = 营业成本 / 存货平均余额$$

存货周转天数＝360/存货周转率

其中，营业成本来自利润表中的"主营业务成本"，存货平均余额来自资产负债表中"期初存货"与"期末存货"的平均数。

存货周转率指标反映了每年存货周转的次数，为避免季节性波动的影响，可以计算季度指标。存货周转天数指标反映了年均的存货每周转一次所需要的天数。一般来说，存货周转率越高，存货周转天数越少，存货转化为应收账款和现金的速度就越快，企业经营状况就越好；反之则越坏。

【例10-8】 根据【例10-3】中表10-4、表10-5的数据，计算红岭公司2020年的存货周转率。

【解析】 存货周转率＝1 700/[（1 290+1270)/2]≈1.33（次）

存货周转天数＝360/1.33≈270.68（天）

（三）流动资产周转率

流动资产周转率是一定时期内销售收入与流动资产平均总额的比值。其计算公式为

流动资产周转率＝销售收入/流动资产平均总额

流动资产平均总额＝（期初流动资产+期末流动资产）/2

流动资产周转天数＝360/流动资产周转率

流动资产周转率是分析流动资产周转情况的一个综合指标。在一定时期内，流动资产周转率越高，流动资产周转次数越多，流动资产利用效率越好。从流动资产周转天数来看，流动资产周转一次所需要的天数越少，表明流动资产在经历生产和销售各环节时所占用的时间越短。但在评价一个企业的流动资产周转率是否合理时，没有确定的标准，需要结合企业历年的数据和行业特点进行分析。

【例10-9】 根据【例10-3】中表10-4、表10-5的数据，计算红岭公司2020年的流动资产周转率。

【解析】 流动资产周转率＝3 400/[（2 650+2 880)/2]≈1.23（次）

流动资产周转天数＝360/1.33≈292.68（天）

（四）总资产周转率

总资产周转率是一定时期内销售收入与资产平均总额的比值。其计算公式为

总资产周转率＝销售收入/资产平均总额

总资产周转天数＝360/总资产周转率

该指标用于分析企业全部资产的使用效率。该指标数值较低，说明企业整体资产的利用效率不高。

在分析总资产的营运能力时，应单独分析各项重要资产的营运能力。如果营运能力强的资产占总资产的比例小，而营运能力弱的资产占总资产的比例大，则总资产的营运能力就较弱。

【例10-10】 根据【例10-3】中表10-4、表10-5的数据，计算红岭公司2020年的总资产周转率。

【解析】 总资产周转率＝3 400/[（3 640+4 140)/2]≈0.87（次）

流动资产周转天数＝360/0.87≈413.79（天）

> **小讨论** 请根据【例 10-3】中表 10-4、表 10-5 的数据，计算红岭公司 2019 年的营运能力相关指标，并结合 2020 年的营运能力指标进行简要分析。

三、盈利能力分析

盈利能力是企业获取利润的能力，也是企业资金增值的能力。

（一）销售净利率

销售净利率是企业的净利润与销售收入净额（一般可用利润表中的营业收入表现）的比率。它反映企业每一元销售收入所带来的净利润。其计算公式为

$$销售净利率 = 净利润/销售收入净额 \times 100\%$$

销售净利率越高，表明企业的市场竞争力越强，为社会新创价值越多，贡献越大，也反映企业在增产的同时，多创造了利润，实现了增产增收。

【例 10-11】 根据【例 10-3】中表 10-5 的数据，计算红岭公司 2020 年的销售净利率。

【解析】 销售净利率 = 406/3 400×100% ≈ 11.94%

（二）销售毛利率

销售毛利率是毛利占销售收入的百分比。其中，毛利是销售收入（营业收入）扣除销售成本（营业成本）后的余额。其计算公式为

$$销售毛利率 = (销售收入 - 销售成本)/销售收入 \times 100\%$$

该指标反映的是每一元销售收入扣除销售成本后有多少钱可以用于各项期间费用和形成盈利。

【例 10-12】 根据【例 10-3】中表 10-5 的数据，计算红岭公司 2020 年的销售毛利率。

【解析】 销售毛利率 = (3 400 - 1 700)/3 400×100% = 50%

（三）成本费用利润率

成本费用利润率是企业一定时期内利润总额与成本费用总额的比率。它反映企业所得和所耗的关系。其计算公式为

$$成本费用利润率 = 利润总额/成本费用总额 \times 100\%$$
$$= 利润总额/(营业成本+税金及附加+期间费用) \times 100\%$$

该指标越高，表明企业为获取利润而付出的代价越小，成本费用控制得越好，获利能力就越强。在评价成本费用开支效果时，应当注意成本费用与利润之间在计算层次和口径上的对应关系。

【例 10-13】 根据【例 10-3】中表 10-5 的数据，计算红岭公司 2020 年的成本费用利润率。

【解析】 成本费用利润率 = 560/(1 700+580+250+250+110)×100% ≈ 19.38%

（四）总资产净利率

总资产净利率又称总资产收益率，是企业一定时期内净利润与资产平均总额的比率。它是反映企业资产综合利用效果的指标，也是衡量企业利用债权人和所有者投入的资金取得盈利的重要指标。其计算公式为

$$总资产净利率=净利润/资产平均总额×100\%$$

该指标越高，表明企业的获利能力越强。

【例10-14】 根据【例10-3】中表10-4、表10-5的数据，计算红岭公司2020年的总资产净利率。

【解析】 总资产净利率=406/[（3 640+4 140）/2]×100%≈10.44%

（五）净资产报酬率

净资产报酬率又称净资产收益率，是净利润与平均净资产的比率。它反映企业自有资金的收益水平，是衡量企业盈利能力的重要指标，具有很强的综合性。其计算公式为

$$净资产收益率=净利润/平均净资产×100\%$$
$$平均净资产=（年初净资产+年末净资产）/2$$

该指标越高，表明企业自有资金获取收益的能力越强，营运效率越好，对企业投资者、债权人利益的保障程度越高。

【例10-15】 根据【例10-3】中表10-4、表10-5的数据，计算红岭公司2020年的净资产收益率。

【解析】 净资产收益率=406/[（1 835+2 285）/2]×100%≈19.71%

四、发展能力分析

发展能力是企业在生存的基础上，扩大规模、壮大实力的潜在能力。

（一）营业收入增长率

营业收入增长率是企业本年营业收入增长额与上年营业收入总额的比率。它是评价企业成长状况和发展能力的重要指标，也是衡量企业经营状况和市场占有能力、预测企业经营业务拓展趋势的重要指标。其计算公式为

$$营业收入增长率=本年营业收入增长额/上年营业收入总额×100\%$$
$$本年营业收入增长额=本年营业收入总额-上年营业收入总额$$

该指标大于零，表明企业本年营业收入有所增长。该指标越大，表明企业营业收入的增长速度越快，企业的市场前景看好。

【例10-16】 根据【例10-3】中表10-5的数据，计算红岭公司2020年的营业收入增长率。

【解析】 2020年营业收入增长额=3 400-3 000=400（万元）

2020年营业收入增长率=400/3 000×100%≈13.33%

（二）资本保值增长率

资本保值增长率是企业扣除客观因素后的本年年末所有者权益总额与年初所有者权益总额的比率。它反映企业当年资本在企业自身努力下的实际增减变动情况。其计算公式为

$$资本保值增长率=扣除客观因素后的本年年末所有者权益总额/$$
$$年初所有者权益总额×100\%$$

该指标越高，表明企业的资本保全状况越好，所有者权益增长越快，债权人的债务越有保障，企业发展后劲越强。资本保值增长率>1，表明资本增值；资本保值增长率=

1,表明资本保值;资本保值增长率<1,表明资本受到侵蚀,资本减值。

【例 10-17】 根据【例 10-3】中表 10-4 的数据,计算红岭公司 2020 年的资本保值增长率。

【解析】 资本保值增长率=2 285/1 835×100%≈124.52%

(三) 资本积累率

资本积累率是企业本年所有者权益增长额与年初所有者权益的比率。它反映企业当年资本的积累能力。其计算公式为

$$资本积累率=本年所有者权益增长额/年初所有者权益\times 100\%$$

$$本年所有者权益增长额=所有者权益年末数-所有者权益年初数$$

该指标越高,表明企业的资本积累越多,应对风险、进行持续发展的能力越强。

【例 10-18】 根据【例 10-3】中表 10-4 的数据,计算红岭公司 2020 年的资本积累率。

【解析】 资本积累率=(2 285-1 835)/1 835×100%≈24.52%

(四) 总资产增长率

总资产增长率是企业本年总资产增长额与年初资产总额的比率。它反映企业当年资产规模的增长情况。其计算公式为

$$总资产增长率=本年总资产增长额/年初资产总额\times 100\%$$

$$本年总资产增长额=总资产年末数-总资产年初数$$

该指标越高,表明企业一定时期内资产规模扩张的速度越快。但在分析时要注意,资产规模扩张质和量的关系,以及企业的后续发展能力,避免资产规模盲目扩张。

【例 10-19】 根据【例 10-3】中表 10-4 的数据,计算红岭公司 2020 年的总资产增长率。

【解析】 总资产增长率=(4 140-3 640)/3 640×100%≈13.74%

(五) 营业利润增长率

营业利润的增长率是企业本年营业利润增长额与上年营业利润总额的比率。它反映企业营业利润的增减变动情况。其计算公式为

$$营业利润增长率=本年营业利润增长额/上年营业利润总额\times 100\%$$

$$本年营业利润增长额=本年营业利润总额-上年营业利润总额$$

该指标越高,表明企业的利润增长速度越快,企业发展能力越强。

【例 10-20】 根据【例 10-3】中表 10-5 的数据,计算红岭公司 2020 年的营业利润增长率。

【解析】 营业利润增长率=(510-340)/340×100%=50%

> **小讨论** 财务指标分析是对企业偿债能力、营运能力、盈利能力和发展能力四个维度进行的分析,这四个维度的指标之间有没有联系?若有,它们会有怎样的联系呢?

五、业绩评价

(一) 业绩评价的概念及意义

业绩评价是指运用数理统计和运筹学的方法，通过建立综合评价指标体系，对照相应的评价标准，将定量分析和定性分析相结合，对企业一定经营期间的获利能力、资产质量、债务风险、经营增长等经营业绩和努力程度的各方面进行的综合评判。

对企业进行业绩评价的意义在于：① 有利于加强对企业经营者的监督和约束，提升企业的管理水平、管理质量和持续发展能力；② 能为激励企业、部门、个人提供有效依据；③ 能为出资者行使经营者的选择权提供依据；④ 能为政府相关部门、债权人等利益相关方提供有效的信息支持。

(二) 企业业绩评价体系

企业业绩评价体系主要由评价主体、评价客体、评价目标、评价指标、评价标准、评价方法和评价报告七项要素构成。其中，评价指标、评价标准和评价方法是核心要素。评价指标是指根据业绩评价目标和评价主体的需要设计的、以指标形式体现的、能反映评价对象特征的因素。它是企业业绩评价内容的载体，也是企业业绩评价内容的外在表现。它围绕着企业业绩的主要组成部分，建立逻辑严密、相互联系、互为补充的体系结构。常见的业绩评价指标的分类方法有以下三种：① 按指标是否可以用货币来计量分为财务指标和非财务指标；② 按指标是否可以用数字来计量分为定量指标和定性指标；③ 按指标是用比率形式还是用总量形式来表达分为绝对指标和相对指标。

> **小讨论** 2013年5月末，阿里巴巴联合众多物流公司正式成立菜鸟网，启动"中国智能骨干网"项目，旨在建立一张能支撑日均300亿元（年度约10万亿元）网络零售额的智能骨干网络，让中国任何一个地区都能做到24小时内送货必达。京东也不甘示弱。2013年5月31日，京东商城在物流配送上推出"极速达"服务。此外，腾讯旗下电商易迅也推出"一日三送，晚间送货"等概念。这个案例中我们看到的这些非财务指标的作用是什么？非财务指标和财务指标之间的关系是什么？

任务三　财务综合分析

关键术语

※ 财务综合分析（Comprehensive Financial Analysis）

一、财务综合分析概述

财务综合分析是将评价企业的偿债能力、营运能力、盈利能力、发展能力等诸方面的指标纳入一个有机的整体之中，全面地对企业的财务状况、经营成果和现金流量进行剖析，从而对企业经济效益的优劣进行准确的评价与系统的分析。财务综合分析具有系统性、综合性、全面性的特点。

二、财务综合分析方法

财务综合分析的方法有许多，如沃尔比重评分法、杜邦分析法、平衡计分法、经济增加值、供应链绩效衡量、雷达图分析法等,其中应用比较广泛的是沃尔比重评分法和杜邦分析法。

(一)沃尔比重评分法

沃尔比重评分法是指将选定的财务比率用线性关系结合起来,并分别给定各自的分数比重,然后通过与标准比率进行比较,确定各项指标的得分及总体指标的累计分数,从而对企业的信用水平做出评价的方法。随着财务环境的变化,传统的沃尔比重评分法也在评价计算和评价指标两方面进行了改进。

应用沃尔比重评分法的基本步骤如下:

(1)选择评价指标并分配指标权重。盈利能力指标包括总资产净利率、销售净利率、净资产报酬率。偿债能力指标包括自有资本比率、流动比率、应收账款周转率、存货周转率。发展能力指标包括销售增长率、净利润增长率、总资产增长率。按重要程度确定各个比率指标的评分值,评分值之和为100分。

(2)确定各个比率指标的标准值,即各个比率指标在企业现时条件下的最优值。

(3)计算企业在一定时期内各个比率指标的实际值。

(4)计算各项财务比率实际值与标准值的比率。

(5)计算各项财务比率的综合得分。综合得分等于或接近100分,说明企业的财务状况良好。

【例10-21】 某企业2020年的财务状况评分结果如表10-6所示。

表10-6 沃尔综合评分表

选择的指标	权重 (1)	标准值 (2)	实际值 (3)	关系比率 (4)=(3)/(2)	实际得分 (5)=(4)×(1)
一、盈利能力指标	50				
总资产净利率	20	10%	12%	1.20	24.00
销售净利率	20	4%	5%	1.25	25.00
净资产报酬率	10	16%	18%	1.13	11.30
二、偿债能力指标	32				
自有资本比率	8	40%	40%	1.00	8.00
流动比率	8	1.50	1.95	1.30	10.40
应收账款周转率	8	6	5	0.83	6.64
存货周转率	8	8.0	6.5	0.81	6.48
三、发展能力指标	18				
销售增长率	6	15%	16%	1.07	6.42
净利润增长率	6	10%	12%	1.20	7.20
总资产增长率	6	10%	12%	1.20	7.20
综合得分	100				112.64

从以上数据可以看出,该企业的综合得分为112.64分,大于100分,说明其财务状况的整体水平优于评价标准,总体财务状况是不错的。

（二）杜邦分析法

1. 杜邦分析法的概念

杜邦分析法是利用各主要财务比率之间的内在联系，形成一个完整的指标体系，综合地分析与评价企业财务状况和经营成果的方法。该指标体系以净资产收益率为起点，以总资产净利率和权益乘数为核心，重点揭示企业盈利能力及偿债能力对净资产收益率的影响，以及各相关指标之间的相互作用关系。

杜邦分析法中各主要财务指标的关系如图10-2所示。

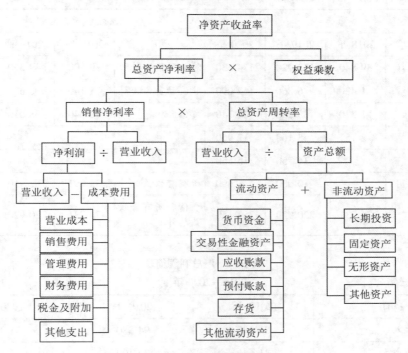

图10-2 杜邦分析体系图

2. 运用杜邦分析法需关注的要点

（1）净资产收益率是一个综合性最强的财务分析指标，是杜邦分析体系的起点。净资产收益率反映了企业所有者投入资本的获利能力，其不断提高将是所有者权益最大化的基本保证。而分析影响净资产收益率的关键因素，即销售净利率、总资产周转率和权益乘数，能更具体地分析导致净资产收益率这一指标发生升降变化的原因。

（2）销售净利率反映了企业净利润与营业收入的关系，它的高低取决于营业收入与成本费用的高低。想要提高销售净利率，一是要提高营业收入，二是要降低成本费用。杜邦分析体系图就是按这个思路层层打开的。比如，我们可以从图中看成本费用的基本结构是否合理，从而找出降低成本费用的途径和加强成本费用控制的方法。

（3）总资产周转率用来揭示企业资产总额实现营业收入的综合能力。资产总额由流动资产和非流动资产组成，它们的结构是否合理将直接影响资产的周转速度。例如，企业持有的货币资金超过业务需要，就会影响企业的盈利能力。如果企业的存货和应收账款占用过多资金，则既会影响盈利能力，又会影响偿债能力。因此，进一步分析各项资产的资金占用规模和周转速度是有必要的。

（4）权益乘数主要受资产负债率的影响。资产负债率越高，权益乘数就越大，说明企业的负债程度越高，从而给企业带来较多的杠杆利益，同时也带来较大的风险。

【例10-22】 云华公司2018—2020年汇总资产负债简表、汇总利润简表如表10-7、表10-8所示。

表10-7 汇总资产负债简表

编制单位：云华公司　　　　2018年12月31日—2020年12月31日　　　　　　　　单位：万元

资产				负债和所有者权益			
项目	2018年	2019年	2020年	项目	2018年	2019年	2020年
流动资产合计	39 840	152 920	174 530	流动负债合计	39 500	49 390	56 000
长期股权投资	1 420	6 860	2 090	非流动负债合计	3 140	8 620	12 830
固定资产	31 320	33 230	47 340	负债合计	42 640	58 010	68 830
在建工程	2 151	3 160	12 950				
无形资产		14 750	15 550				
长期待摊费用		10 000	690	所有者权益合计	32 091	162 910	184 320
资产总计	74 731	220 920	253 150	负债和所有者权益总计	74 731	220 920	253 150

表10-8 汇总利润简表

编制单位：云华公司　　　　　　　2018—2020年度　　　　　　　　　　　单位：万元

项目	2018年	2019年	2020年
一、营业收入	88 100	94 880	98 970
减：营业成本	31 640	39 100	42 050
税金及附加	9 530	9 960	8 900
销售费用	990	5 270	4 350
管理费用	16 490	10 700	9 720
财务费用	1 340	360	1 850
资产减值损失			
加：公允价值变动收益			
投资收益			
二、营业利润	28 110	29 490	32 100
加：营业外收入			
减：营业外支出			
三、利润总额	28 110	29 490	32 100

续表

项目	2018 年	2019 年	2020 年
减：所得税费用	8 433	8 847	9 630
四、净利润	19 677	20 643	22 470
五、每股收益			
（一）基本每股收益			
（二）稀释每股收益			

要求：运用杜邦分析法对云华公司进行全面的分析。

【解析】（1）计算云华公司 2019 年和 2020 年的净资产收益率，并确定两者的差异。

2019 年净资产收益率 = 20 643/[(32 091+162 910)/2]×100% ≈ 21.17%

2020 年净资产收益率 = 22 470/[(162 910+184 320)/2]×100% ≈ 12.94%

2020 年与 2019 年净资产收益率的差异 = 12.94%－21.17% = －8.23%

即云华公司 2020 年的净资产收益率比 2019 年下降了 8.23 个百分点。

（2）对净资产收益率的差异进行因素分析。

2019 年净资产收益率 = 总资产净利率×权益乘数

$\quad\quad\quad\quad$ = {20 643/[(74 731+220 920)/2]×100%}×{[(74 731+220 920)/2]/[(32 091+162 910)/2]}

$\quad\quad\quad\quad$ = 13.96%×1.516 2 ≈ 21.17%

2020 年净资产收益率 = 总资产净利率×权益乘数

$\quad\quad\quad\quad$ = {22 470/[(220 920+253 150)/2]×100%}×{[(220 920+253 150)/2]/[(162 910+184 320)/2]}

$\quad\quad\quad\quad$ = 9.48%×1.365 3 ≈ 12.94%

总资产净利率变动对净资产收益率的影响 = (9.48%－13.96%)×1.516 2 ≈ －6.79%

权益乘数变动对净资产收益率的影响 = 9.48%×(1.365 3－1.516 2) ≈ －1.43%

（3）对总资产净利率的差异进行因素分析。

2020 年与 2019 年总资产净利率的差异 = 9.48%－13.96% = －4.48%

2019 年总资产净利率 = 销售净利率×总资产周转率

$\quad\quad\quad\quad$ = (20 643/94 880×100%)×{94 880/[(74 731+220 920)/2]}

$\quad\quad\quad\quad$ = 21.76%×0.641 8 ≈ 13.97%

2020 年总资产净利率 = 销售净利率×总资产周转率

$\quad\quad\quad\quad$ = (22 470/98 970×100%)×{98 970/[(220 920+253 150)/2]}

$\quad\quad\quad\quad$ = 22.70%×0.417 5 ≈ 9.48%

销售净利率变动对总资产净利率的影响 = (22.70%－21.76%)×0.641 8 ≈ 0.60%

总资产周转率变动对总资产净利率的影响 = 22.70%×(0.417 5－0.641 8) ≈ －5.09%

（4）对销售净利率的差异进行因素分析。

2020 年与 2019 年销售净利率的差异 = 22.70%－21.76% = 0.94%

营业成本率变动的影响＝（39 100/94 880×100%）－（42 050/98 970×100%）
＝41.21%－42.49%＝－1.28%

税金及附加率变动的影响＝（9 960/94 880×100%）－（8 900/98 970×100%）
＝10.50%－8.99%＝1.51%

销售费用率变动的影响＝（5 270/94 880×100%）－（4 350/98 970×100%）
＝5.55%－4.40%＝1.15%

管理费用率变动的影响＝（10 700/94 880×100%）－（9 720/98 970×100%）
＝11.28%－9.82%＝1.46%

财务费用率变动的影响＝（360/94 880×100%）－（1 850/98 970×100%）
＝0.38%－1.87%＝－1.49%

所得税费用率变动的影响＝（8 847/94 880×100%）－（9 630/98 970×100%）
＝9.32%－9.73%＝－0.41%

汇总差异率＝－1.28%＋1.15%＋1.51%＋1.46%－1.49%－0.41%＝0.94%

（5）归纳以上分析结果，分析云华公司的财务状况和经营成果。

首先，云华公司2020年的净资产收益率比2019年下降了8.23个百分点，主要是受总资产净利率和权益乘数的影响，而两个影响因素从数据上看均为不利因素，即总资产净利率变动导致净资产收益率下降了6.79个百分点，权益乘数变动导致净资产收益率下降了1.43个百分点。

其次，造成总资产净利率下降的原因，从数据上看是总资产周转率的下降造成的，对于这个不利因素，需要通过强化企业管理，优化资源管理，缩短生产经营周期，以加快资金周转。

再次，权益乘数变动对净资产收益率产生不利影响，应考虑适当增加负债，利用财务杠杆来提高权益乘数。

最后，销售净利率的上升从总体上看是积极的因素，引起其上升的原因是税金及附加率、销售费用率和管理费用率的下降。虽然在影响销售净利率的因素中，营业成本率、财务费用率和所得税费用率都在上升，但它们上升的程度小于前三个因素下降的程度，所以才使销售净利率呈现总体上升的趋势。因此，我们要分项分析，由于税金及附加率和所得税费用率属于客观因素，不易改变，所以应在继续巩固销售费用率和管理费用率下降成果的基础上，重点关注营业成本率的降低措施，而财务费用率的降低可考虑对财务杠杆的利用。

拓展阅读

财务分析实践的七个误区

1. 面面俱到的误区。财务分析的重点是揭露企业经营中存在的问题，客观正确地评价企业当前的财务状况，查找导致当期指标变动的主要因素，重点剖析变动大的指标发生变动的主客观原因，预测企业的发展走势，针对性地提出整改建议；而不是向企业领导汇报各方面的工作，面面俱到，往往会泛泛而谈，对于企业的发展和完善没有任何价值。

2. 报告格式化的误区。财务分析报告不应格式化，而应根据当期财务分析的重点，有的放矢地采取灵活的形式进行陈述，一定要选择报告阅读者最容易理解的格式或方式撰写。特别是第一次撰写报告时，不要简单将上期财务报告中的指标数据更换一下，修改一下结论和措施就完成了。这样千篇一律的报告会让阅读者失去阅读兴趣。

3. 罗列数字的误区。财务分析主要是财务报表数据分析，容易让编报者产生只要做好财务报表数据对比分析即可的误区，使财务分析变成财务指标变动说明书或财务指标检查表，就数字论数字，枯燥无味。因此，财务分析一定要在数字分析的基础上，结合企业的实际，说清楚产生差异的原因，并提出解决措施。

4. 浅尝辄止的误区。在实际工作中，我们常常会碰到财务指标良好的情况，而让我们轻易得出分析结论。但在实践中，个别严重的漏洞和隐患往往会被大部分良好的数据掩盖，我们不能只看到良好的财务指标，而应该深入调查，认真分析数据变化的原因，可能产生的结果，通过收集详细的资料反复推敲、印证，只有这样才能真正做到去伪存真、客观公正。

5. 报喜不报忧的误区。财务工作可能会因为日常资金管理与其他部门存在或紧或松的财务关系，财务分析人员在发现问题时往往会有一些顾虑或偏见。但我们一定要明确，企业所有部门是一个整体，我们必须具备全局观，从客观公正的角度深入探寻当期财务情况变化的客观因素，查找产生的主客观原因，实事求是，敢于反映，才能避免贻误"病情"。

6. 过于专业的误区。财务分析是财务工作中有一定含金量的工作成果，财务人员往往会认为只有使用专业的表达才能显示其能力和水平。然而，没有考虑分析报告使用者不是专业人员，许多财务的专业术语晦涩难懂，直接影响了其对分析结果的理解。因此，财务分析应尽量淡化专业味，少用专业术语，力求通俗化，做到简明扼要、通俗易懂。

7. 不关注时效的误区。企业经济信息瞬息万变，时过境迁的财务分析对企业改善经营管理的作用将会大打折扣。因此，财务信息的编制一定要及时，并与财务报表编制时间同步。

【项目小结】

财务分析是以企业的财务报表等会计资料为依据，对企业的财务状况和经营成果进行分析与评价的一种方法。三大财务报表是财务分析的主要依据。财务分析与评价指标主要包括偿债能力、营运能力、盈利能力和发展能力几个方面，每一个方面又包括若干具体指标。由于任何一类评价指标都具有相对片面性，都不能全面评价企业的财务状况和经营成果,所以只有把各种指标和相关比率综合在一起进行系统分析,才能做出全面、合理的分析和评价。沃尔比重评分法和杜邦分析法是财务综合分析中常用的两种方法。

课后自主学习空间

【职业能力训练】

一、单选题

1. 亚历山大·沃尔创造的沃尔比重评分法选择了七种财务比率,现在使用的沃尔比重评分法发生了很大的变化,共计选用了十个财务指标。下列指标,没有被选用的是(   )。
   A. 总资产净利率   B. 资产负债率
   C. 自有资本比率   D. 总资产增长率

2. 产权比率为3/4,则权益乘数为(   )。
   A. 4/3   B. 7/3   C. 7/4   D. 3/4

3. 某企业本年销售收入为20 000元,应收账款周转率为4次,期初应收账款余额为3 500元,则期末应收账款余额为(   )元。
   A. 5 000   B. 6 000   C. 6 500   D. 4 000

4. 影响速动比率可信性的最主要因素是(   )。
   A. 存货的变现能力   B. 应收账款的变现能力
   C. 产品的变现能力   D. 短期证券的变现能力

5. 与产权比率相比,资产负债率评价企业偿债能力的侧重点是(   )。
   A. 揭示财务结构的稳健程度
   B. 揭示债务偿付安全性的物质保障程度
   C. 揭示主权资本对偿债风险的承受能力
   D. 揭示负债与资本的对应关系

6. 如果企业的应收账款周转率高,则下列说法不正确的是(   )。
   A. 收账费用少   B. 短期偿债能力强
   C. 收账迅速   D. 坏账损失率高

7. 某公司上年度和本年度的流动资产年均占用额分别为100万元和120万元,流动资产周转率分别为6次和8次,则本年比上年销售收入增加(   )万元。
   A. 180   B. 360   C. 320   D. 80

8. 企业债权人最关心(   )方面的指标。
   A. 偿债能力   B. 运营能力   C. 盈利能力   D. 发展能力

9. 某企业应收账款周转率为6次。假设一年按360天计算,则该企业应收账款周转天数为(   )。
   A. 5天   B. 10天   C. 120天   D. 60天

10. 用于评价企业盈利能力的总资产收益率指标中的"收益"是指（　　）。
   A. 息税前利润　　B. 营业利润　　C. 利润总额　　D. 净利润

二、多选题

1. 一般来说，存货周转率提高意味着（　　）。
   A. 存货变现的速度慢　　　　　　B. 资金占用水平低
   C. 存货变现的速度快　　　　　　D. 周转额大
2. 下列能反映企业偿付到期长期债务能力的财务比率有（　　）。
   A. 销售净利率　　　　　　　　　B. 长期资产适合率
   C. 已获利息倍数　　　　　　　　D. 产权比率和资产负债率
3. 已获利息倍数指标所反映的企业财务层面包括（　　）。
   A. 盈利能力　　　　　　　　　　B. 长期偿债能力
   C. 短期偿债能力　　　　　　　　D. 以上均正确
4. 在国有资本金绩效评价规则中，用于评价发展能力状况的基本指标有（　　）。
   A. 销售增长率　　　　　　　　　B. 资本积累率
   C. 总资产增长率　　　　　　　　D. 固定资产净值率
5. 某企业本年年末的产权比率为 0.8，流动资产占总资产的 40%，负债合计 48 000 元，流动负债为 16 000 元，则下列说法正确的有（　　）。
   A. 年末的所有者权益总额为 60 000 元
   B. 年末的流动资产为 43 200 元
   C. 年末的流动比率为 2.7
   D. 年末的资产负债率为 44.44%
6. 在现在的沃尔比重评分法中，一般认为企业财务评价的内容包括（　　）。
   A. 盈利能力　　B. 偿债能力　　C. 成长能力　　D. 营运能力
7. 影响总资产收益率的因素有（　　）。
   A. 净利润　　B. 所得税　　C. 利息　　D. 资产平均总额

三、判断题

1. 尽管流动比率可以反映企业的短期偿债能力，但有的企业流动比率较高，却没有能力支付到期的应付账款。（　　）
2. 流动比率与速动比率之差等于现金流动负债比率。（　　）
3. 如果已获利息倍数低于 1，则企业一定无法支付到期利息。（　　）
4. 在总资产收益率不变的情况下，资产负债率越高，净资产收益率越低。（　　）
5. 某企业去年的销售净利率为 5.73%，资产周转率为 2.17 次；今年的销售净利率为 6.88%，资产周转率为 2.88 次。若两年的资产负债率相同，今年的净资产收益率比去年的净资产收益率上升。（　　）

四、名词解释

1. 财务分析　　2. 偿债能力　　3. 销售净利率
4. 应收账款周转率　　5. 业绩评价

五、简答题

1. 简述财务分析的基本方法。
2. 简述杜邦分析法在企业综合财务分析中的作用。

六、实践训练园地

根据下列已知资料完成某公司简化的资产负债表、利润表（表10-9、表10-10），并计算总资产收益率、净资产收益率（按期末数计算）。

已知：销售毛利率为25%，营业费用占销售收入的10%，销售净利率为5%。

表10-9 利润表

编制单位：某公司　　　　　　　　　　2020年　　　　　　　　　　　　单位：元

项目	金额
销售收入	
销售成本	
销售毛利	
营业费用	
利息费用	8 800
利润总额	
所得税费用（40%）	
净利润	

已知：期初存货为30 000元，流动比率为2，速动比率为1，存货周转天数为90天，权益乘数为2.5。

表10-10 资产负债表

编制单位：某公司　　　　　　　　2020年12月31日　　　　　　　　　单位：元

资产	金额	负债和所有者权益	金额
流动资产		流动负债	
现金	15 000	非流动负债	
应收账款		负债合计	
存货			
流动资产合计			
固定资产净值		所有者权益合计	60 000
资产总计		负债和所有者权益总计	

【课业评价及措施】

评价项目（共100分）	评价分值	整改措施
课业完成情况（40分）		
课业完成质量（60分）		
自评成绩		

附录　复利终值和现值表

一元复利终值系数表 $(1+i)^n$

i	1	2	3	4	5	6	7	8	9	10
1%	1.010 00	1.020 10	1.030 30	1.040 60	1.051 01	1.061 52	1.072 14	1.082 86	1.093 69	1.104 62
2%	1.020 00	1.040 40	1.061 21	1.082 43	1.104 08	1.126 16	1.148 69	1.171 66	1.195 09	1.218 99
3%	1.030 00	1.060 90	1.092 73	1.125 51	1.159 27	1.194 05	1.229 87	1.266 77	1.304 77	1.343 92
4%	1.040 00	1.081 60	1.124 86	1.169 86	1.216 65	1.265 32	1.315 93	1.368 57	1.423 31	1.480 24
5%	1.050 00	1.102 50	1.157 63	1.215 51	1.276 28	1.340 10	1.407 10	1.477 46	1.551 33	1.628 89
6%	1.060 00	1.123 60	1.191 02	1.262 48	1.338 23	1.418 52	1.503 63	1.593 85	1.689 48	1.790 85
7%	1.070 00	1.144 90	1.225 04	1.310 80	1.402 55	1.500 73	1.605 78	1.718 19	1.838 46	1.967 15
8%	1.080 00	1.166 40	1.259 71	1.360 49	1.469 33	1.586 87	1.713 82	1.850 93	1.999 00	2.158 92
9%	1.090 00	1.188 10	1.295 03	1.411 58	1.538 62	1.677 10	1.828 04	1.992 56	2.171 89	2.367 36
10%	1.100 00	1.210 00	1.331 00	1.464 10	1.610 51	1.771 56	1.948 72	2.143 59	2.357 95	2.593 74
12%	1.120 00	1.254 40	1.404 93	1.573 52	1.762 34	1.973 82	2.210 68	2.475 96	2.773 08	3.105 85
14%	1.140 00	1.299 60	1.481 54	1.688 96	1.925 41	2.194 97	2.502 27	2.852 59	3.251 95	3.707 22
16%	1.160 00	1.345 60	1.560 90	1.810 64	2.100 34	2.436 40	2.826 22	3.278 41	3.802 96	4.411 44
18%	1.180 00	1.392 40	1.643 03	1.938 78	2.287 76	2.699 55	3.185 47	3.758 86	4.435 45	5.233 84
20%	1.200 00	1.440 00	1.728 00	2.073 60	2.488 32	2.985 98	3.583 18	4.299 82	5.159 78	6.191 74
24%	1.240 00	1.537 60	1.906 20	2.364 21	2.931 63	3.635 22	4.507 67	5.589 51	6.930 99	8.594 43
28%	1.280 00	1.638 40	2.091 50	2.684 35	3.435 97	4.398 05	5.629 50	7.205 76	9.223 37	11.805 90
32%	1.320 00	1.742 40	2.299 97	3.035 96	4.007 46	5.289 85	6.982 61	9.217 04	12.166 50	16.059 80
36%	1.360 00	1.849 60	2.515 46	3.421 02	4.652 59	6.327 52	8.605 43	11.703 40	15.916 6	21.646 60
40%	1.400 00	1.960 00	2.744 00	3.841 60	5.378 24	7.529 54	10.541 4	14.757 90	20.661 0	28.925 50
50%	1.500 00	2.250 00	3.375 00	5.062 50	7.593 75	11.390 60	17.085 90	25.628 90	38.443 40	57.665 00

续表

i	11	12	13	14	15	16	17	18	19	20
1%	1.115 67	1.126 83	1.138 09	1.149 47	1.160 97	1.172 58	1.184 30	1.196 15	1.208 11	1.220 19
2%	1.243 37	1.268 24	1.293 61	1.319 48	1.345 87	1.372 79	1.400 24	1.428 25	1.456 81	1.485 95
3%	1.384 23	1.425 76	1.468 53	1.512 59	1.557 97	1.604 71	1.652 85	1.702 43	1.753 51	1.806 11
4%	1.539 45	1.601 03	1.665 07	1.731 68	1.800 94	1.872 98	1.947 90	2.025 82	2.106 85	2.191 12
5%	1.710 34	1.795 86	1.885 65	1.979 93	2.078 93	2.182 87	2.292 02	2.406 62	2.526 95	2.653 30
6%	1.898 30	2.012 20	2.132 93	2.260 90	2.396 56	2.540 35	2.692 77	2.854 34	3.025 60	3.207 14
7%	2.104 85	2.252 19	2.409 85	2.578 53	2.759 03	2.952 16	3.158 82	3.379 93	3.616 53	3.869 68
8%	2.331 64	2.518 17	2.719 62	2.937 19	3.172 17	3.425 94	3.700 02	3.996 02	4.315 70	4.660 96
9%	2.580 43	2.812 66	3.065 80	3.341 73	3.642 48	3.970 31	4.327 63	4.717 12	5.141 66	5.604 41
10%	2.853 12	3.138 43	3.452 27	3.797 50	4.177 25	4.594 97	5.054 47	5.559 92	6.115 91	6.727 50
12%	3.478 55	3.895 98	4.363 49	4.887 11	5.473 57	6.130 39	6.866 04	7.689 97	8.612 76	9.646 29
14%	4.226 23	4.817 90	5.492 41	6.261 35	7.137 94	8.137 25	9.276 46	10.575 20	12.055 70	13.743 50
16%	5.117 26	5.936 03	6.885 79	7.987 52	9.265 52	10.748 00	12.467 70	14.462 50	16.776 50	19.460 80
18%	6.175 93	7.287 59	8.599 36	10.147 20	11.973 70	14.129 00	16.672 20	19.673 30	23.214 40	27.393 00
20%	7.430 08	8.916 10	10.699 30	12.839 20	15.407 00	18.488 40	22.186 10	26.623 30	31.948 00	38.337 60
24%	10.657 10	13.214 80	16.386 30	20.319 10	25.195 60	31.242 60	38.740 80	48.038 60	59.567 90	73.864 10
28%	15.111 60	19.342 80	24.758 80	31.691 30	40.564 80	51.923 00	66.461 40	85.070 60	108.890 00	139.380 00
32%	21.198 90	27.982 50	36.937 00	48.756 80	64.359 00	84.953 80	112.139 00	148.024 00	195.391 00	257.916 00
36%	29.439 30	40.037 50	54.451 00	74.053 40	100.713 00	136.969 00	186.278 00	253.338 00	344.540 00	468.574 00
40%	40.495 70	56.693 90	79.371 50	111.120 00	155.568 00	217.795 00	304.913 00	426.879 00	597.630 00	836.683 00
50%	86.497 60	129.746 00	194.620 00	291.929 00	437.894 00	656.841 00	985.261 00	1 477.890 00	2 216.840 00	3 325.260 00

一元复利现值系数表 $(1+i)^{-n}$

i	1	2	3	4	5	6	7	8	9	10
1%	0.990 10	0.980 30	0.970 59	0.960 98	0.951 47	0.942 05	0.932 72	0.923 48	0.914 34	0.905 29
2%	0.980 39	0.961 17	0.942 32	0.923 85	0.905 73	0.887 97	0.870 56	0.853 49	0.836 76	0.820 35
3%	0.970 87	0.942 60	0.915 14	0.888 49	0.862 61	0.837 48	0.813 09	0.789 41	0.766 42	0.744 09
4%	0.961 54	0.924 56	0.889 00	0.854 80	0.821 93	0.790 31	0.759 92	0.730 69	0.702 59	0.675 56
5%	0.952 38	0.907 03	0.863 84	0.822 70	0.783 53	0.746 22	0.710 68	0.676 84	0.644 61	0.613 91
6%	0.943 40	0.890 00	0.839 62	0.792 09	0.747 26	0.704 96	0.665 06	0.627 41	0.591 90	0.558 39
7%	0.934 58	0.873 44	0.816 30	0.762 90	0.712 99	0.666 34	0.622 75	0.582 01	0.543 93	0.508 35
8%	0.925 93	0.857 34	0.793 83	0.735 03	0.680 58	0.630 17	0.583 49	0.540 27	0.500 25	0.463 19
9%	0.917 43	0.841 68	0.772 18	0.708 43	0.649 93	0.596 27	0.547 03	0.501 87	0.460 43	0.422 41
10%	0.909 09	0.826 45	0.751 31	0.683 01	0.620 92	0.564 47	0.513 16	0.466 51	0.424 10	0.385 54
12%	0.892 86	0.797 19	0.711 78	0.635 52	0.567 43	0.506 63	0.452 35	0.403 88	0.360 61	0.321 97
14%	0.877 19	0.769 47	0.674 97	0.592 08	0.519 37	0.455 59	0.399 64	0.350 56	0.307 51	0.269 74
16%	0.862 07	0.743 16	0.640 66	0.552 29	0.476 11	0.410 44	0.353 83	0.305 03	0.262 95	0.226 68
18%	0.847 46	0.718 18	0.608 63	0.515 79	0.437 11	0.370 43	0.313 93	0.266 04	0.225 46	0.191 06
20%	0.833 33	0.694 44	0.578 70	0.482 25	0.401 88	0.334 90	0.279 08	0.232 57	0.193 81	0.161 51
22%	0.819 67	0.671 86	0.550 71	0.451 40	0.370 00	0.303 28	0.248 59	0.203 76	0.167 02	0.136 90
24%	0.806 45	0.650 36	0.524 49	0.422 97	0.341 11	0.275 09	0.221 84	0.178 91	0.144 28	0.116 35
26%	0.793 65	0.629 88	0.499 91	0.396 75	0.314 88	0.249 91	0.198 34	0.157 41	0.124 93	0.099 15
28%	0.781 25	0.610 35	0.476 84	0.372 53	0.291 04	0.227 37	0.177 64	0.138 78	0.108 42	0.084 70
30%	0.769 23	0.591 72	0.455 17	0.350 13	0.269 33	0.207 18	0.159 37	0.125 90	0.094 30	0.072 54
35%	0.740 74	0.548 70	0.406 44	0.301 07	0.223 01	0.165 20	0.122 37	0.090 64	0.067 14	0.049 74
40%	0.714 29	0.510 20	0.364 43	0.260 31	0.185 93	0.132 81	0.094 86	0.067 76	0.048 40	0.034 57
50%	0.666 67	0.444 44	0.296 30	0.197 53	0.131 69	0.087 79	0.058 53	0.039 02	0.026 01	0.017 34

附录 复利终值和现值表

续表

i	11	12	13	14	15	16	17	18	19	20
1%	0.896 32	0.887 45	0.878 66	0.869 96	0.861 35	0.852 82	0.844 38	0.836 02	0.827 74	0.819 54
2%	0.804 26	0.788 49	0.773 03	0.757 88	0.743 01	0.728 45	0.714 16	0.700 16	0.686 43	0.672 97
3%	0.722 42	0.701 38	0.680 95	0.661 12	0.641 86	0.623 17	0.605 02	0.587 39	0.570 29	0.553 68
4%	0.649 58	0.624 60	0.600 57	0.577 48	0.555 26	0.533 91	0.513 37	0.493 63	0.474 64	0.456 39
5%	0.584 68	0.556 84	0.530 32	0.505 07	0.481 02	0.458 11	0.436 30	0.415 52	0.395 73	0.376 89
6%	0.526 79	0.496 97	0.468 84	0.442 30	0.417 27	0.393 65	0.371 36	0.350 34	0.330 51	0.311 80
7%	0.475 09	0.444 01	0.414 96	0.387 82	0.362 45	0.338 73	0.316 57	0.295 86	0.276 51	0.258 42
8%	0.428 88	0.397 11	0.367 70	0.340 46	0.315 24	0.291 89	0.270 27	0.250 25	0.231 71	0.214 55
9%	0.387 53	0.355 53	0.326 18	0.299 25	0.274 54	0.251 87	0.231 07	0.211 99	0.194 49	0.178 43
10%	0.350 49	0.318 63	0.289 66	0.263 33	0.239 39	0.217 63	0.197 84	0.179 86	0.163 51	0.148 64
12%	0.287 48	0.256 68	0.229 17	0.204 62	0.182 70	0.163 12	0.145 64	0.130 04	0.116 11	0.103 67
14%	0.236 62	0.207 56	0.182 07	0.159 71	0.140 10	0.122 89	0.107 80	0.094 56	0.082 95	0.072 76
16%	0.195 42	0.168 46	0.145 23	0.125 20	0.107 93	0.093 04	0.080 21	0.069 14	0.059 61	0.051 39
18%	0.161 92	0.137 22	0.116 29	0.098 55	0.083 52	0.070 78	0.059 98	0.050 83	0.043 08	0.036 51
20%	0.134 59	0.112 16	0.093 46	0.077 89	0.064 91	0.054 09	0.045 07	0.037 56	0.031 30	0.026 08
22%	0.112 21	0.091 98	0.075 39	0.061 80	0.050 65	0.041 52	0.034 03	0.027 89	0.022 86	0.018 74
24%	0.093 83	0.075 67	0.061 03	0.049 21	0.039 69	0.032 01	0.025 81	0.020 82	0.016 79	0.013 54
26%	0.078 69	0.062 45	0.049 57	0.039 34	0.031 22	0.024 78	0.019 67	0.015 61	0.012 39	0.009 83
28%	0.066 17	0.051 70	0.040 39	0.031 55	0.024 65	0.019 26	0.015 05	0.011 75	0.009 18	0.007 17
30%	0.055 80	0.042 92	0.033 02	0.025 40	0.019 54	0.015 03	0.011 56	0.008 89	0.006 84	0.005 26
35%	0.036 84	0.027 29	0.020 21	0.014 97	0.011 09	0.008 22	0.006 09	0.004 51	0.003 34	0.002 47
40%	0.024 69	0.017 64	0.012 60	0.009 00	0.006 43	0.004 59	0.003 28	0.002 34	0.001 67	0.001 20
50%	0.011 56	0.007 71	0.005 14	0.003 43	0.002 28	0.001 52	0.001 01	0.000 68	0.000 45	0.000 30

一元年金终值系数表 $\frac{(1+i)^n-1}{i}$

i	1	2	3	4	5	6	7	8	9	10
1%	1.000 00	2.010 00	3.030 10	4.060 40	5.101 01	6.152 02	7.213 54	8.285 67	9.368 53	10.462 20
2%	1.000 00	2.020 00	3.060 40	4.121 61	5.204 04	6.308 12	7.434 28	8.582 97	9.754 63	10.949 70
3%	1.000 00	2.030 00	3.091 90	4.183 63	5.309 14	6.468 41	7.662 46	8.892 34	10.159 10	11.463 90
4%	1.000 00	2.040 00	3.121 60	4.246 46	5.416 32	6.632 98	7.898 29	9.214 23	10.582 80	12.006 10
5%	1.000 00	2.050 00	3.152 50	4.310 12	5.525 63	6.801 91	8.142 01	9.549 11	11.026 60	12.577 90
6%	1.000 00	2.060 00	3.183 60	4.374 62	5.637 09	6.975 32	8.393 84	9.897 47	11.491 30	13.180 80
7%	1.000 00	2.070 00	3.214 90	4.439 94	5.750 74	7.153 29	8.654 02	10.259 80	11.978 00	13.816 60
8%	1.000 00	2.080 00	3.246 40	4.506 11	5.866 60	7.335 93	8.922 80	10.636 60	12.487 60	14.486 60
9%	1.000 00	2.090 00	3.278 10	4.573 13	5.984 71	7.523 33	9.200 43	11.028 50	13.021 00	15.192 90
10%	1.000 00	2.100 00	3.310 00	4.641 00	6.105 10	7.715 61	9.487 17	11.435 90	13.579 50	15.937 40
12%	1.000 00	2.120 00	3.374 40	4.779 33	6.352 85	8.115 19	10.089 10	12.299 70	14.775 70	17.548 70
14%	1.000 00	2.140 00	3.439 60	4.921 14	6.610 10	8.535 52	10.730 50	13.212 80	16.085 30	19.337 30
16%	1.000 00	2.160 00	3.505 61	5.066 50	6.877 14	8.977 48	11.413 90	14.240 10	17.518 50	21.321 50
18%	1.000 00	2.180 00	3.572 40	5.215 43	7.154 21	9.441 97	12.141 50	15.327 00	19.085 90	23.521 30
20%	1.000 00	2.200 00	3.640 00	5.368 00	7.441 60	9.929 92	12.915 90	16.499 10	20.798 90	25.958 70
22%	1.000 00	2.220 00	3.708 40	5.524 25	7.739 58	10.442 30	13.739 60	17.762 30	22.670 00	28.657 40
24%	1.000 00	2.240 00	3.777 60	5.684 22	8.048 44	10.980 10	14.615 30	19.122 90	24.712 50	31.643 40
26%	1.000 00	2.260 00	3.847 61	5.847 98	8.368 45	11.544 20	15.545 80	20.587 60	26.940 40	34.944 90
28%	1.000 00	2.280 00	3.918 40	6.015 55	8.699 91	12.135 90	16.533 90	22.163 40	29.369 20	38.592 60
30%	1.000 00	2.300 00	3.990 00	6.187 00	9.043 10	12.756 00	17.582 80	23.857 70	32.015 00	42.619 50
35%	1.000 00	2.350 00	4.172 50	6.632 88	9.954 38	14.438 40	20.491 90	28.664 00	39.696 40	54.590 20
40%	1.000 00	2.400 00	4.360 00	7.104 00	10.945 00	16.323 80	23.853 70	34.394 70	49.152 60	69.813 70
50%	1.000 00	2.500 00	4.750 00	8.125 00	13.187 50	20.781 30	32.171 90	49.257 80	74.886 70	113.330 00

续表

i	11	12	13	14	15	16	17	18	19	20
1%	11.566 80	12.682 50	13.809 30	14.947 40	16.096 90	17.257 90	18.430 40	19.614 70	20.810 90	22.019 00
2%	12.168 70	13.412 10	14.680 30	15.973 90	17.293 40	18.639 30	20.012 10	21.412 30	22.840 60	24.297 40
3%	12.807 80	14.192 00	15.617 80	17.086 30	18.598 90	20.156 90	21.761 60	23.414 40	25.116 90	26.870 40
4%	13.486 40	15.025 80	16.626 80	18.291 90	20.023 60	21.824 50	23.697 50	25.645 40	27.671 20	29.778 10
5%	14.206 80	15.917 10	17.713 00	19.598 60	21.578 60	23.675 50	25.840 40	28.132 10	30.539 00	33.066 00
6%	14.971 60	16.869 90	18.882 10	21.015 10	23.276 00	25.672 50	28.212 90	30.905 70	33.760 00	36.785 60
7%	15.783 60	17.888 50	20.140 60	22.550 50	25.129 00	27.888 20	30.840 20	33.999 00	37.379 00	40.995 50
8%	16.645 50	18.977 10	21.495 30	24.214 90	27.152 10	30.324 30	33.750 20	37.450 20	41.446 30	45.762 00
9%	17.560 30	20.140 70	22.953 40	26.019 20	29.360 90	33.003 40	36.973 70	41.301 30	46.018 50	51.160 10
10%	18.531 20	21.384 30	24.522 70	27.975 00	31.772 50	35.949 70	40.544 70	45.599 20	51.159 10	57.275 00
12%	20.654 60	24.133 10	28.029 10	32.392 60	37.279 70	42.753 30	48.883 70	55.749 70	63.439 70	72.052 40
14%	23.044 50	27.270 70	32.088 70	37.581 10	43.842 40	50.980 40	59.117 60	68.394 10	78.969 20	91.024 90
16%	25.732 90	30.850 20	36.786 20	43.672 00	51.659 50	60.925 00	71.673 00	84.140 70	98.603 20	115.380 00
18%	28.755 10	34.931 10	42.218 70	50.818 00	60.695 30	72.939 00	87.068 00	103.740 00	123.414 00	146.628 00
20%	32.150 40	39.580 50	48.496 60	59.195 90	72.035 10	87.442 10	105.931 00	128.117 00	154.740 00	186.688 00
22%	35.962 00	44.873 70	55.745 90	69.010 00	85.192 20	104.935 00	129.020 00	158.405 00	194.254 00	237.989 00
24%	40.237 90	50.895 00	64.109 70	80.496 10	100.815 00	126.011 00	157.253 00	195.994 00	244.033 00	303.601 00
26%	45.030 60	57.738 60	73.750 60	93.925 80	119.347 00	151.377 00	191.735 00	242.585 00	306.658 00	387.389 00
28%	50.398 50	65.510 00	84.852 90	109.612 00	141.303 00	181.868 00	233.791 00	300.252 00	385.323 00	494.213 00
30%	56.405 30	74.327 00	97.625 00	127.913 00	167.286 00	218.472 00	285.014 00	371.518 00	483.973 00	630.165 00
35%	74.696 70	101.841 00	138.485 00	187.954 00	254.738 00	344.897 00	466.611 00	630.925 00	852.748 0	1 152.210 00
40%	98.739 10	139.235 00	195.929 00	275.300 00	386.420 00	541.988 00	759.784 00	1 064.700 00	1 491.580 00	2 089.210 00
50%	170.995 00	257.493 00	387.239 00	581.859 00	873.788 00	1 311.680 00	1 968.520 00	2 953.780 00	4 431.680 00	6 648.510 00

一元年金现值系数表 $\dfrac{1-(1+i)^{-n}}{i}$

i	1	2	3	4	5	6	7	8	9	10
1%	0.990 10	1.970 40	2.940 99	3.901 97	4.853 43	5.795 48	6.728 19	7.651 68	8.566 02	9.471 30
2%	0.980 39	1.941 56	2.883 88	3.807 73	4.713 46	5.601 43	6.471 99	7.325 48	8.162 24	8.982 59
3%	0.970 87	1.913 47	2.828 61	3.717 10	4.579 71	5.417 19	6.230 28	7.019 69	7.786 11	8.530 20
4%	0.961 54	1.886 10	2.775 09	3.629 90	4.451 82	5.242 14	6.002 06	6.732 75	7.435 33	8.110 90
5%	0.952 38	1.859 41	2.723 25	3.545 95	4.329 48	5.075 69	5.786 37	6.463 21	7.107 82	7.721 73
6%	0.943 40	1.833 39	2.673 01	3.465 11	4.212 36	4.917 32	5.582 38	6.209 79	6.801 69	7.360 09
7%	0.934 58	1.808 02	2.624 32	3.387 21	4.100 20	4.766 54	5.389 29	5.971 30	6.515 23	7.023 58
8%	0.925 93	1.783 26	2.577 10	3.312 13	3.992 71	4.622 88	5.206 37	5.746 64	6.246 89	6.710 08
9%	0.917 43	1.759 11	2.531 30	3.239 72	3.889 65	4.485 92	5.032 95	5.534 82	5.995 25	6.417 66
10%	0.909 09	1.735 54	2.486 85	3.169 87	3.790 79	4.355 26	4.868 42	5.334 93	5.759 02	6.144 57
12%	0.892 86	1.690 05	2.401 83	3.037 35	3.604 78	4.111 41	4.563 76	4.967 64	5.328 25	5.650 22
14%	0.877 19	1.646 66	2.321 63	2.913 71	3.433 08	3.888 67	4.288 30	4.638 86	4.946 37	5.216 12
16%	0.862 07	1.605 23	2.245 89	2.798 18	3.274 29	3.684 74	4.038 57	4.343 59	4.606 54	4.833 23
18%	0.847 46	1.565 64	2.174 27	2.690 06	3.127 17	3.497 60	3.811 53	4.077 57	4.303 02	4.494 09
20%	0.833 33	1.527 78	2.106 48	2.588 73	2.990 61	3.325 51	3.604 59	3.837 16	4.030 97	4.192 47
22%	0.819 67	1.491 54	2.042 24	2.493 64	2.863 64	3.166 92	3.415 51	3.619 27	3.786 28	3.923 18
24%	0.806 45	1.456 82	1.981 30	2.404 28	2.745 38	3.020 47	3.242 32	3.421 22	3.565 50	3.681 86
26%	0.793 65	1.423 53	1.923 44	2.320 19	2.635 07	2.884 98	3.083 31	3.240 73	3.365 66	3.464 81
28%	0.781 25	1.391 60	1.868 44	2.240 97	2.532 01	2.759 38	2.937 02	3.075 79	3.184 21	3.268 92
30%	0.769 23	1.360 95	1.816 11	2.166 24	2.435 57	2.642 75	2.802 11	2.924 70	3.019 00	3.091 54
35%	0.740 74	1.289 44	1.695 88	1.996 95	2.219 96	2.385 16	2.507 52	2.598 17	2.665 31	2.715 04
40%	0.714 29	1.224 49	1.588 92	1.849 23	2.035 16	2.167 97	2.262 84	2.330 60	2.379 00	2.413 57
50%	0.666 67	1.111 11	1.407 41	1.604 94	1.736 63	1.824 42	1.882 94	1.921 96	1.947 98	1.965 32

续表

i	11	12	13	14	15	16	17	18	19	20
1%	10.367 60	11.255 10	12.133 70	13.003 70	13.865 10	14.717 90	15.562 30	16.398 30	17.226 0	18.045 60
2%	9.786 85	10.575 30	11.348 40	12.106 20	12.849 30	13.577 80	14.291 90	14.992 00	15.678 50	16.351 40
3%	9.252 62	9.954 00	10.635 00	11.296 10	11.937 90	12.561 10	13.166 10	13.753 50	14.323 80	14.877 50
4%	8.760 48	9.385 07	9.985 65	10.563 10	11.118 40	11.652 30	12.165 70	12.659 30	13.133 90	13.590 30
5%	8.306 41	8.863 25	9.393 57	9.898 64	10.379 70	10.837 80	11.274 10	11.689 60	12.085 30	12.462 20
6%	7.886 87	8.383 84	8.852 68	9.294 98	9.712 25	10.105 90	10.477 30	10.827 60	11.158 10	11.469 90
7%	7.498 67	7.942 69	8.357 65	8.745 47	9.107 91	9.446 65	9.763 22	10.059 10	10.335 60	10.594 00
8%	7.138 96	7.536 08	7.903 78	8.244 24	8.559 48	8.851 37	9.121 64	9.371 89	9.603 60	9.818 15
9%	6.805 19	7.160 73	7.486 90	7.786 15	8.060 69	8.312 56	8.543 63	8.755 63	8.950 11	9.128 55
10%	6.495 06	6.813 69	7.103 36	7.366 69	7.606 08	7.823 71	8.021 55	8.201 41	8.364 92	8.513 56
12%	5.937 70	6.194 37	6.423 55	6.628 17	6.810 86	6.973 99	7.119 63	7.249 67	7.365 78	7.469 44
14%	5.452 73	5.660 29	5.842 36	6.002 17	6.142 17	6.265 06	6.372 86	6.467 42	6.550 37	6.623 13
16%	5.028 64	5.197 11	5.342 33	5.467 53	5.575 46	5.668 50	5.748 70	5.817 85	5.877 46	5.928 84
18%	4.656 01	4.793 22	4.909 51	5.008 06	5.091 58	5.162 35	5.222 33	5.273 16	5.316 24	5.352 75
20%	4.327 06	4.439 22	4.532 68	4.610 57	4.675 47	4.729 56	4.774 63	4.812 19	4.843 50	4.869 58
22%	4.035 40	4.127 37	4.202 77	4.264 56	4.315 22	4.356 73	4.390 77	4.418 66	4.441 52	4.460 27
24%	3.775 69	3.851 36	3.912 39	3.961 60	4.001 29	4.033 30	4.059 11	4.079 93	4.096 72	4.110 26
26%	3.543 50	3.605 95	3.655 52	3.694 85	3.726 07	3.750 85	3.770 52	3.786 13	3.798 51	3.808 34
28%	3.335 09	3.386 79	3.427 18	3.458 73	3.483 39	3.502 65	3.517 69	3.529 45	3.538 63	3.545 80
30%	3.147 34	3.190 26	3.223 28	3.248 67	3.268 21	3.283 24	3.294 80	3.303 69	3.310 53	3.315 79
35%	2.751 88	2.779 17	2.799 39	2.814 36	2.825 45	2.833 67	2.839 75	2.844 26	2.847 60	2.850 08
40%	2.438 26	2.455 90	2.468 50	2.477 50	2.483 93	2.488 52	2.491 80	2.494 14	2.495 82	2.497 01
50%	1.976 88	1.984 58	1.989 72	1.993 15	1.995 43	1.996 96	1.997 97	1.998 65	1.999 10	1.999 40

参考文献

[1] 张妍. 管理学实务 [M]. 北京：中国财富出版社，2018.

[2] 黄君麟，黄碧蓉，葛楚华. 财务管理 [M]. 北京：北京交通大学出版社，2013.

[3] 刘光辉，庄小欧. 财务管理实务 [M]. 北京：教育科学出版社，2013.

[4] 郭涛. 财务管理 [M]. 3版. 北京：机械工业出版社，2020.

[5] 赵丽生. 财务管理 [M]. 北京：中国财政经济出版社，2006.

[6] 黄君麟，严玉康. 财务管理 [M]. 上海：上海交通大学出版社，1999.

[7] 王欣兰. 财务管理学 [M]. 北京：清华大学出版社，北京交通大学出版社，2005.

[8] 熊正平. 财务管理 [M]. 北京：人民交通出版社，2007.

[9] 财政部企业司. 《企业财务通则》解读 [M]. 北京：中国财政经济出版社，2010.

[10] 郭复初，王庆成. 财务管理学 [M]. 3版. 北京：高等教育出版社，2009.

[11] 赵德武. 财务管理 [M]. 2版. 北京：高等教育出版社，2007.

[12] 荆新，王化成，刘俊彦. 财务管理学 [M]. 6版. 北京：中国人民大学出版社，2012.

[13] 黄君麟，熊正平，赵明霞. 财务管理 [M]. 2版. 北京：北京交通大学出版社，2019.

[14] 马元兴，孙作林. 财务管理：原理、实务、案例、实训 [M]. 2版. 大连：东北财经大学出版社，2016.

[15] 李晓红，刘美荣. 金融市场学 [M]. 北京：中国财富出版社，2014.

[16] 孔德兰. 财务管理 [M]. 2版. 上海：立信会计出版社，2021.

[17] 毕启冬，孔田甜，刘俐伶. 财务管理 [M]. 青岛：中国海洋大学出版社，2020.

[18] 严成根. 财务管理 [M]. 2版. 北京：中国人民大学出版社，2020.

[19] 张文华. 财务管理实务 [M]. 北京：电子工业出版社，2018.

[20] 祝映兰. 财务管理理论与实务 [M]. 北京：人民邮电出版社，2016.

[21] 陈玉菁，宋振超. 财务管理基础 [M]. 上海：华东师范大学出版社，2017.

[22] 袁建国，周丽媛. 财务管理 [M]. 4版. 大连：东北财经大学出版社，2011.

[23] 苏佳萍. 财务管理实用教程 [M]. 北京：北京交通大学出版社，2009.

[24] 财政部会计资格评价中心. 财务管理 [M]. 北京：经济科学出版社，2017.

[25] 财政部会计资格评价中心. 高级会计实务 [M]. 北京：经济科学出版社，2016.